O MENTOR

A jornada inspiradora de **ROBERTO SHINYASHIKI**, um homem movido por transformar a vida das pessoas

EDVALDO PEREIRA LIMA

Gente editora

Diretora
Rosely Boschini

Gerente Editorial
Rosângela de Araujo Pinheiro Barbosa

Controle de Produção
Fábio Esteves

Preparação
Carla Fortino

Projeto Gráfico e Diagramação
Vanessa Lima

Capa
Karina Groschitz e Vanessa Lima

Revisão
Adriana Bairrada

Fotos de miolo
Acervo pessoal

Foto de capa
Angelo Pastorello

Impressão
RR Donnelley

Rua Wisard, 305 – sala 53
São Paulo, SP – CEP 05434-080
Telefone: (11) 3670-2500
Site: www.editoragente.com.br
E-mail: gente@editoragente.com.br

Dados Internacionais de Catálogo na Publicação (CIP)
Angélica Ilacqua CRB-8/7057

Lima, Edvaldo Pereira
O mentor : a jornada inspiradora de Roberto Shinyashiki, um homem movido por transformar a vida das pessoas / Edvaldo Pereira Lima. – São Paulo : Editora Gente, 2018.
320 p.

ISBN 978-85-452-0183-0

1. Shinyashiki, Roberto T. (Roberto Tadeu), 1952 – Biografia I. Título

18-0414 CDD 920

Índice para catálogo sistemático:
1. Biografias 920

AGRADECIMENTOS

Meu muito obrigado às pessoas que fizeram a leitura crítica dos originais desta obra. Essa é uma tarefa sempre delicada, mas importante, para que o autor possa oferecer ao público um bom texto, uma leitura gratificante. Meu reconhecimento à precisão, dedicação e contribuição de cada uma no mapeamento dos detalhes do caminho rumo a esse destino.

Marília Chaves, Carolina Rocha, Gabriela Besen Pedroso,
Priscilla de Sá, Denise Casatti, Monica Martinez,
Marília Pedroso Xavier, Luciana Pedroso Xavier

SUMÁRIO

33:47

1 CARÍCIA AGORA

A primeira cena desta história acontece numa quinta-feira, em São Paulo. Muitas pessoas vão chegando ao átrio interno do Maksoud Plaza Hotel. Estão se dando de presente um intervalo sabático. Afastam-se por um momento dos ruídos sem fim, da demanda incessante dessa cidade que, como a Nova York de Frank Sinatra, nunca dorme. Estão mergulhando num oásis por três dias. Querem estar aqui não a serviço dos negócios, nem das pressões capitalistas do mundo; muito menos de chefes, patrões, fornecedores, subalternos ou simples clientes. Estão aqui por elas. Querem ganhar um fôlego qualificado para a volta à incessante competição. O mundo que a avenida Paulista, ali perto, tão bem simboliza como retrato da nossa era de mercados globais e cenários em constante mutação.

Chegam ao evento que começa às 14 horas e vai até o final do sábado. Dois dias e meio intensos. Centenas de pessoas. Pouco mais de novecentas, confirmam os organizadores. Muitas de São Paulo, a capital, e do interior, o estado. Ribeirão Preto, Franca. Pessoas do Sul do país. Porto Alegre, Caxias do Sul, Curitiba, Florianópolis. Também de Minas Gerais, Brasília, Bahia, Pernambuco. Das capitais, algumas do interior. Uma ou outra da Amazônia. Gente do Rio de Janeiro.

Homens, mulheres. Profissionais liberais. Advogados, médicos, consultores, *coaches*, executivos, empresários. Funcionários administrativos, gerentes e também atendentes. Todos atraídos pela força magnética de um único nome. Todos cativados pelo carisma de um homem que já declarou publicamente, em texto para a revista *Veja*, sua paixão por essa cidade, onde não nasceu, mas que se tornou a base da sua projeção nacional e além-fronteiras, elevado para o olimpo das celebridades. Um visionário. Um realizador que toca mentes e corações.

Roberto Shinyashiki.

Na sociedade que idolatra números superlativos, ele é campeão na sua modalidade. Escritor, já vendeu mais de 8 milhões de exemplares, 31 títulos publicados no total, quase todos best-sellers. Palestrante, já se apresentou para multidões. Mentor, já orientou famosos e anônimos a caminho do sucesso. Talentoso, polivalente, múltiplo, midiático. Para alguns, controverso.

Prestigiado no mundo empresarial, já mereceu capa da revista de economia e negócios *Exame*, que o chamou de "O Fenômeno Shinyashiki". Luiza Helena Trajano, presidente da rede de varejo Magazine Luiza, elogia o trabalho de Roberto: "É o ser humano dentro das organizações". Maílson da Nóbrega, economista, consultor de primeira grandeza, colunista da revista *Veja,* ex-ministro da Fazenda, reconhece: "As pessoas que acompanham a trajetória do Roberto sentem como ele foi se transformando do ponto de vista do conhecimento, da sua capacidade de análise, da sua habilidade em conquistar pessoas e públicos, de ser aplaudido com ênfase pelos auditórios que o escutam".

UM VISIONÁRIO. UM REALIZADOR QUE TOCA MENTES E CORAÇÕES. ROBERTO SHINYASHIKI.

Transita por vários mundos, conquistando admiradores. No *show business*, o cantor Michel Teló, por exemplo, um dia no programa *Domingão do Faustão* na Rede Globo, revelou o quanto um dos livros de Shinyashiki o ajudou a combater o "estresse da fama", que pode afetar quem explode subitamente para o estrelato como ele, com sua música "Ai se eu te pego", que alcançou a primeira posição na Alemanha, Espanha e Itália, mais de 113 milhões de acessos no YouTube no ano de seu lançamento, faturamento de 18 milhões de dólares. A esse raro fenômeno global brasileiro rendeu-se a revista estadunidense *Forbes* numa reportagem em sua edição digital assinada por Anderson Antunes. No esporte, Marcus Vinícius Simões Freire, medalha de prata com a equipe brasileira de vôlei nos Jogos Olímpicos de 1984, em Los Angeles, dirigente esportivo, garante que Roberto lhe deu "grandes lições que hoje aplico no dia a dia".

Pioneiro das palestras-espetáculo, continua sob a luz dos holofotes. Agora no centro do palco cada vez mais povoado também por uma nova geração de palestrantes de qualidade e fama, alguns dos quais seus antigos alunos.

Uma dessas pessoas é a empresária e empreendedora digital Lilian Bertin, de Sorocaba, interior de São Paulo, que pouco tempo após o período de treinamento sob a mentoria de Roberto contabiliza êxitos: "Eu implementei de maneira muito rápida tudo o que ele me ensinou. Em menos de um ano e meio tenho um curso on-line, publiquei meu livro *A hora extraordinária* (que entrou na lista de mais vendidos da revista *Veja*), dou palestras em vários lugares, já subi no palco com grandes personalidades. Em vez de vender as minhas palestras, comecei criando eventos e assim eu atraía a minha audiência do mundo *off-line*, que é o mundo em que vivia. Levei quase mil pessoas a um evento com o próprio Roberto, depois fiz um com Dudu Braga, filho do Roberto Carlos. Hoje tenho o meu próprio evento, o meu público, levo convidados. Isso é maravilhoso!".

Como tudo começou?

"Conheci o Roberto Shinyashiki há uns vinte anos, numa palestra que ele deu numa associação de distribuidores de bebidas da qual eu fazia parte. Essa palestra me impactou tão profundamente que resolvi virar a chave e voltar a estudar. Fui fazer Direito porque senti que faltava algo na minha vida. Dezoito anos depois, o reencontrei noutra palestra, quando então ele nos pediu que escrevêssemos uma carta de agradecimento para alguma pessoa que tivesse feito muita diferença na nossa vida. Então me lembrei daquela palestra de anos antes. Resolvi escrever uma carta de agradecimento para ele. Nessa carta eu disse que tinha o sonho de me tornar palestrante e se eu pudesse de fato me tornar, gostaria muito de tê-lo como mentor porque eu queria ser como ele. Quando ele anunciou que iria autografar alguns livros, fui uma das primeiras da fila. Eu disse, 'quero agradecer você por tudo que representa na minha vida e tenho uma carta para você. Promete ler?' Ele me olhou fundo nos olhos e respondeu, 'prometo'. Pegou a carta da minha mão, guardou no bolso do paletó."

Lilian não acreditou que a carta seria lida. Roberto estava sendo muito assediado e quem era ela na ordem do dia, certo? Conformou-se em ter escrito contando sua trajetória empresarial, suas realizações, o impacto daquela primeira palestra. Quase caiu de susto quando, uns quinze dias depois, recebeu uma ligação de alguém da equipe de Roberto: "Ele leu a sua carta, adorou sua paixão pela vida. Tanto que me mandou presentear você com uma hora de *coaching*. Você aceita?".

Dali foi um salto para cursos de formação e para se sentir muito grata a esse mentor.

"Para mim, tudo o que eu acredito num mentor é isso: o mentor é quem faz aquilo que prega, aquilo que ensina às pessoas. O fato de o

Roberto ser esse mentor me abriu muitas portas. Pois quando temos como mentor alguém de sucesso, sempre estaremos pautados no sucesso dessa pessoa."

Abre-se a cena dois. Lilian não está aqui, neste evento, mas sua história espelha os sonhos de muita gente que comparece. O que devem estar esperando as pessoas que agora descem as escadas rolantes em direção às salas de eventos e convenções do hotel? O que Roberto promete?

Esse é o seu novo treinamento para o público geral, *Now Experience*. Mais do que um curso ou palestra, o evento é uma imersão vivencial. A essência de Roberto como palestrante motivacional, consultor de empresas, mentor de empresários de grandes corporações e de atletas olímpicos. Mais de trinta anos de experiência condensados num método para instrumentalizar seus mentorandos para o sucesso. Uma referência em como transpor o desafio de atingir o próximo nível em todas as áreas da vida.

Estou aqui, também, na função dupla de escritor e sujeito curioso pelas histórias da vida humana. Como escritor da vida real, sou movido pelo propósito de buscar entender as pessoas. Principalmente gente que causa impacto na sociedade, trazendo conhecimentos que nos ajudam a expandir nosso olhar sobre nós mesmos, sobre o mundo em que vivemos. Pessoas que nos estimulam a ampliar nosso grau de consciência, que nos impulsionam a crescer, a desenvolver ao máximo nosso potencial, a nos transformar. Para melhor.

Roberto é desse seleto grupo de pioneiros que causam impacto transformador na sociedade de nosso tempo, há muitas décadas. Quero

SEU DIFERENCIAL? O MUNDO INTERNO DAS PESSOAS. A MENTE E AS EMOÇÕES. A CABEÇA E O CORAÇÃO. A RAZÃO E OS SENTIMENTOS.

conhecê-lo mais. Contar e compreender sua história. Desenhar para você um mapa dessa vida.

Como pessoa, sou eterno aprendiz de mim mesmo. Quero encontrar o que posso absorver nessa minha imersão no mundo e na história de Roberto. Hoje, sou seu aprendiz. Um dia, no passado, fui seu professor. Quando na função de docente da USP (Universidade de São Paulo), o tive como aluno num curso de pós-graduação em jornalismo literário, minha especialidade como pesquisador e escritor de não ficção.

Seu diferencial?

O mundo interno das pessoas. A mente e as emoções. A cabeça e o coração. A razão e os sentimentos. A velha receita dos filósofos clássicos da Antiguidade: conhece-te a ti mesmo. Uma versão desse conselho universal traduzido em roupagem moderna e acessível, estruturada no cenário real do mundo globalizado, do trabalho, das organizações, da sociedade que nos pressiona a ser bem-sucedidos nos padrões que a civilização impõe.

Conhecedor da alma humana, como se autoconsidera, Roberto, médico e psiquiatra, já atendeu pessoas individualmente em terapia, ajudando-as a se conhecerem melhor e a expandirem seus potenciais no mundo. Agora faz isso em grande escala, em massa.

Muitos participantes do *Now Experience* chegam ao evento esperando adquirir ferramentas que lhes possibilitem melhorar a competência profissional na dura batalha do trabalho em nosso tempo.

Vão receber isso, mas vão, em muitos casos, ser surpreendidos ao terem de confrontar-se com os temas realização e felicidade. O profissional dá passagem à pessoa que existe por trás do papel social que representa no mundo do trabalho e dos negócios. É o indivíduo que vai se beneficiar na vida pessoal e familiar da experiência que lhe promete o programa. O evento é para esse público heterogêneo. As razões para essas pessoas estarem aqui podem ser muitas.

Entra um jovem sozinho no salão principal, ar desconfiado, olhando através dos óculos com cara de sujeito do tipo recluso, meio antissocial, atraído para uma praia que, penso, não é a dele. Um cético de paraquedas. Resiste, mas vai. Entram duas moças, conversando animadas. Entra um bando de amigos contando piadas, talvez subgrupo de empresa, colegas de departamento. Entra o senhor circunspecto, cabelos brancos, de terno e gravata. Entra a executiva impecavelmente penteada desligando o celular.

E então logo depois Roberto está no centro do palco, movendo-se, intenso, como se uma carga de eletricidade o percorresse e o deixasse hiperativo. E leva as mãos para o alto em paralelo, à altura da cabeça, gesticulando como se os dedos quisessem mexer em alguma coisa, tal qual você faz quando balança um relógio próximo ao ouvido para saber se está funcionando. Como se quisesse destampar a própria cabeça, para assim estar abrindo a de todos, para fazer chegar mais diretamente o que tem a dizer. E então...

– Posso falar uma coisa para vocês?

– Pode, Roberto.

– Quando entro para fazer uma palestra, entro para fazer uma cirurgia.

A maior parte do público está numa faixa etária entre os 35 e os 55 anos:

– Vocês estão numa idade perigosa. Porque nem são do tempo velho, nem são da nova geração. Mas o mundo está em mudança – sentencia. – Os negócios também estão mudando. O tempo não para. A vida avança. Se desejamos ter competência, temos que agir mudando junto. Competência, porém, não é só domínio técnico. É social, humana. É saber lidar com gente. Liderar.

O evento não é aula. Não é palestra clássica de antigamente. A promessa é de uma vivência.

Então lá está Roberto no palco, num dado momento, comandando a plateia num movimento forte de braços e corpo para o alto e para baixo, como se fosse um professor de arte marcial.

– O meu futuro é ... *Now! Now!*

É agora o futuro, promete o grito de guerra.

E o braço direito desce, vigoroso. E a plateia, homens e mulheres, jovens e veteranos, alguns ainda de paletó, mulheres de blusas elegantes, gente de óculos, alguns talvez sedentários, fazem os braços subirem. E um deles descer com energia apontando o chão. É o balanço de centenas de braços. Uma coreografia poderosa para mudar o estado emocional de quem está ali. E o grito estremecendo o salão:

– *Now! Now! Now!*

Alguns com jeito, outros tantos sem jogo de cintura, todos pulam e se soltam. E então vem o pedido, um pouco depois:

– Que cada um se levante, encontre um estranho e dê um abraço, deseje o melhor proveito nesses três dias de encontro.

Roberto Shinyashiki só pode ser um fenômeno do Brasil, filho desta terra onde o lúdico e o científico podem se unir. Onde a mente e o corpo dialogam em sintonia. Onde o coração e a cabeça abrem um novo canal de contato.

Gosto de dizer que o lado bom do Brasil é a flexibilidade criativa, a resiliência e a arte intuitiva teimosa que casa a narrativa épica com o desfile da escola de samba. É a engenhosidade que faz uma empresa de horizontes largos como a Embraer encontrar e criar um nicho de mercado em que o produto brasileiro alia eficiência global com imaginação e conforto nacional para conquistar o mundo.

É esse ambiente que permite acontecer Roberto Shinyashiki. A esse ambiente responde essa pessoa, com seu talento, e o público se identifica, se projeta. Daí o sucesso, imagino.

Mas é pouco para entendê-lo. Porque o que proponho aqui, a você, é uma viagem para compreender não só o personagem público Shinyashiki, mas a pessoa Roberto e o efeito que ele tem sobre as vidas que toca. E a integração imperfeita, porque humana, desses dois seres num só. Os segredos do seu sucesso, o que o leva a se manter em evidência. O que você e eu podemos aprender com isso, o que podemos usar para nosso próprio proveito.

Este bilhete de entrada no mundo de Roberto Shinyashiki é também um portal de embarque numa jornada na qual o protagonista não está sozinho. Porque, na mesma medida em que no *Now Experience* outros especialistas do desenvolvimento humano e do treinamento corporativo alternam o palco com ele, nós vamos descobrindo que muitas pessoas fazem parte do seu reino de sucessos – e fracassos –, de seus erros e acertos, de suas luzes e talvez sombras.

O QUE PROPONHO AQUI, A VOCÊ, É UMA VIAGEM PARA COMPREENDER NÃO SÓ O PERSONAGEM PÚBLICO SHINYASHIKI, MAS A PESSOA ROBERTO E O EFEITO QUE ELE TEM SOBRE AS VIDAS QUE TOCA.

O mais bonito de tudo é que, ao entrar na vida do outro, você pode descobrir coisas sobre a sua própria. Pode descobrir maravilhas da sua própria trajetória, assim como os dramas inevitáveis de cada um. Porque as histórias são de cada pessoa e suas particularidades. Mas o padrão oculto é universal.

A história de Roberto Shinyashiki está associada a uma característica do nosso tempo: a sociedade está em mudança acelerada. A civilização está em crise. A espécie humana sofre as dores do parto do nascimento de valores, mentalidades, perspectivas, modelos diferentes de trabalhar, fazer negócios, viver. E de compreender-se. De "saber quem somos" a "o que estamos fazendo aqui". De "conhecer o novo papel das empresas, das organizações e do trabalho, no embate surdo entre um mundo velho que pode estar agonizando perigosamente, ameaçando nossa própria existência" a "um novo que deseja fazer valer sua energia renovadora".

Esta narrativa é também um retrato de compreensão, sob diferentes perspectivas que se juntam, de um homem e sua época. No reflexo de tudo, você pode encontrar, espero, um espelho no qual identificará partes de você mesmo.

Na cena três desta história, estamos todos na sala onde continua o *Now*. Agora Roberto destaca a importância que os livros têm na sua carreira de especialista em alma humana. Ele não é um escritor convencional nem baseia seu trabalho exclusivamente nos livros que publica. Cada livro integra um pacote de recursos para orientar e apoiar as pessoas. Não reduz sua estratégia profissional a um único veículo de comunicação.

Porém, nesse momento enfatiza a importância do livro. Também porque é presidente de uma editora. Mostra um dos seus títulos para a plateia, pergunta o que é um livro. "Não é papel com tinta e ideias organizadas", adianta. E revela:

– Um livro é um concentrado de energias. Esse concentrado de energias provoca transformações. É o nível energético que faz as coisas acontecerem.

O nível energético tem a ver com o lado subjetivo das coisas. É algo que escapa ao entendimento puramente lógico. Mas precisamos procurar entendê-lo. A ciência de vanguarda nos ajuda nessa tarefa, e o mundo precisa desesperadamente de novos meios de entendimento da realidade. Roberto parece dizer, com suas ações, que acima de tudo precisamos saber agir nesse universo sutil, mas palpável.

Há um instante de alvoroço no salão. A última cena do *Now Experience* que compartilho com você.

Roberto estimula a todos, no momento que antecede um intervalo, a ligarem os celulares. Pede a cada um que escolha uma pessoa do seu círculo pessoal e lhe diga "eu te amo" ao telefone, especialmente se a escolhida for alguém para quem jamais disse, ou há muito tempo não diz que a ama.

Acontece uma balbúrdia alegre de gente que fala ali do salão, vai para os corredores, para os banheiros, sobe as escadas para o átrio, ligando *smartphones*. Alguns correm para o palco a pedido dele, Roberto, que se oferece para falar com parentes e amigos que, porventura, forem suas fãs. E aí...

– Fulana, aqui é o Roberto Shinyashiki. Sim, eu mesmo, não é trote, não. Olhe, estou ligando para falar a você que o seu marido mandou dizer que te ama muito, que é apaixonado por você! Sim, ele está aqui! Vou passar o telefone para ele.

O QUE O FAZ CORRER? DE ONDE VEM? PARA ONDE VAI, AGORA, ROBERTO SHINYASHIKI?

É um clima contagiante da vivência coletiva com Roberto Shinyashiki... Quando presenciei a cena, me perguntei, perplexo: Como é que ele consegue isso? Essa mobilização de alegria e de sentimento que envolve tanta gente na plateia? De onde vem esse talento? O que o motiva? Como isso pode me inspirar?

Esta é uma expedição em busca de respostas. O clima e um dos cenários em que estamos entrando, você já sentiu. Vamos agora dar um passo adiante. Juntos.

O *Now* representa um ponto relevante na carreira de Roberto. É o resultado de muitos anos de experiência, é a integração do que já desenvolveu para a transformação das pessoas. É um legado que traz para o presente o aperfeiçoamento do seu trabalho de décadas como especialista em sucesso e inspirador de felicidade.

Em paralelo a esse momento, nasceu e cresceu outro desafio: o de se reinventar, de trilhar um caminho novo. Ele não quer e não pode se acomodar na sombra das vitórias passadas. Estaria traindo a própria história, os próprios ensinamentos, sua marca, seu nome, seu prestígio, sua imagem.

Dúvidas no ar, riscos à frente. O que o faz correr? De onde vem? Para onde vai, agora, Roberto Shinyashiki?

Convém um lembrete, ao passarmos a ponte de entrada para o desconhecido e explorarmos esta história de muita gente e um protagonista. O lembrete simboliza muito. É um sinal e uma pista para sabermos de que esse território é feito. O que lança Roberto para a fama estelar que perdura por mais de três décadas é seu primeiro livro.

O nome?

Tudo a ver com o que acontece no *Now*.

A carícia essencial.

2

UM JAPONÊS CABELUDO DO ROCK-AND-ROLL

São os anos de chumbo no Brasil. Um regime militar ditatorial que começa em 1964, acirra-se em 1968 e só termina em 1985. Censura pesada aos meios de comunicação e à arte, supressão dos direitos civis, perseguição, revolta estudantil e operária, tortura, morte. Liberdade próxima do zero. Medo, pânico. Pais de família preocupados com o espírito rebelde dos filhos adolescentes.

Um menino cresce em meio a esse clima de terror, na Baixada Santista, litoral de São Paulo. Mora na Vila Margarida, bairro popular de São Vicente. Estuda ali pertinho, em Santos. Está saindo da infância. Muito jogo de bola, certa habilidade em campo, até um sonho secreto de futebol profissional no futuro, quem sabe. De um lado, influência positiva dos anos dourados do Santos de Pelé, de outro, um conflito em casa.

O pai, de origem japonesa. A mãe, de ascendência portuguesa, também descendente de um difuso sangue inglês em algum ponto de sua linhagem. A avó paterna, radical, personalidade forte, tinha chegado ao Brasil na leva dos imigrantes do Sol Nascente no final da década de 1920. Filho seu tinha de casar com japonesa. Mas o segundo filho, já abrasileirado para se chamar Paulo, submisso em outras coisas, nisso tinha sido forte. Enfrentou o repúdio também de tios e primos e casou-se com Benedita, empregada doméstica.

ROBERTO E O PAI, PAULO, COM O NETO RICARDO NO COLO.

Brigas constantes de mãe e filho, sogra e nora. E o moleque vendo tudo aquilo, sendo obrigado a estudar japonês, sofrendo marcação cerrada da avó Taya – que os netos chamavam de Carmem, por não entenderem o nome japonês –, não importava quão bem se desse na escola, porque não acreditava na capacidade do neto:

– Você, filho de brasileira... e de japonês... quer entrar no Colégio Canadá, né? Não vai entrar! Filho de japonês não entra! Nenhum de seus primos entrou!

Acontece que Benedita, por trás da simplicidade cultural de poucas palavras, era também mulher de temperamento forte. Não arredava pé em uma decisão tomada. Seu filho continuaria os estudos num dos mais tradicionais colégios públicos do país. Fundado na década de 1930, o Colégio Canadá tinha alcançado o status de respeitável complexo educacional três décadas depois, várias turmas simultâneas de ensino primário e secundário, centenas de alunos, classes enormes, auditório para duzentas pessoas. Suas vagas eram disputadíssimas, uma difícil prova de admissão que exigia que os candidatos fizessem um vestibulinho, versão ensino médio das provas de admissão às universidades. Por ele passariam alunos que se tornariam celebridades, como o ator Ney Latorraca. O Canadá marcaria época na história cultural da cidade nesse período sombrio do Brasil.

Roberto lembra-se bem disso. Muito tempo depois, século XXI adentro, o filho dessa união inusitada entre pai de origem japonesa tradicional e mãe de raízes portuguesas, carregando em si legados tão distintos, busca a memória, traz o passado para o presente: "Lembrança do meu pai... meu pai era um japonês baixinho, um cara de 1,60 metro de altura, bom de bola. Centroavante no futebol amador. Marcava gol de cabeça! Quando eu era bem menino, uns 5 anos, ele pegava a bola e jogava para mim: 'Sobe, domina, mata no peito! Chuta com o pé direito! Chuta com o pé esquerdo!'. Quando cresci, ele começou a me levar para ver jogo de futebol profissional. Era palmeirense, mas meu avô materno era corintiano e me influenciou. Era época do Pelé, o Corinthians não ganhava nada. Mas fiz

DONA BENEDITA,
A MÃE DE ROBERTO.

"EU TINHA UMA ANGÚSTIA COM RELAÇÃO AO MUNDO, TINHA UMA ANGÚSTIA DE VIVER, SOBRE O QUE FARIA DA MINHA VIDA, DE SER GRANDE."

uma das escolhas mais malucas da minha vida: virei corintiano!".

O moleque era bom de bola. O pai, orgulhoso, foi vendo o garoto se destacar em jogos de bairro. Porém, como a mãe, era exigente nos estudos. Não deixava barato.

"Nessa época, entrar em escola pública era uma batalha. Porque as melhores escolas eram as públicas. Saí do curso primário, consegui ir para o Colégio Canadá, como teimou minha mãe, onde fiz o colegial."

O garoto, dedicado nos estudos, feliz no esporte – onde estavam seus principais amigos –, descobriu nessa fase escolar uma nova paixão: "A música chegou forte quando eu tinha uns 12 anos. Descobri os Rolling Stones. A rebeldia desses caras me ofereceu uma opção. Gostava médio dos Beatles, não eram especiais para mim. Mas os Rolling Stones... E aí tinha um cara, Bob Dylan, demais! E as letras que ele escrevia... Eu tinha uma angústia com relação ao mundo, tinha uma angústia de viver, sobre o que faria da minha vida, de ser grande. Fui vendo desde então que não sou mesmo um cara *light*, sou muito intenso. Já achava Santos uma cidade pequena demais. Achava que tinha de ir morar em São Paulo, estudar na USP... Esse mundo é muito desumano, e fui descobrindo em mim uma sensibilidade de dor pelo sofrimento alheio. Li no jornal que o cara matou a esposa porque a descobriu com outro... não consegui passar por isso com neutralidade. Não conseguia saber que os pais de amigo meu estavam se separando e achar normal. Eu sofria quando olhava as injustiças do mundo, já sofria... com 12 anos... não conseguia ficar em paz".

Nesse turbilhão emocional, a música era uma válvula de escape. Ajudava a enfrentar o sofrimento que o moleque de então aprendia a reconhecer em si como reflexo da dor alheia: "Li uma frase do Bob Dylan e logo me identifiquei: 'Eu sou assim!'. Tem uma música dele, 'With God On Our Side', cuja letra fala das guerras que os Estados Unidos participaram. E me fez lembrar dos caras das Cruzadas que foram lá e exterminaram todo mundo. Mas, tudo bem, porque eles estavam com Deus do lado deles. Me fez lembrar que aí vieram os espanhóis e mataram os astecas, destruíram a civilização deles, mas não tinha nada de errado, porque estavam com Deus do lado deles. A música ficou na minha cabeça e me dizia: 'é isso que ferra a Igreja Católica!'. Porque eu era católico de ir primeiro à missa no domingo e só depois ir jogar bola. Mas fui descobrindo que não estava só na minha angústia. E tinham os Rolling Stones e 'Satisfaction' e 'Let's spend the night together', e esse tipo de música falava muito comigo, essa identificação com a angústia".

Não era só o rock ou a música de protesto. O garoto tinha um amigo que lhe abriu outro portal de rebeldia:

"Eu tinha um disco da banda The Byrds que tocava as músicas do Bob Dylan, e esses caras eram maravilhosos. Mas o Gilberto Rondinelli tinha discos da música de protesto brasileira, e refrães que a gente não esquecia. 'O morro não tem vez, e o que ele fez já foi demais', Nara Leão, Maria Bethânia e 'Carcará, pega, mata e come!'. Então a gente sentava e ouvia tudo, os meus discos, os dele. E ficamos sabendo do Teatro Opinião e dos protestos no Rio de Janeiro contra a ditadura militar".

Aí, aos 14 anos, o garoto de angústia na alma fez amizade com dois outros meninos e de repente pintou a ideia, "A gente podia ter uma banda". O moleque topou e decidiu, "Vou tocar violão". Chegou em casa essa noite, pediu, "Mãe, me dá um violão?". Benedita deu, o garoto foi aprender a tocar com um professor chamado Geraldo, que tinha um irmão, Alberto. Aí nasceu a banda, de verdade. O moleque ainda não sabia tocar direito, mas estava na banda e ia tocar em bailes. Ele ganhou, então, seu primeiro dinheiro vindo de seu trabalho. Tocando música.

Santos, nas décadas de 1960 e 1970, era um polo de efervescência musical em duas frentes. Na primeira, a comportada, garotos com ares de bons meninos formavam bandas que faziam sucesso tocando Beatles e a Jovem Guarda de Roberto Carlos e companhia nos bailes de clubes respeitáveis como o Internacional, o Caiçaras, o Tumiaru, o Atlético, o Regatas. Na segunda, moleques influenciados pela fama de *bad boys* dos Rolling Stones, The Who e Cream – bandas inglesas que estavam conquistando o mundo na esteira dos Beatles –, fazendo um ótimo rock mais selvagem, rude, contestador, formavam conjuntos que só encontravam espaço para crescer na marginalidade social da cidade.

Um resgate histórico feito pelo jornalista Lucas Krempel no jornal *A Tribuna*, em 2016, com depoimentos de músicos da época como Raimundo Vigna e Bardhal, colocou esse quadro em perspectiva. A síntese é que, sendo a sede do maior porto do país, Santos tem uma longa tradição da vida boêmia barra-pesada na região do cais. Marinheiros em terra querem mulheres, bebida e diversão. Em altas doses. O comércio da prostituição é a resposta natural, bares e hotéis de má fama, vielas e ruas mal iluminadas formando um cenário que a gente já viu em muitos filmes retratando as situações típicas pelos portos do mundo.

Em Santos, o centro histórico da cidade abrigava bares que estavam, naquela época, cumprindo o lado musical dessa realidade social com conjuntos que tocavam boleros, mambos, sambas de breque, ritmos tradicionalmente preferidos na zona de prostituição.

Acontece que os marinheiros estrangeiros, fãs da nova onda musical do rock rebelde que estava rolando na Europa e nos Estados Unidos, ainda pouco popular no Brasil, traziam discos de Joe Cocker e das bandas inglesas. Queriam ouvir o som revolucionário das guitarras elétricas, não dos tamborins. Comerciantes espertos – muitos deles portugueses, diz a série de Krempel –, de faro para um bom negócio, abriram as portas para os grupos de jovens sonhadores sedentos por fazer soar o novo som que os encantava, eletrificado a mil decibéis pelos novíssimos, potentes e igualmente revolucionários amplificadores, como os produzidos pela Giannini. Como a sociedade dos bons costumes não lhes abria portas, estavam dispostos a ir a qualquer lugar que lhes permitisse vibrar a adrenalina que as guitarras e as baterias disparavam. Fosse onde fosse.

A resposta rápida foi a proliferação de bares com cartazes de neon, gritos ocasionais, pancadarias e brigas monumentais de bandos rivais de marinheiros gringos, apaziguados à força pela intervenção da Polícia do Exército, descendo o cassetete para todos os lados. Uma guerra de Babel de muitas línguas e ofensas, de hormônios exaltados, álcool nas veias, drogas nas tripas, talvez um crânio fraturado, sangue na calçada, quem sabe um morto na esquina. Tudo especialmente concentrado nas ruas vizinhas General Câmara, João Otávio, Aguiar de Andrade e travessa Dona Adelina.

Surgiam bares de nomes sugestivos para essa plateia de gringos cada vez mais entusiasmados por suas passagens por Santos. Oslo Bar, Zanzibar, Bergen Bar, Hamburg, todos fazendo referência a cidades portuárias espalhadas pelo mundo. E Suomi Bar, o nome aludindo à terra de muitos deles: Finlândia.

Um círculo que se autoalimentava. Os navios traziam discos de vinil dos garotos malvados do rock estrangeiro. Os roqueiros de Santos se embebedavam com o novo estilo musical e o reproduziam nos bares. Os marinheiros vibravam, as prostitutas habilmente os faziam consumir e beber mais, as caixas registradoras dos comerciantes tilintavam, deixando-os felizes, a Polícia do Exército esfriava à força os ânimos acirrados. Simples assim. Álcool, sexo, rock-and-roll.

E o nosso protagonista?

Um ano depois do começo da vida de músico em inocentes bailes juvenis, uma rota paralela surgiu no seu sonho musical: "Um dia, estávamos tocando com outra banda numa festa e um dos integrantes deu a ideia: 'Nosso baterista é melhor que o seu, nosso cantor é melhor que o seu. Mas o seu baixista é melhor que o nosso, e você é melhor no violão que o nosso cara. Vamos juntar isso e montar outra banda'. Nasceu a Fire Emotion, uma banda muito legal, mas totalmente esquizofrênica. Porque eu e meu amigo Botelho, da minha banda original, gostávamos de Eric Clapton, de Jimi Hendrix. Os caras da outra gostavam de Jorge Ben Jor (naquela época ainda Jorge Ben), de música brasileira. Então a banda ficou meio torta. Aí a parte certinha continuou a tocar em baile, com o mesmo nome. Mas a parte maluca começou a tocar no porto, sem nome". Roberto, o japonês cabeludo que todo mundo conhecia como China, era o guitarrista principal, com sua guitarra Vox vermelha.

Certo, não era fácil comprar esses instrumentos no Brasil de então. Mas Santos é porto. Nessa época escondida na poeira do tempo recente, ainda não existia internet. Os *smartphones,* Twitters e Facebooks da vida não tinham sequer sido sonhados. Era muito mais lento e difícil o processo de propagação de novidades pelo mundo. Um porto da importância de Santos, unindo o país ao mundo, era lugar privilegiado. Os navios não traziam apenas os discos de vinil nem só a nova preferência musical dos marinheiros dos sete mares. Traziam os instrumentos e os equipamentos que eletrizavam a música, transformando-a para sempre.

China tocava nos bailes dos melhores clubes da cidade. Mas tocava também no submundo da noite.

"Quem vivia na noite? As garotas de programa, os clientes, os músicos. Eu, com 15 ou 16 anos, estava lá, tocando com minha banda, até umas 4 horas da madrugada. Aí terminávamos de tocar, íamos jantar com as meninas. Elas pagavam para nós, porque não ganhávamos nada, só uns trocados. Ficávamos conversando sobre a vida."

Uma pausa na memória, e então...

"Tocavam na noite eu, o Botelho e o Márcio. Era muita curtição, eu me divertia muito. Mas eu já era visto como um cara cabeça, um líder, pelas ideias. Era um líder das meninas e dos meninos. Tínhamos na noite os líderes musicais, os líderes comerciais. E eu era o líder das ideias. A noite era então para mim uma tentativa de leitura do mundo."

Como assim, leitura do mundo na noite?

"Tinha meu amigo Vilani, um cara de uns 15 ou 16 anos. Ele era filho de um gerente do Banco do Brasil. O Vilani se apaixonou por uma garota de programa que tinha uns 17 anos. Aí pegou a menina e levou para casa. Só que morava com os pais. Gerente de Banco do Brasil, nessa época, era deus todo-poderoso. O pai e a mãe se encheram e mandaram o Vilani e a menina embora. Ele e a garota vieram se queixar e se aconselhar comigo. Ser o líder-cabeça, ouvir e aconselhar os outros era um jeito de entender o mundo e, assim, também me entender, indiretamente. Compreender o mundo era também compreender o outro."

Como compreender José Luiz Tejon, autor de diversos livros e amigo de Roberto desde essa primeira hora de aprendizado na escola da vida. O rosto de Tejon é deformado por um trágico acidente na infância. O visual dele pode causar desconforto para quem o olha, mas hoje isso não é mais um problema para ele, pois é essa história de superação que, depois do sucesso no mundo corporativo, lhe trouxe ainda mais sucesso como autor e palestrante. Ele é um caso vivo precoce de como aquele japonês cabeludo e franzino responderia aos sofrimentos alheios que, descobria então, tanto o incomodavam. Conta Tejon:

"Já tinha 4 anos. Era muito comum nas casas você encerar os assoalhos. Você passava cera quentinha e depois enceradeira ou escovão. Por uma questão de economia, colocavam um pouco de gasolina na cera. Esquentavam no fogo, diluíam o produto. Uma lata de cera rendia mais assim, se transformava em três".

Mas... "Um dia, minha mãe adotiva, Rosa, estava mexendo numa lata de cera dessas. A lata pegou fogo. Labaredas subiram para o teto. Ia pegar fogo na casa toda. Minha mãe pegou a lata com uns panos e jogou para o quintal. Eu vinha correndo do quintal em direção à cozinha, e a lata atingiu meu rosto. A chama, como se tratava de uma mistura de cera e gasolina, continuou. Minha mãe tentou apagar o fogo, queimou os braços, mas não conseguiu. Dona Helena Amorim, da casa vizinha, viu aquela cena. Saltou o muro baixo que separava as casas com uma manta na mão. Abafou o fogo e salvou minha vida".

Foi o começo do calvário para o menino Tejon. O rosto queimado, feio. Os cotovelos, as mãos, menos. Dos 4 aos 7 anos, internado na Santa Casa da Misericórdia em Santos. Daí até aos 15 anos, passando temporadas no hospital, às vezes seis meses seguidos, uma cirurgia por ano. O rosto foi todo enxertado, as pálpebras caíram, a ameaça da cegueira rondava o destino do garoto. Salvou-se. Mas ficou o estigma de menino queimado.

Aos 15 anos, não queria mais nem sair de casa. Porém, aos 16, por sorte, descobriu a música. Aprendeu violão. Os festivais de música popular que a Secretaria de Cultura de Santos lançava eram um poderoso chamado à aventura. Tejon não resistiu, inscreveu uma de suas composições, "Flashes da morte", uma canção de protesto.

Foi aí que China entrou definitivamente em sua rota de vida. Tejon já o conhecia da escola municipal Olavo Bilac e depois do Colégio Canadá. Eram amigos, mas não próximos.

"Minha música estava classificada, mas o China estava preparando uma música para outro compositor, com sua banda Fire Emotion. Aí nos reunimos, e eu queria que a banda dele tocasse a minha música no festival. Tinha uma cantora comigo, a Marcinha. Ela poderia cantar minha música com a banda do China. Eu não queria tocar, muito menos cantar."

O rosto deformado estava pegando pesado na autoimagem do moleque. Tejon não gostava de aparecer em público. Já estava acostumado a ficar nos bastidores, na produção intelectual. Então os ensaios com a Fire Emotion começaram, e ali Tejon ousou tocar e cantar. Seu objetivo era passar a música para os colegas da banda. Não pretendia ir para o palco.

China percebeu logo que, quando Tejon cantava e tocava, a música crescia muito. Afinal, era a interpretação dele, do autor. Uma interpretação muito forte. Lá pelo oitavo ensaio, China encurralou Tejon de jeito:

– Olha, você tem que tocar e cantar junto com a gente!

– Não, eu não quero. É muito chato. Não quero, não quero!

– Se você não for, a gente não vai tocar a sua música!

– Mas que sacanagem!

– Não é sacanagem. É simples: ou você vai, ou a gente não toca.

Cinco ensaios depois, Tejon estava no palco, defendendo a música.

"Foi a primeira vez que tive contato com um público significativo! Porque era uma galera, um ginásio esportivo lotado num final de festival. Milhares de pessoas, aquele barulho, e fui para o palco pela primeira vez! Foi a estreia de uma exposição física contundente!"

Tejon mede a dimensão da aventura: "Uma coisa é você andar na rua onde mora. Outra é você estar diante de 10 mil pessoas. Você não está mais no colégio. Não está mais no ônibus que pega todos os dias. Não está mais na praia aonde vai todos os dias. Você está no desconhecido! Está em algo grandioso! O China causou esse impacto profundo. E eu simplesmente fui".

China também era um sujeito inibido aos 15 anos, introvertido, sensível. Muito tímido com as garotas, com a vida. Nos bailes, tinha medo de tirá-las para dançar. Então, seu primeiro movimento para sair da timidez foi fazer um curso de teatro amador. Alguém recomendou que dessa maneira ele venceria a inibição. Nessa época, Santos vivia um movimento de teatro importante. Eram uns vinte grupos na cidade competindo em festivais promovidos pela Federação Santista de Teatro Amador. Um deles, o Teatro Estudantil Vicente de Carvalho (TEVC), formado no Colégio Canadá, era dirigido por Carlos Alberto Soffredini e oferecia um curso de teatro. China fez o curso. Quando terminou, recebeu um convite do próprio Soffredini para assumir um dos papéis principais da peça *Prometeu acorrentado,* talvez uma das montagens mais premiadas na história do teatro amador.

Por uma ironia bem-aventurada do destino, nessa mesma fase recebeu um convite inesperado. Um amigo, Márcio, jogava num dos times de base do Santos. E aí avisou ao China que um dos treinadores o viu jogando, numa partida amadora qualquer. Oferecia-lhe a oportunidade de um teste.

O garoto China ficou tentado pelo sonho. Jogar no Santos! Ser jogador profissional! Agendou o teste por intermédio de Márcio e ficou uns quinze dias dando asas à imaginação.

O problema, porém, é que o sonho se chocaria com a realidade.

O pai tinha um negócio próprio, a farmácia Santa Terezinha. Exigia que o filho trabalhasse lá de dia. À noite, China tinha o colégio. Logo viu que não daria para conciliar tocar na noite com o teatro, muito menos incluir na agenda mais um compromisso, o futebol. Inseguro, lembrou que o pai, apesar do estímulo para jogar bola, tinha sido radicalmente contra dois primos fazerem testes em times profissionais, um no Corinthians, outro no Comercial de Ribeirão Preto. China dormia muito pouco, tocava até as 6 da manhã, voltava para dormir e abrir a farmácia do pai às 9 horas. Sem contar que frequentava o colégio Canadá à noite. Os conflitos dentro de casa eram diários por causa dos horários do adolescente, que de tanto faltar no colégio para tocar repetiu o primeiro ano do Colegial. Dona Benedita cansava de brigar para acordá-lo de manhã para ir para a farmácia, e Roberto, que tinha a rebeldia típica dos adolescentes, ia a contragosto. Sua irmã Rosely relata: "De manhã era a maior briga em casa para o Beto acordar; ele acordava, colocava a pior roupa que tinha – ele nem tinha muitas – e ia todo descabelado para a farmácia, ficava

ÓTIMO ESTUDANTE ATÉ O PRIMEIRO ANO COLEGIAL, TORNOU-SE PÉSSIMO DALI EM DIANTE. O SENTIMENTO DE REBELDIA CRESCEU.

lá com a cara amarrada até efetivamente acordar e ser mais sociável".

Com essa rotina era impossível inserir qualquer atividade. E se profissionalizar em teatro, então? Nem pensar. Paulo seria radicalmente contra.

Assim, a escolha era mesmo continuar tocando em bandas. Bailes nos clubes, rock na noite, no Suomi Bar. Nem Paulo, nem Benedita, curiosamente, punham qualquer restrição à preferência do filho. Ao contrário, ajudavam. Quando China pediu que lhe comprassem uma guitarra, deram-lhe uma de presente.

A transformação em músico precoce não era a única mudança em curso na vida do China. Ótimo estudante até o primeiro ano Colegial, tornou-se péssimo dali em diante. O sentimento de rebeldia cresceu.

Um dia, meteu-se numa passeata estudantil contra o regime militar. As forças da repressão reagiram. Alguns dos manifestantes foram presos, levados por caminhões que ficaram rodando pela cidade, horas e horas. Até que foram parando em certos lugares, desembarcando uns presos, continuando o caminho com outros. A bordo, China e os demais estavam quase em pânico: "O que será que vão fazer com a gente?".

Uma bela hora, China foi retirado do caminhão. Na delegacia onde o desembarcaram o colocaram numa cela com um monte de marginais. A adrenalina estava a mil: "Fiquei me lembrando daquelas histórias de violência em cela, estupro, tudo mais. Fiquei pensando, 'O que eu faço, agora?'. Eu era um cara franzino, não tinha a mínima coragem para brigar. Pensei, 'Vou ficar quietinho aqui no meu canto'. Aí um dos presos se aproximou:

– Ô, China! Você não é o China, que toca no Suomi?

– Sou! Eu toco.

– Pô, cara! – E chamou os outros presos: – Gente, vocês já viram o China tocar?

Uns quatro ou cinco, de uns vinte que estavam na cela, já tinham assistido ao China tocar. Aí o deixaram em paz e começaram a falar de rock. "Esse foi o momento mais forte em que percebi que a música poderia salvar minha vida."

O rapaz procurava passar a impressão de que estava tranquilo e feliz por ter sido reconhecido pelos infortunados de cela. Mas, por dentro, a verdade era outra. Estava apavorado, pois julgava que ninguém sabia que estava preso. Tinha sido levado lá pelas 5 da tarde. Por volta das 9 da noite, porém, alguém abriu a janela da cela. Roberto conta: "O sujeito perguntou: 'É um desses aí?'. Vi então o rosto do meu pai, apontando: 'É aquele ali'. O sujeito disse, virando-se para o meu pai, 'Você deu muita sorte!'".

O semblante brilha, a emoção contrai a testa, o adulto traz a memória viva do adolescente que foi, querendo justiça no mundo: "Meu coração aos pulos! Foi um dos momentos mais duros da minha vida! Meu pai me olhou com metade do rosto expressando muita alegria e a outra, muita preocupação. O filho dele preso! Mas, quando fui preso, ninguém perguntou meu nome, não pediram o telefone da família para avisar. Nada! Meu pai era um farmacêutico famoso em uma época em que os médicos eram profissionais raríssimos. Eu aprendi com ele essa vontade de ajudar as pessoas. Algum policial que era cliente da farmácia percebeu que eu era filho do 'seu' Paulo e deve ter avisado a ele, que correu para me resgatar. Deve ter ligado para algum amigo influente que ajudou a me soltar".

China, em casa, tomou banho, mas não conseguiu dormir, de susto. O pai o flagrou chorando no banheiro: "Filho, não faça essas coisas! Você vai matar a gente do coração! Esses caras são loucos".

E China sabia disso. Quando a chamada Revolução de 1964 aconteceu, uns soldados chegaram durante a madrugada na casa de um vizinho que trabalhava numa refinaria da Petrobras. Os pais de China pensavam que o vizinho era membro de sindicato, talvez comunista. Viram os soldados arrastar o homem para um carro, e a mulher chorando.

A mãe de China, Benedita, trouxe caixas de livros do vizinho, para esconder e assim protegê-lo. Ela, Benedita, que não lia. O marido reclamou:

– Mas, como é que pode? Se eles entrarem aqui, vão achar os livros! E nós estamos encrencados!

Benedita, irredutível, respondeu:

– A Antonieta estava chorando, eles disseram que iam voltar, pegar os livros dele, provar que ele é comunista. Como é que vou deixar a Antonieta com esses livros?

Os soldados não voltaram e não descobriram os livros. Mas sumiram com o vizinho, que nunca mais foi visto.

De volta ao colégio, havia um turbilhão de reações balançando as certezas do jovem guitarrista da noite. E o *bullying* moral dos colegas: "Você foi preso, você é um babaca! O que foi fazer na passeata? Você acha que isso vai adiantar alguma coisa?".

China para de ir às passeatas. Talvez por medo ao descobrir que eram verdadeiras as histórias de repressão ou, quem sabe, por ver o sofrimento dos pais. Assustado por fora, rebelde por dentro, continuou inquieto: "Eu tinha lido sobre um experimento de educação não formal na Inglaterra, a Summerhill School. Aí fiquei doido, pensando, 'Preciso de uma Summerhill na minha vida!'. Porque questionava o fato de estar indo mal na escola. Porque eu não tinha nenhuma vontade de fazer as coisas que, supunham-se, eu deveria fazer para ser alguém de sucesso na vida. E aí encontrei algumas pessoas que pensavam diferente, no Colégio Canadá, alguns professores, principalmente em Sociologia e Filosofia. E, enquanto os colegas me criticavam por ter sido preso, esses professores me defendiam: 'Vocês não tiveram coragem de ir, agora ficam criticando alguém que teve'".

O China adolescente continuou levando uma vida de contrastes. Tocava nos clubes, tocava no bar à noite. De dia... "Almoçava, pegava o ônibus, ia para a farmácia substituir meu pai. Só meu pai e eu podíamos trabalhar no caixa, porque um gerente tinha nos roubado. Perdemos a confiança nele, mas meu pai ficou com dó, não mandou embora. Eu tinha então que cobrir meu pai, todos os dias. Já dava injeção, fazia curativo. Todas as tardes. Frequentava a farmácia desde os 10 anos. Já sabia trabalhar com isso".

Então veio o Exército. China foi convocado para servir no quartel do Segundo Batalhão de Caçadores. Bem ali, ao lado da farmácia. Lá se foi embora o cultivado cabelo comprido de roqueiro e veio o cabelo raspado de recruta. "Entrei como um molecão, como todo o mundo."

A irreverência da adolescência logo daria lugar ao estado de tensão dos adultos, fruto dos tempos de exceção que o país vivia: "Estava rolando a história do Lamarca, o líder guerrilheiro que assumiu combater o regime militar. Por isso a gente tinha um treinamento antiguerrilha que era uma pancada. A regra era a seguinte: o infante tinha de andar 60 quilômetros e chegar preparado para a batalha. O treinamento era tão pesado que um recruta morreu. Não cuidou da arma direito. A arma caiu, disparou, matou o soldado".

Felizmente, as qualificações naturais de China abriram-lhe portas para situações mais amenas do que eventualmente combater guerrilha. Foi escolhido para ser enfermeiro, destacado para o Serviço de Saúde, que "é o melhor lugar para alguém servir no quartel", diz.

O chefe da enfermaria, capitão Aurélio, via que China era talentoso, então o encaminhou para fazer o curso de cabo. Em cinco meses, China já era cabo do Exército brasileiro. Mas tinha um problema: não impunha respeito, não conseguia ser chefe. O capitão Aurélio ameaçou:

– Eu vou ter de te punir! Um cabo que não se impõe tem que ser punido!

Mas como China poderia se impor? Ponderou:

– O cabo tem que dar ordem para o soldado, mas todo o batalhão que está aqui entrou comigo, são todos meus amigos. Como é que posso dar ordem para todo mundo?

Além do mais, China continuava a tocar na noite. A Polícia do Exército circulava pelos bares, e aí China tinha de se camuflar, usar um boné para disfarçar. Havia soldados na plateia. Eles viam o cabo ali tocando, faziam vista grossa. A Polícia do Exército também. No dia seguinte, não adiantava China dar ordem para quem o flagrou tocando no bar:

– Soldado, apresente-se!

– Ah, cara, vai se ferrar! Você é meu amigo ou não é?

Ah, o longo caminho para se tornar homem... O menino que ficou para trás, na infância da Vila Margarida; o adolescente que sonhou em transformar o mundo, indignado com as injustiças, condoído pelo sofrimento dos semelhantes, e o rito de passagem, no Exército.

NO CENTRO, SEM O CAPACETE, ROBERTO EM SEU TEMPO DE EXÉRCITO. SIMPLESMENTE SOLDADO – E DEPOIS CABO – TADEU.

Quando foi recrutado no quartel, Roberto deixou de ser o China. A convocação foi pelo nome completo: Roberto Tadeu Shinyashiki. Tornou-se apenas o Soldado Tadeu 575. Depois cabo.

China, o rock, a indignação, a rebeldia, as injeções na farmácia no período da tarde, a timidez nos bailes, a bola nos campos de futebol, a prisão. O soldado.

Retratos no tempo. O que isso provocou de efeito na alquimia de vida que foi moldando o moleque sonhador? Que linhas de identidade se encontram entre essa trajetória de vida e a sua própria história?

Existe um padrão universal sutil que, em essência, ilumina tanto a história de Roberto Shinyashiki quanto a sua, a minha, a de todos. O que nos une, o que nos distancia? O que temos a trazer para a nossa própria caminhada, o que nos impulsiona para os nossos desafios?

O rito do Exército é um capítulo importante, mas apenas uma amostra do drama sem retorno que levará China aos limites extremos do seu aprendizado de viver.

3 ENCONTROS E RUPTURAS

Roberto Shinyashiki e seus anos rebeldes. "Aprendi muitas coisas no Suomi tocando rock. Como, por exemplo, que o público tem que dançar. Quando os clientes começavam a sair e o bar a esvaziar, o dono do bar chegava e nos alertava: 'O pessoal não está dançando'. Dica forte para mudar o repertório ou a nossa energia. Então hoje eu sei, quando estou fazendo uma palestra e as pessoas não estão 'dançando', que alguma coisa está errada. Tenho de melhorar a conexão com as pessoas. Perceber o que preciso falar para que a plateia se interesse pelo que estou ensinando."

Inquieto, mente aberta para o mundo, os interesses de China não se resumiam ao prazer da música. Antes mesmo de começar a tocar guitarra nos bailes dos clubes e no bar do porto, descobriu o movimento Comunidade de Jovens Cristãos, uma iniciativa da Igreja Católica para trazer adolescentes de volta à religião, nessa época em que as fileiras da igreja viam-se cada vez mais vazias da juventude.

As reuniões do movimento aconteciam perto de sua casa, numa igreja dedicada a São Judas Tadeu. Uma feliz coincidência. Acontece que dona Benedita era devota desse santo. Por isso Roberto – e seus irmãos Gilberto e Eduardo – têm um mesmo nome do meio: Tadeu.

Pode parecer contraditório, mas o roqueiro e o garoto socialmente sensível conviviam em China. A angústia existencial do menino encontrava abrigo na influência da Igreja. Um legado de duas direções que convergem em uma, no Roberto adulto: "A felicidade não é ter de escolher entre o sagrado e o mundano. É integrar o sagrado e o mundano. Realização pessoal é não ter de fazer escolha entre o espiritual e o material. É escolher a oportunidade de ter os dois".

Desse legado, também resulta o adulto socialmente comprometido de hoje: "Estou detonando os 'petrolões' da vida há muito tempo. Publicamente combato a corrupção, faço campanha etc. Na época da coisa brava na Petrobras, aconteceu muitas vezes de me convidarem para palestras. Só que eu apresentava proposta e orçamento e, num certo ponto, caía tudo. Não me aprovavam. Os amigos haviam alertado: 'Você vai perder negócios, com isso de falar da corrupção'. E eu dizia: 'Que se dane!'. Mas

A FAMÍLIA SHINYASHIKI EM VISITA A APARECIDA DO NORTE (SP): DA ESQUERDA PARA A DIREITA, ATRÁS: BENEDITA, COM EDUARDO NO COLO, E PAULO; NA FRENTE, ROSELY, GILBERTO E ROBERTO.

O BEBÊ ROBERTO.

é assim que eu sou. Nessa altura da vida, não posso deixar de fazer algo baseado nos meus valores porque posso perder algum negócio".

Ah, como alguém é, como alguém se forma... não tem jeito... algo mais do que herança genética vem dos pais. Roberto, olhando uma foto de infância, conta: "Esse sou eu, devia estar com 11 anos. E também meu irmão, Gilberto, minha irmã Rosely e meu irmão mais novo, Eduardo, ainda de colo. Sou o mais velho. Estávamos indo para Aparecida do Norte nesse dia. Todos os anos da minha infância meu pai nos pegava e nos levava para lá, no Dia de Nossa Senhora Aparecida, 12 de outubro. Primeiro íamos de ônibus. Depois, quando meu pai melhorou de vida, passamos a ir de jipe. Ele também nos fazia ir à missa todo domingo, eu achava um pé no saco. Mas tinha de ir, era importante para ele".

Até hoje esse legado é motivo de conflito: "Não sou um cara religioso. Sou muito espiritualizado, isso sim, mas não religioso. Sim, às vezes vou à missa, gosto de me confessar com o padre. Mas não sou muito das regras da religião, porque acho que há algo comercial, meio do tipo reserva de mercado, na religião. É muito para o meu gosto".

Os paradoxos e as incoerências do ser humano, o menino Roberto foi descobrindo no próprio pai. De herói e modelo, a queda para o nível falho e real de ser humano: "Conforme fui crescendo, começou a rolar um boato de uma história oculta em família. Eu escutava, pressionava e ia descobrindo. Até que finalmente minha mãe contou que ela casou sem saber que meu pai tinha tido outra mulher e dois filhos com ela, Paulo e Helena. Meus irmãos também, mais velhos. Esse foi um lado do meu pai que eu não entendi durante muito tempo: um cara religioso que escondeu os filhos. Essa ambivalência só ficou clara tempos depois, quando fiquei amigo desses irmãos. Tenho cinco irmãos biológicos. Três deles são presentes que os meus pais me deram, os outros dois são presentes apenas do meu pai".

O pai tornou-se órfão muito cedo, ainda menino. Foi para a rua ser engraxate, ajudar a mãe com uns trocados para sobreviverem. Um dia, parou diante de uma farmácia. Ficou extasiado com os vidros dos remédios. Não é como hoje, embalagens modernas definidas por critérios estéticos de *design*. Eram vidros que precisavam ser limpos e lavados periodicamente. Então Paulo foi trabalhar nessa farmácia como lavador de vidros. O dono, Vahia de Abreu, assumiu um papel de tutor daquele japonesinho mirrado, mas esforçado. Foi apadrinhando seu progresso, até convidá-lo para ser seu sócio.

Quando Roberto nasceu, o pai ainda era funcionário. Lá pelos 4 anos, escutou a mãe dizer que agora eles eram donos da farmácia. Foi assim que a vida costurou sua aproximação com o mundo profissional da saúde, fazendo ressoar em sua alma, quem sabe, a canção-semente de uma vocação para curar: "Foi uma infância dolorida, essa minha, pela angústia de ver meu pai fazer minha avó japonesa aceitar minha mãe. Talvez desejasse que minha mãe abaixasse a cabeça para minha avó, à maneira rígida japonesa. Isso nunca aconteceu. E eu, menino, ficava muito triste de ver minha avó tentar humilhar a minha mãe".

As brigas eram feias. A avó tratava mal a mãe, de fato. Às vezes Benedita explodia com Taya, às vezes ficava calada. Todas as vezes Paulo ficava magoado. O dilema só se acalmou para o menino Roberto quando as duas mulheres fortes da família romperam de vez o relacionamento. "Minha mãe era filha de colonos de uma fazenda no norte do Paraná. Os colonos eram quase escravos, viviam com um salário ridículo, tinham que servir a todo o mundo. A situação era ruim, e por isso minha mãe chegou a Santos, ainda menor de idade, e foi ser empregada doméstica na casa da família dona da fazenda. Era um jeito de ajudar a complementar a renda da família."

Benedita era mulher de temperamento forte, explosivo. Era assim com todos. Com a sogra, com o marido, com os filhos. O pai era o

OS QUATRO IRMÃOS, DA ESQUERDA PARA A DIREITA: ROBERTO, ROSELY, EDUARDO E GILBERTO.

que contemporizava, o típico japonês sisudo, de poucas palavras, conciliador: "Tenha paciência com sua mãe, Roberto".

A mãe era mulher prática, objetiva nas coisas da vida. Traçava metas, batalhava para atingir os objetivos, segurava as fraquezas. Sonhava alto.

"A herança da minha mãe é essa de guerreiro. E de estudioso. Veja só, ela não frequentou escola, mas... nos meus aniversários na infância e no Natal, ela me convidava para escolher os presentes. Sempre pedia bola de futebol. Mas ela vinha com dois ou três folhetos de coleções de livros. Coisas como: *Tesouros da juventude*, *Clássicos da literatura*, *Os maiores filósofos de todos os tempos*, e eu não queria ler, ficava revoltado, mas ela insistia e.... então eu escolhia e me ferrava! Porque tinha de ler! Putz! Quando chegava da escola na hora do almoço, minha mãe estava trabalhando. Mas todo dia, quando saía para o trabalho, deixava a comida pronta. Aí, quando eu chegava da escola, esquentava a comida e servia a meus irmãos. Depois tinha de fazer o dever de casa. E então ler o livro que escolhi. Só mais tarde podia jogar bola".

Para surpresa do próprio Roberto, a insistência da mãe lhe provocou uma mudança mágica: "Passei a gostar muito de ler. Fiquei viciado em livros. Lia tudo que se possa imaginar. Histórias do Walt Disney. Filósofos existencialistas. Sartre. Livros pesados. Tudo! Para minha mãe, se era livro, tinha de ser lido. Ali começou minha paixão pelos livros".

Ah, os sinais da vida desenhando o futuro das pessoas...

"Um dia, quando eu tinha uns 10 anos e era ótimo aluno na escola, uma professora chegou para mim com uma conversa esquisita: 'Roberto, tem uma doença que se chama hanseníase, antigamente se chamava lepra. A Secretaria de Saúde está fazendo um concurso sobre isso, então toda escola tem que mandar um artigo de aluno. A diretora me pediu para escolher alguém para escrever esse artigo. Escolhi você, acho que você escreve bem'".

O garoto ficou relutante:

– Mas por que a senhora me escolheu?

– Ah, o seu pai trabalha em farmácia. Pede para ele arrumar alguém que tem informação sobre hanseníase. Aí você escreve o artigo.

O pai pediu ajuda a um amigo que era uma espécie de fiscal das farmácias de Santos – é assim que o menino Roberto entendia. Esse senhor providenciou um bocado de textos sobre o tema. Lembre-se, leitor, essa era uma época "jurássica", muito antes do Google. Não existia internet para pesquisas escolares. Dava um trabalhão fazer um estudo desses. "Peguei tudo aquilo, cortei, recortei, estudei. Escolhi o que achei melhor. Escrevi o artigo e entreguei para a professora, aliviado".

O tempo passou. Roberto se esqueceu do assunto. Antes do final do ano letivo, a professora veio com uma notícia:

– Fale para a sua mãe e para o seu pai que nós temos que ir todos juntos à Prefeitura! Você ganhou o prêmio de melhor trabalho sobre hanseníase!

Foi o primeiro prazer com a futura função de escritor.

E, uns anos depois, o segundo: "Eu já estava no quarto ano do ginásio – equivalente, hoje, ao ensino fundamental, no Colégio Canadá, e a professora de português me deu uma redação para fazer, cujo tema era o futuro profissional. Fiquei pensando: 'O meu cérebro é

A MÃE ERA MULHER PRÁTICA, OBJETIVA NAS COISAS DA VIDA. TRAÇAVA METAS, BATALHAVA PARA ATINGIR OS OBJETIVOS, SEGURAVA AS FRAQUEZAS.

uma bola, a minha cabeça é uma bola, as ideias são bolas'. Escrevi sobre bolas dentro de bolas. E de como temos que nos libertar dessas bolas, de círculos dentro de círculos que prendem o pensamento. Contei isso para meu amigo Marinho quando caminhávamos uns três quilômetros, voltando do colégio para casa. Ele comentou, 'Pô, cara, você pirou!'".

A reação da professora, porém, foi completamente outra: "Roberto, eu devia te dar zero, porque você não escreveu nada sobre o futuro profissional. Mas estou impressionada com a sua criatividade. Estou impressionada com o seu estilo de escrever. Você não é um aluno como os outros que escreveram a redação. Está acima da média. Você deve prestar atenção nisso".

O garoto prestou. E muito. Gilberto Shinyashiki recorda-se das características de personalidade que testemunha desde a infância, tratando o irmão mais velho pelo apelido de família: "O Beto tem essa paixão, e em tudo que ele se mete, vai ser o melhor que pode. Ele decidiu aprender violão. Aprendeu logo e depois partiu para a guitarra. Não demorou muito, já estava tocando em banda. Tínhamos dois quartinhos em casa, pequenos mesmo. Eu ficava num dos quartinhos, tinha essa coisa de mexer com motocicleta, de mecânica. E ele ficava no outro. E então ele foi agregando. Logo tinha um cara com ele tocando contrabaixo e outro, bateria. E ficavam ensaiando, ensaiando... e eu pensava: 'Como é que esses caras conseguem ensaiar ali?', porque o quartinho era pequeno mesmo, uma edícula".

Gilberto também se pergunta de onde veio aquilo, mas não encontra resposta: "Não tinha ninguém na família que tocasse algum instrumento, ninguém com paixão pela música, nenhum violeiro na família da minha mãe. Eles gostavam de música, dos cantores famosos da época, Orlando Silva, Francisco Alves, algo assim. Mas ninguém curtia música com intensidade".

Gilberto, que seguiria sua propensão para o conhecimento mais exato, tornando-se administrador de empresa e professor universitário, confessa-se admirador desse espírito determinado do irmão. Uma característica que também viu acontecer no envolvimento intenso de Roberto com causas sociais, quando ele descobriu a Comunidade de Jovens Cristãos.

Também viu no futebol: "O Beto era louco por jogar bola. Fanático! Eu jogava com ele. Eu era goleiro, e ele, centroavante. Onde morávamos, tínhamos muito espaço perto da nossa casa. Podíamos brincar ali, jogar. Fomos crescendo, e desenvolvemos essa coisa de jogar futebol de salão, de montar time. Íamos à quadra de um, à quadra de outro. Tinha olimpíada escolar, ele se metia, ia jogar. Continuou assim pela vida adulta. Até quando já estávamos em São Paulo, cada um na sua casa, por muitos anos ele me chamava para jogar no Parque Ibirapuera com o pessoal. Até eu me aposentar da prática desportiva".

A música entrou na vida de Roberto numa fase em que os pais já tinham superado as sérias dificuldades financeiras do período de infância do menino e do irmão Gilberto. Lá atrás no tempo, em que a pobreza rondava a porta dos Shinyashiki, o dinheiro curto para atender as necessidades, era o futebol que garantia momentos de alegria e união. À medida que a família crescia e a condição econômica melhorava, o elo se expandia.

O futebol também era elemento de ligação com o irmão nove anos mais novo, Eduardo. Jogar bola na praia sempre rendia momentos de muita proximidade entre eles, de tiração de sarro, de muita leveza. Mas a maior influência acontecia longe da bola. Eduardo conta: "O Roberto

ROBERTO EM PREMIAÇÃO ESCOLAR.

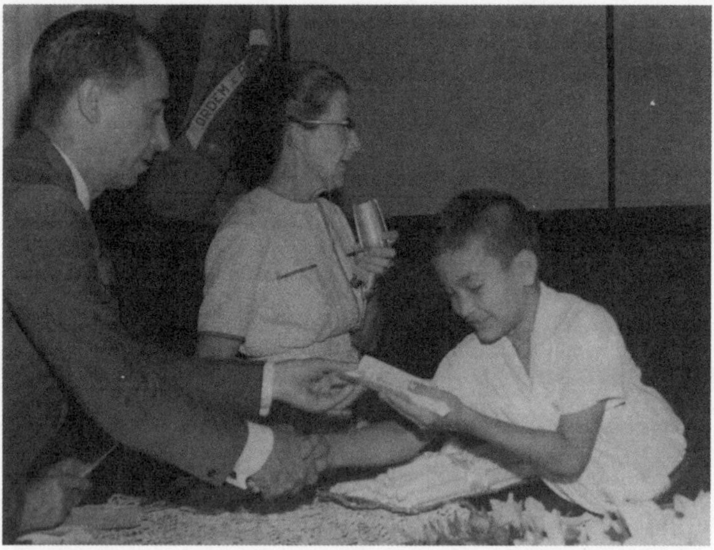

era essa referência, o irmão mais velho, descolado. Eu ficava admirando, de longe, ele era uma estrela, líder da banda, fazia os ensaios em casa. Já era catalisador. E havia os encontros de jovens na igreja, ele tinha muitos amigos, trazia esse pessoal para casa. Uma coisa gostosa de vê-lo e tê-lo assim, admirado".

O irmão era mais do que um motivo de orgulho. Continua: "Uma referência protetora, sim, de irmão mais velho. De irmão que cuida. Um dia meus pais estavam brigando, então o Roberto me tirou de casa, me colocou na garupa da bicicleta e foi dar uma volta comigo, para eu não presenciar a briga deles".

Rosely, a irmã, é uma mulher afável, de gestos comedidos, sorriso simpático, um jeito delicado de lidar com as pessoas: "A história do Roberto é essa de irmão mais velho protetor. Aprendi a andar de bicicleta com ele. Quando fui à padaria pela primeira vez, não fui sozinha; ele me levou. Quando fui ao armazém de secos e molhados pela primeira vez, foi ele quem me acompanhou. Da segunda vez em diante, ele ficava olhando, vigiando de longe. E me ajudava nas lições de casa, depois da escola. Nossa mãe era analfabeta, não podia nos ajudar nisso".

O irmão era também um referencial de cultura: "O Roberto tinha os discos diferentes. Eu estava com 13 anos, e ele já com 18, portanto a diferença era grande. Mas os discos que mexiam comigo eram os dele, de músicos e bandas que dificilmente chegariam a mim naquela idade: Rolling Stones, Simon & Garfunkel, muito rock. Ele também estava sempre com um livro diferente. E o primeiro que ganhei de presente na vida, ganhei dele: *O diário de Ana Maria*, de Michel Quoist, a história de uma menina da minha idade. Até então, eu me achava um extraterrestre, alguém deslocado no mundo, mas aquela leitura foi o máximo para mim porque logo me identifiquei com a personagem: a Ana Maria sentia o mesmo que eu. 'Estou vivendo isso que a Ana Maria sente! Eu sou normal!'".

Teólogo, presbítero da Igreja Católica, sociólogo, o francês Michel Quoist tornou-se uma figura de referência para o cristianismo católico, em todo o mundo, por meio de seus livros. O que escreveu para

ROBERTO E EDUARDO NO PALCO DO NOW 2017.

meninas adolescentes é fruto de uma longa pesquisa em diários de muitas delas, de onde o autor extraía as inquietações femininas dessa fase da vida e dessa época, a década de 1970.

Embora antes disso tenha lido diversos livros que recebeu de presente da mãe, essa foi a leitura que faria Rosely se tornar uma leitora inveterada. Começou a pegar livros em uma biblioteca de uma escola de inglês que frequentava. Um livro a cada duas semanas. Lia para se entender, para entender a vida, para buscar respostas.

O que mais lhe chamava a atenção no irmão? "O Roberto era um aluno muito inteligente. Quando chegavam os boletins, ficávamos comparando nossas notas. Eu tirava 7, o Eduardo era mais complicado, ficava de recuperação... Mas as notas do Roberto eram sempre 9, 9,8 ou 10, e as do Gilberto também. Mas havia uma diferença entre os dois: o Gilberto dedicava-se bastante aos estudos, tinha de se esforçar muito para tirar as notas que tirava; o Roberto, não. A sensação é de que tudo era fácil para ele. Tirava boas notas sem dificuldade".

Mas a fase de estudante brilhante não duraria para sempre. Rosely lembra: "No ensino médio, de um ponto em diante, o Roberto degringolou. Não queria mais estudar. Começou a tirar notas baixas, pois só queria se divertir e tocar música. Minha mãe ficava furiosa; ela sabia do potencial dele desde o curso primário e não se conformava com as notas baixas".

Roberto estava mesmo diferente aos olhos de Rosely. Usava roupas coloridas ou rasgadas nos joelhos, nas pernas. Testemunhava também outro sinal importante de mudança: "Um dia, eu o vi falar para a mãe: 'Não vou mais dormir aqui dentro de casa'. O quintal da nossa casa era bem grande, comprido. Lá no fundo havia um quartinho. E ele disse: 'Vou dormir lá na edícula a partir de hoje'. Pegou um monte de pôsteres, um monte de fotografias, e levou tudo para lá. E pintou as paredes, tudo ficou muito escuro. E achei o máximo ele fazer isso. Minha mãe, porém, não compreendeu bem essa maneira diferente de ele se comportar".

Enfrentar dona Benedita não era fácil. Ela pegava no pé de Roberto. Em ocasiões em que ele a desafiava, ela o fazia trabalhar mais e desde cedo na farmácia. Não lhe importava que o filho tivesse tocado com a banda até de madrugada. Conta Rosely: "Nossa mãe infernizou nossa vida. Quando éramos pequenos, ela nos batia de chinelo. Batia muito, apanhávamos sempre. Quando crescemos, e ela não podia mais nos bater, insistia em algumas coisas e falava sobre isso sem parar, até que cedíamos e fazíamos o que ela queria de nós".

Ah, dona Benedita, veio daí alguma coisa importante que se perpetuou no filho mais velho? Rosely suspeita que sim: "A determinação do Roberto. Nossa mãe era obstinada. Quando decidia uma coisa, não mudava mais de ideia. Eu me lembro da fase em que, ainda crianças, andávamos muito a pé. Ela me chamava de Dolly, então. Estava com ela um dia e passamos diante de uma casa linda, na avenida Senador Pinheiro Machado, em Santos. Ela me olhou e disse: 'Você vai ver, Dolly, essa casa ainda vai ser minha!'. Não dei muita importância àquilo, porque ela sempre falava muitas coisas. Mas não é que dali a uns dez anos fomos morar naquela casa? Não havia nem móveis ainda, mas estávamos lá. Entramos, mas não tínhamos dinheiro para pagar. Mas ela foi à luta, foi fazer dinheiro".

A família descobriu assim o formidável tino para negócios de dona Benedita. "Vimos que ela e meu pai começaram uma fase de montar e depois vender farmácias. Minha mãe também deu início a um período em que comprava uma casa, reformava-a enquanto morávamos nela

"FOI CRESCENDO UMA SENSAÇÃO DE INADEQUAÇÃO MUITO GRANDE. PORQUE EU NÃO ERA O QUE MEUS PAIS ESPERAVAM QUE EU FOSSE."

e então a vendia. Comprava uma casa maior, a reformava e vendia... Foi fazendo dinheiro assim. Notávamos que ela tinha muita satisfação em fazer aquilo. E foi assim que eu cresci, no meio de reformas o tempo todo".

Roberto conta que, nessa fase de aluno relapso, estava muito inquieto: "Ia mal na escola, mas tinha de continuar estudando. E trabalhar muito. Foi crescendo uma sensação de inadequação muito grande. Porque eu não era o que meus pais esperavam que eu fosse. Discutia muito com meu pai, brigava. Minha mãe, muito orgulhosa e poderosa, continuava me pressionando muito. Sentia-me marginalizado socialmente. Eu era um jovem bastante reservado, muito, muito introvertido. A angústia crescia. Tornei-me um adolescente muito complicado, tudo de ruim que se possa imaginar. Fui dos que na banda pegavam o carro dos pais sem pedir autorização, saía para tomar porre. Tudo, menos droga pesada. Como toda banda de *heavy metal*, caíamos na farra com as meninas da noite. Eu era o adolescente estilo perdidão, cabelo comprido, cara de maconheiro".

Fora do circuito da noite, um problema incomodava o rapaz. A timidez social paradoxal, a sensação de desajuste: "Ia para os bailes, mas não tinha coragem de tirar as meninas para dançar. Ficava olhando... olhando...".

Foi por meio de um amigo de colégio que uma lâmpada de salvação se acendeu: "O Benedito era um cara travadão. Muito travado, mesmo. Daqueles que no colégio ficavam meio alienados. E nos bailes...

Bem, nos bailes ficavam os ricos de um lado e, de outro, os paqueradores, os caras acostumados com os bailes. E, nem de um lado, nem do outro, ficávamos eu e o Benedito: ele travado, e eu ali com ele, até que comecei a perceber que o Benedito estava se soltando aos poucos. Foi se soltando, se soltando, e aí não me contive, perguntei: 'Benedito, o que está acontecendo, você está ficando solto para dançar, meu!'. E ele: 'Estou fazendo terapia'. 'Mas o que é isso, como acontece esse negócio?'. Ele respondeu: 'Tenho uma terapeuta. Fico falando, ela me faz perguntas, respondo, ela me mostra algumas coisas, vou vendo como funciono'".

Imagine, leitor, fazer terapia há meio século. Isso era coisa para doido. Se você procurasse terapia, certamente teria um problema mental, não funcionava muito bem dos miolos... Até mesmo hoje o preconceito e a ignorância ainda existem, aqui e ali. Na década de 1960, então...

Tocado pela transformação de Benedito, Roberto pediu dinheiro aos pais para fazer terapia. Eles acharam um absurdo. Mas o garoto era insistente, como a mãe. Paulo e Benedita estavam muito angustiados com o filho mais velho. A preocupação finalmente venceu a resistência. Aos 17 anos, o primogênito do casal Shinyashiki descobriria um mapa que mudaria para sempre o rumo de sua vida.

Maria Isabel Fischer Cardoso movimenta as mãos com gestos rápidos, fala com intensidade, raciocínio veloz. É mulher de presença forte, energética, quando conversa com este escritor em seu consultório, em Santos. Mesmo agora, um pouco fragilizada por problemas de saúde trazidos pelo tempo, com mais de 80 anos, mantém um ar altivo. Tem um temperamento mercurial, penso. De Mercúrio, o planeta, e seu significado simbólico na mitologia e na astrologia: o planeta da comunicação, da eloquência, da exuberância do intelecto. Psiquiatra, continua a trabalhar. Num ritmo bem menos intenso que no período em que atendeu o jovem Roberto Shinyashiki, é verdade.

Naquela época, já tinha no currículo uma passagem como assistente da cadeira de Psiquiatria Clínica no curso de Medicina da USP, no Hospital das Clínicas. Era formada em Filosofia com uma preferência pelo Existencialismo de Jean-Paul Sartre, o autor que despertara também o interesse de Roberto. Mas, quando concluiu que o existencialismo não estava tão adequado para a prática clínica, descobriu o psicodrama.

Isabel entrou nessa especialidade por meio do psiquiatra José Ângelo Gaiarsa, um dos pioneiros na utilização de técnicas corporais em terapia no Brasil. Ambos foram fundamentais na história de Roberto.

Quando procurou Isabel, entusiasmado com os visíveis resultados da terapia em seu amigo Benedito, o jovem roqueiro encontrou na terapeuta um olhar atento.

ROBERTO AO LADO DE UM DE SEUS MENTORES, O PSIQUIATRA JOSÉ ÂNGELO GAIARSA.

"Percebi no Roberto, de imediato, aquela mente inquieta. Muito inquieta, mesmo. Mas percebi também uma luz, um brilho impressionante. Um jovem procurando um caminho inteligente para sua vida". Isabel vai mais longe: "Uma coisa muito boa que o psicodrama me ensinou foi sentir a pessoa na emoção corporal. Isso é muito importante. Para mim, existem duas coisas essenciais: a primeira é você ser capaz de sentir o outro, a segunda é você ser capaz de aceitar e gostar do outro. Então percebi o Roberto como uma pessoa muito interessante. Vi que ele era muito maior do que a angústia que estava vivendo. Percebi que seu destino era muito maior do que simplesmente tocar num bar da noite".

O garoto mergulhou fundo na terapia, permitindo a Isabel encontrar algo diferenciado nele: "Ele tinha uma percepção muito rápida das situações e das pessoas. Isso foi me empolgando, porque também sou uma pessoa afetiva. Vi que estava muito sufocado pelas pressões para se definir na vida, e então foi se abrindo para as próprias emoções. A gente sente quando a pessoa quer progredir. Assim, eu estava junto, acompanhando, ajudando, com uma forma individual de psicodrama e de psicanálise".

Roberto reconhece: "Essa mulher foi fundamental na minha vida. Ela me ajudou a diminuir a angústia existencial que vivi na adolescência. 'Meu Deus, o que é isso?', minhas perguntas sobre a vida, sobre mim mesmo, sobre quem sou, sobre minha depressão, para onde vou... Falamos muito de psicologia nas sessões de terapia. E, de repente, decidi: vou fazer o que ela faz. Só que a Isabel é psiquiatra, e resolvi fazer Psicologia".

Foi uma revolução nessa história pessoal, um momento de ruptura, um ponto de mutação. Porque a decisão era não só cursar Psicologia, mas sair de Santos. A escolha era fazer o curso de graduação na Universidade São Marcos, em São Paulo. A família tinha poucos recursos, mas era o sonho dos pais que os filhos fizessem faculdade. Então, apoiaram o mais velho: "Vai, vai embora! Vai fazer!".

Gilberto, o irmão, também decidiu subir a serra. E igualmente fazer Psicologia, só que na Universidade Metodista, em São Bernardo do Campo. Foi sua primeira formação, mas seu destino não foi o atendimento clínico, e sim a atuação em empresas. Os pais, firmes no propósito de dar educação aos filhos, esforçaram-se como puderam. Compraram uma casa modesta para os dois filhos morarem no bairro do Ipiranga, em São Paulo, assim não estaria muito distante nem o caminho para a São Marcos, nem para a Metodista.

Tudo parecia estar indo bem, o ex-jovem rebelde finalmente havia apaziguado a alma, até que, de súbito, como que um raio atingiu Roberto numa aula de Psicologia, tendo mal completado poucos meses de curso, ainda no primeiro semestre. Conta: "Eu era um zero à esquerda, tinha repetido dois anos do ensino médio, mas estava lá, na minha aula de faculdade. Aí começaram a falar sobre Síndrome de Down. Diziam que não tem cura. Protestei: "Como não tem cura?! Não tem cura se você é psicólogo. Se você é médico, aí você consegue curar!". Fiquei invocado com aquilo. Decidi largar o curso de Psicologia e fazer Medicina!".

O principal desafio?

Roberto já não era mais o estudante aplicado que fora um dia. Para entrar em Medicina, era preciso ralar! A competição era dura. Matriculou-se no cursinho pré-vestibular Objetivo, decidido a ser o melhor aluno. Rachou de estudar, seguindo a orientação dos professores: "Nos simulados, você tem que estar entre os quatrocentos primeiros para conseguir uma vaga".

Por impulso, como quase tudo na sua vida, escolheu prestar vestibular para Medicina na Universidade São Francisco, em Bragança

Paulista – a 85 quilômetros da capital e a 153 quilômetros de Santos –, num mês de julho. Considerou o vestibular fácil, mas depois...

"Saiu o resultado, e não entrei. Saiu a segunda lista, também não estava nela. Saiu mais uma, outra... e nada! Fiquei mal com aquilo. Eu tinha achado o vestibular fácil. Estava numa fase muito rebelde e encrenqueira com meu pai. Sentia culpa. Continuava morando com o Gilberto, em São Paulo. Aí, no dia 31 de agosto, aniversário de meu pai, o Gil me mostrou logo pela manhã: 'Chegou esta carta de Bragança, acho que é importante'. Abri e gritei: 'Passei!'."

O problema é que aquele era o último dia de inscrição para garantir a vaga.

"Peguei um ônibus para Santos. Cheguei lá, encontrei meu pai almoçando. Meio rebeldinho, joguei a carta para ele: 'Pai, tenho um presente de aniversário para você!'. E ele, bem japonesão, quieto e na dele, perguntou: 'O que é isto?'. Abriu a carta: 'O que significa isto?'. Respondi: 'Significa, pai, que você vai ter um filho médico!'. E ele: 'Ah, não acredito!', e começou a chorar.

Mas havia o problema do prazo para a inscrição. Roberto e o pai saíram de Santos num fusquinha, mas só chegaram a Bragança depois das 6 da tarde. O prazo de matrícula já estava encerrado, e então os dois apelaram, choraram, imploraram. Finalmente, uma alma bondosa se sensibilizou, e o filho de Paulo e Benedita colocava um pé na carreira de médico.

"Fui morar numa república de estudantes em Bragança. Aí a terapia com a Isabel passou a ser nos finais de semana, quando eu descia para Santos. Acontecia, às vezes, de ela precisar viajar e não poder me atender em Santos. Mas, como nas sextas-feiras eu passava por São Paulo, a caminho do litoral, tinha vezes em que ela me atendia num consultório aqui. Isabel era uma pessoa muito querida comigo, fazia uma ginástica muito legal para que eu pudesse continuar meu processo terapêutico."

Desde o começo do curso de Medicina, Roberto adotou uma postura estratégica para realizar a formação profissional da melhor maneira possível. Já tinha consciência de que seu objetivo era a Psiquiatria. Seu propósito era se tornar um dos melhores psiquiatras do mundo e empenhou-se nos estudos.

No curso, tornou-se muito amigo de Silvia Rodrigues, filha de Aírton Rodrigues e Lolita Rodrigues, personalidades famosas da televisão que naquela época comandavam o programa *Almoço com as estrelas*. Sem grana no bolso, precisando de uns trocados, até mesmo para acompanhar o deslumbrante mundo social das celebridades, no qual Silvia o introduziu, descobriu, por acaso, uma saída para a falta crônica de dinheiro. Outro amigo do curso, Sérgio Lenharo, comentou que os estudantes da equipe de cirurgia do professor Célio Gayer conseguiam ganhar um bom dinheiro.

"Pensei, 'Caraca!'. O Sérgio me motivou muito. Disse que se entrava na equipe do doutor Célio por concurso, na metade do segundo ano de faculdade. E o que caía na prova? Anatomia. Falei para mim mesmo: 'Quer saber de uma coisa? Vou ser monitor de Anatomia!'. Aí estudei muito, fiz o curso de Anatomia. Prestei o concurso. Parecia que os estudantes que tinham realmente interesse em cirurgia não haviam se preparado direito. Então, fiquei em primeiro lugar, e eles reagiram. Todos sabiam que eu queria mesmo era Psiquiatria, e foram fazer fofoca com o doutor Célio. E ele disse a eles: "Se o Roberto, que quer ser psiquiatra, fica em primeiro lugar; e vocês, que querem ser cirurgiões, não conseguem ganhar dele, vocês são muito ruins!'. E me bancou na monitoria!".

Roberto fez cirurgia, foi caminhando no curso, estagiou em hospitais e, quando a época de residência chegou, tornou-se pau para toda obra. "Bragança Paulista fica à margem da rodovia Fernão Dias, que une São Paulo a Belo Horizonte. É um trecho de serra. Nessa época, antes da modernização da estrada, lá ocorriam muitos acidentes feios. E, como faltava médico para atender, acho que o doutor Célio avisou no hospital: 'Chama o China, que ele é um cara responsável'. E lá ia eu: era acidente de carro, era cesárea...".

A meta nunca tirada de foco era mesmo a Psiquiatria. Então a cirurgia foi apenas um caminho tático. Rendia um dinheiro muito bem-vindo que lhe permitia investir em cursos extras de formação... em Psicoterapia! Não bastavam as aulas convencionais no curso de Medicina, e novamente temos o papel fundamental de Isabel: "Apesar de ser uma pessoa de formação sólida em Psiquiatria, pela USP, Isabel tinha essa abertura enorme para a psicoterapia de vanguarda. Ela era discípula do Gaiarsa. Então ela ia me dizendo que Psiquiatria não podia ser essa coisa só de tratamento à base de medicamentos, que a esquizofrenia se resolve só com remédio. 'Não', ela dizia, 'o esquizofrênico é uma pessoa, não a doença, e a Psiquiatria é muito limitada'".

O jovem estudante de Medicina que ainda curtia Rolling Stones e o espírito rebelde que o rock representava estava abrindo as portas para entrar num capítulo renovador dos mais empolgantes da história da Psicologia. Ele se lançaria para beber de fontes refrescantes e inovadoras, mas um tanto polêmicas, radicais, igualmente rebeldes.

SEU PROPÓSITO ERA SE TORNAR UM DOS MELHORES PSIQUIATRAS DO MUNDO E EMPENHOU-SE NOS ESTUDOS.

A ciência terapêutica, que havia conquistado um lugar importante no campo do conhecimento do ser humano no século XX, a partir do trabalho pioneiro de Freud e de seu discípulo dissidente mais famoso, Carl Gustav Jung, nas décadas de 1960 e 1970 vivia uma radical transformação com o surgimento de novos conceitos e novos métodos terapêuticos.

Uma dessas linhas inovadoras mais revolucionárias tinha sido criada anos antes por Wilhelm Reich, outro dissidente importante da psicanálise tradicional de Freud. Reich concordava com Freud: sim, a repressão sexual é fator importante na origem das neuroses. Para curar o indivíduo, Reich propunha ativar uma energia – que ele chamou de orgônio – aprisionada na pélvis como resultado da repressão imposta pelos costumes sociais. O caminho para essa libertação? O orgasmo.

Você pode imaginar o alvoroço que foi isso na sociedade conservadora dos anos 1930 e 1940, quando o trabalho de Reich se tornou conhecido. Por sorte, porém, nos anos 1960 ocorreu a contracultura, movimento que em muito influenciaria a revolução sexual e a liberação dos costumes. Reich foi redescoberto e revalorizado. Essa e outras abordagens geraram uma renovação da psicoterapia.

No Brasil, influenciado por esse momento renovador, Gaiarsa foi um pioneiro. Outro desbravador foi Roberto Freire, igualmente libertário, excêntrico e controverso. Figura múltipla de psiquiatra, escritor, telenovelista, cineasta, jornalista – foi um dos melhores repórteres da famosa revista *Realidade,* templo do jornalismo literário brasileiro –, criou sua própria proposta terapêutica, a somaterapia.

Seria pelas mãos desses dois que o jovem estudante de Medicina, filho de uma pacata família de hábitos tradicionais, mergulharia nas águas agitadas da transformação que sacudia a juventude, gerando novos modos de viver.

Os colegas de curso novamente não entenderam Roberto: "Fazia terapia individual com a Isabel. Quando terminei, fui fazer terapia de grupo com o Gaiarsa e o Roberto Freire. Os professores de cirurgia me queriam com eles, como assistente. O pessoal da Psiquiatria tradicional também me queria como assistente. E aí o pessoal de terapia individual não entendia por que eu ia fazer de grupo. Ninguém me entendia. 'Pô, mas esse Roberto é um enrolão, mesmo!'. Mas não sou! É que me meto de cabeça no que escolho!".

Mesmo?

"Era ainda um sujeito caretão, conservador. Pela educação que tive. Aí o Zé [como Roberto chama José Ângelo Gaiarsa] me arrebentou nas terapias. Numa sessão de grupo, de repente ele me disse: 'Tenho uma paciente para lhe passar, você quer?'. E eu, precisando de grana, 'Claro!'. E o Zé, 'Ela é chata!'. E eu, 'Quando você precisa de grana, não recusa cliente'. Alguns minutos depois tocou o telefone, e o Zé, na minha frente: 'Ah, eu falei com ele, sim, e ele vai atendê-la. Mas, olhe, não tem outro terapeuta como ele, com tanta paciência para atendê-la. Ele tem outros defeitos, mas tem uma vantagem, que é a paciência. Deveria ser mais duro com você, mas não vai ser. E você precisa de um terapeuta duro. Porque você é chata pra caramba!'".

"O Zé quebrou as minhas referências conservadoras de terapia e foi me abrindo os olhos para muitos efeitos negativos da educação tradicional na minha vida. E aí fui parar nas mãos do Roberto Freire, fazer terapia com ele. Logo ele, a antiterapia em pessoa... Ele tinha vindo do teatro, e os exercícios terapêuticos dele eram baseados no teatro. Todas as sessões vivenciais dele eram para desbloquear a mente."

Por exemplo: "Estávamos em grupo, de olhos vendados. Aí a gente andava. E quando você tocava, de olhos fechados, no corpo do outro, a pessoa tinha de dar a peça de roupa na qual sua mão encostava, para você vestir. Como todo mundo tocava e era tocado, você acabava tirando toda a roupa: a calça, a cueca, a meia, a calcinha, o sutiã... tudo! E aí ele acendia a luz e estávamos todos lá, vestidos com roupas dos colegas. E ele: "Gente, vamos para a outra sala para discutirmos o processo". Pelo amor de Deus!

O jovem terapeuta careta aguentou o tranco. Sofria com o modo pesado com o qual Gaiarsa atendia os alunos e os clientes. Sofria com o prazer de Roberto Freire em chocar as pessoas.

"Tinha essa coisa que me salvava nessa fase. Sofria muito, mas, se eu considerava o negócio importante, arriscava. Não largava nenhum terapeuta de que eu gostasse, mesmo que o sujeito fosse durão."

Continuou procurando outros caminhos. Foi fazer biodança com o chileno Rolando Toro, o criador desse método terapêutico – não verbal –, apoiado na Biologia, na Antropologia e na Psicologia. A proposta é libertar a pessoa dos condicionamentos sociais opressores por meio do caminho espontâneo da dança, resgatando funções instintivas e vitais adormecidas.

Nos exercícios de biodança, que também proporcionavam o contato com o outro, Roberto foi abrindo novas percepções e sensações que lhe despertavam uma nova maneira de ver o mundo.

Quando descobriu um curso de Gestalt-terapia em Campinas, a cerca de 100 quilômetros da capital paulista, foi atrás. Famosa nesse período, a Gestalt-terapia propõe uma visão integrada do ser humano. Um gesto mínimo, como um tremelicar de olho, pode ser a pista para um estado emocional de fundo. Mas a Gestalt seria para Roberto apenas um ponto de breve passagem. A Gestalt apenas anunciava, na verdade, a passagem para outros territórios.

"Encontrei no curso um médico chamado Venturelli. E ele me falou de uma nova terapia, a Análise Transacional. E que havia uns argentinos que viriam a Campinas uma vez por mês, nos finais de semana, para dar formação nesse método. Me mandei novamente para Campinas, e esses caras, o Cecilio Kerman e o Roberto Kertész, revolucionaram minha vida."

A Análise Transacional que Roberto descobriria com esses professores argentinos tinha sido criada por mais um dissidente de Freud, o psiquiatra judeu-canadense Eric Berne.

Ali encontraria também o que chamam de Carícia, assim mesmo, com C maiúsculo. É um dos elementos conceituais dessa linha psicológica, fazendo referência aos estímulos emocionais ou psicológicos tão importantes para o bem-estar das pessoas. A ausência de Carícia – ou seu uso inadequado – pode causar problemas, dizem. Pode formar o que chamam de Triângulo Dramático de Karpman, o que faz com que a pessoa caia em papéis que limitam o potencial de cada um na vida, como o de perseguidor, salvador ou vítima. A Análise Transacional procura libertar o indivíduo dessas opressões internas.

Os dois professores argentinos estudaram com o próprio Eric Berne em São Francisco, na Califórnia. Cecilio Kerman passou a vir periodicamente ao Brasil e foi assim que se tornou o supervisor de Roberto Shinyashiki.

Tempos depois, já na fase final do curso de Medicina, foi exatamente numa junção entre seus conhecimentos de biodança e Análise Transacional que Roberto brilhou pela primeira vez sob os holofotes da projeção pública.

FOI EXATAMENTE NUMA JUNÇÃO ENTRE SEUS CONHECIMENTOS DE BIODANÇA E ANÁLISE TRANSACIONAL QUE ROBERTO BRILHOU PELA PRIMEIRA VEZ SOB OS HOLOFOTES DA PROJEÇÃO PÚBLICA.

O Hospital Alemão Oswaldo Cruz, em São Paulo, então considerado um dos mais modernos da América Latina, tinha um instituto de radioterapia liderado pelo médico Marcos Lederman. Era um médico de muita visão, nada ortodoxo, e ele propôs uma questão muito interessante para Rolando Toro. As mulheres mastectomizadas, vítimas de câncer de mama, sofrem um desajuste psicológico muito grave. Será que Toro aceitaria criar um grupo experimental para testar os efeitos da biodança na recuperação psicológica da mulher mastectomizada?

O chileno aceitou, mas, como era uma personalidade famosa ocupadíssima, sem tempo na agenda, viajando pelo mundo divulgando a biodança, precisava de gente para tocar a pesquisa no Brasil. Convidou, então, a psicóloga Márcia de Oliveira Meireles e Roberto.

Esse se tornou, provavelmente, o primeiro trabalho no mundo de aplicação terapêutica da biodança em casos de pacientes com câncer. Uma vez que Lederman era uma personalidade muito influente, conseguiu espaço na mídia. Foi assim que Roberto Shinyashiki concedeu sua primeira entrevista na vida para a Rede Globo de Televisão.

Mal havia se formado em Medicina, e ocorreu um congresso internacional de Análise Transacional no Rio de Janeiro. Roberto resolveu inscrever um trabalho, contando a experiência com as mulheres mastectomizadas. O trabalho precisava ser apresentado em forma de palestra e haveria um prêmio para o melhor palestrante, escolhido pelo público. Roberto era um dos mais novos da turma de biodança e de Análise Transacional. Esse era seu primeiro congresso.

"Por um capricho do destino, o palestrante que me antecedeu, na sala designada para a apresentação do meu trabalho, foi o próprio Rolando Toro. Eram cinco palestrantes, cada um, em princípio, com 40 minutos para falar. Só que aconteceu um atraso da organização. O tempo se reduziu a 15 minutos para cada um. Três dos cinco palestrantes gastaram 10 dos 15 minutos para falar mal da organização do congresso, para reclamar da bagunça e dizer que não tinham condição de apresentar, em 15 minutos, uma palestra preparada para 40 minutos. Então foi a vez de Rolando Toro, um gênio, um poeta! Ele subiu ao palco e disse: 'Quinze minutos é uma eternidade. Em 15 minutos você cruza o olhar e descobre a mulher da sua vida. Em 15 minutos um pai olha para o filho, arrepende-se de alguma bobagem que fez e pede desculpa. Esse pedido muda vidas'. E seguiu por aí, usando quase todo o tempo que dispunha nisso. Só bem no finalzinho, provavelmente no

EM UMA DE SUAS PRIMEIRAS PALESTRAS, NOS ANOS 1980.

último minuto, é que falou da biodança. Disse: 'A biodança ensina esse encontro. O encontro da alma'."

E como a plateia reagiu? Roberto conta: "Toro terminou a fala dele com todo mundo aplaudindo de pé. Era o meu mestre! Genial! Criou ali um poema ao vivo!".

O desafio de Roberto era gigantesco. Falar em seguida a esse show do próprio papa da biodança que, além do mais, tinha indiretamente mapeado o caminho para o jovem médico estar ali.

"A maior parte do público era de mulheres. Dirigi-me diretamente a elas. Pensei, vou para o poético, também. Se eu ficar no lado científico, estou ferrado. Disse: 'A mastectomia não é entendida pelos ginecologistas porque, quando um deles diz a uma mulher, *Ponha na cabeça que você não perdeu nada significativo* ou *Você não vai mais engravidar, portanto aceite esse acontecimento como uma realidade*, ele não tem a dimensão do que essa perda representa na vida dela. Como não tem peito, o homem não entende a dor dessa perda. Não consegue entender que, quando a mulher faz mastectomia, ela perde um símbolo do amor dela pelo filho, porque aquele seio o amamentou. Disse para elas sobre a importância de resgatar a autoestima, os seus movimentos e principalmente a capacidade de assumir sua vida."

O jovem palestrante também foi aplaudido de pé.

Uns dois dias depois, no jantar de encerramento do congresso, Roberto estava com alguns amigos, curtindo o final do evento, quando anunciaram o vencedor do prêmio de melhor palestra. Para sua surpresa: "Não acredito! Como é que ganhei do Rolando Toro??!!".

O discípulo tinha vencido o mestre. Simples e extraordinariamente assim. "O prêmio me transformou numa autoridade em Análise Transacional para os analistas internacionais que estavam presentes.

Moleque de tudo! Tinha 24 ou 25 anos, acabara de me formar. Então eles começaram a me convidar para palestras em várias cidades do Brasil e em outros países, como Argentina, Colômbia, Peru, México. Convidavam para que eu falasse de psicoterapia dos relacionamentos, psicoterapia do Triângulo Dramático, Carícia, essas coisas; os instrumentos da análise transacional."

O jovem médico de bigode espesso, ainda portador de vasta cabeleira negra, mas sem os exageros do roqueiro que fora um dia, decolou para valer sua vida profissional, não apenas em uma, mas em duas vias simultâneas: Psicoterapia e palestras.

Mas havia um senão: "Comecei minha carreira de palestrante, mas em eventos de Psicologia, que não davam dinheiro algum. Só ganhava reconhecimento".

O verdadeiro problema, contudo, é que a vida lhe exigiria, em breve, muito mais do que simplesmente aplausos. Desenhava-se, no oceano insondável de onde tudo começa a acontecer, um drama que lhe atiraria do primeiro palco da fama direto para o contato mais duro com a realidade concreta do mundo. O tombo seria de boca, direto ao impiedoso chão.

4 LEANDRO

A formação profissional não foi o único saldo importante da passagem de Roberto Shinyashiki pelo curso de Medicina em Bragança Paulista. A amizade com Silvia Rodrigues trouxe-lhe outras lições relevantes.

"Até então, eu tinha uma vida muito marginal, socialmente. O estilo de vida que a gente tinha em casa, em família, era muito simples. Nem conhecia 'etiqueta'. Foram meus colegas da república onde eu morava que me mostraram como me portar em um almoço chique. Como usar o guardanapo, escolher vinho, essas coisas. Isso seria algo até bobo para a maioria, mas, para mim, essa descoberta da vida social foi muito importante. Tinha um amigo na república, um cara sofisticado, e na primeira vez em que amassei batata para comer, na frente dele, ele me disse que, se eu quisesse batata amassada, seria mais elegante comer carne com purê..."

Muitos dos colegas de Roberto eram de famílias ricas, carro importado, motorista particular, esses símbolos do status de gente bem posicionada socialmente. De moleque que na adolescência chegou a dormir em banco de praça, era então apresentado ao mundo das celebridades do *show business*: "A Silvia me levava para a casa dela e ali conheci seu pai e sua mãe, pessoas famosas. Conheci também o Agnaldo Rayol, cantor no auge da fama. A Silvia era uma pessoa muito descolada. Apresentou-me também a Simone, cantora muito popular naquele momento, famosíssima".

A introdução a um círculo de pessoas sofisticadas foi um deslumbre para ele, que tinha sido o garoto bom de bola e de estudos, o adolescente que conhecera a boemia da noite e tinha ideias radicais, mas nada sabia da vida elegante das altas rodas sociais. Roberto transitou por essa iniciação social entre os 19 e 20 anos. A descoberta veio acompanhada de uma constatação bem realista: conviver nesse universo exigia grana. Bem que Silvia era elegante e, nos jantares de amigos em que Roberto era incluído, ela sempre dava um jeito simpático de a partilha da conta não pesar muito para o lado dele.

A iniciação se completou quando Roberto começou a namorar Lúcia, uma colega de turma mais avançada. O convívio com a sofisticada família de Lúcia, que se tornaria em pouco tempo a senhora Shinyashiki, selou a formação social daquele jovem brilhante de horizonte ambicioso, mas de certa dose de matutice no traquejo das etiquetas.

O casamento com Lúcia aconteceu enquanto Roberto ainda era estudante de Medicina.

O casal teve um filho, Leandro. A primeira foto na mão deste escritor mostra um bebê dormindo de macacãozinho azul-turquesa sobre um sofá, semblante plácido, as mãozinhas fechadas, um quadro clássico do registro histórico de filhos pequenos na maioria das famílias.

ROBERTO E LÚCIA, MÃE DE LEANDRO, NO INÍCIO DO NAMORO.

A segunda foto é menos universal, mais específica: Roberto está sentado nesse mesmo sofá, camisa de manga comprida de cor escura indefinida, o bigode espesso de então, cabelos negros, leve sorriso, a mão direita repousando sobre a perna, a esquerda estendida sobre o topo do sofá. Imediatamente ao seu lado, sentado, a cabeça mal chegando à altura da axila do pai, o menino de macacãozinho e jaquetinha branca com capuz sorri.

Tudo parece normal, típico. Mas não foi assim. A aparência de normalidade está só na foto. Roberto explica: "Entre um mês e meio e dois meses de vida do bebê, a gente já pode ver muita coisa em seu desenvolvimento. Ele levanta a cabeça, fixa o olhar. Mas, com essa idade, a gente começou a notar que a cabeça do Leandro não se levantava. O olhar não se fixava. Procurei um pediatra, professor de faculdade, e contei a situação. Ele me acalmou: 'Roberto, não se preocupe, isso pode atrasar um pouco'. O problema continuou, e a gente estava vendo aquilo. Então a Lúcia o levou a outro pediatra e chegou com a notícia. Era uma sexta-feira, e estava me preparando para sair para dar uma aula. O choque não poderia ser mais duro. Lúcia me informou: 'O médico me mandou levar o Leandro a um neuropediatra para continuar o tratamento, porque já comprovou: ele está com um grave problema de desenvolvimento neuromotor'".

Um médico atrás do outro, e não se chegava a um diagnóstico comum. As conversas não fechavam: "Ninguém sabia o que era, na verdade, no começo. Cada um achava uma coisa. Alguém dizia que era paralisia cerebral, eu concordava, e era esse diagnóstico que prevaleceria. Mas, no primeiro momento, a Lúcia ficava brava comigo, e ela também é médica, 'Já falei para você que não é isso!'. E um diz que era doença X, outro dizia que o diagnóstico era Y. Havia muitas teorias. Teve um que disse que a Lúcia teve citomegalovírus na gestação, um vírus da família do herpes que pode causar uma infecção danosa para o feto".

Os médicos, todos, só não tinham dúvida de uma coisa: a situação de Leandro era extremamente grave. O menino era muito frágil. Ele só teria seis meses de vida.

"Bateu-me, então, o maior medo que já tive na vida. O medo de que Leandro morresse. O medo de que, se escapasse, ficaria uma pessoa limitada. Era um medo de verdade que me jogou num turbilhão de outras emoções."

O desespero foi crescendo no dia a dia, a tensão era contínua: "A ameaça de morte era real. Quando o Leandro tinha crise convulsiva, podia sofrer parada respiratória. Quando tinha febre, podia ter parada respiratória. Tínhamos que ficar atentos a todos os sinais, a cada detalhe. Era desespero em cima de desespero".

No meio do sofrimento, uma decisão: Roberto não daria crédito à previsão funesta de seus colegas médicos. Faria o possível para dar a Leandro o melhor e prorrogar sua vida ao máximo.

Isso significava uma maratona infindável de cuidados: levar o menino para fisioterapeutas, para os mais diferentes especialistas, a pesquisa constante de novas formas de tratamento, a procura de uma esperança médica revolucionária no Brasil ou no exterior. Sem contar as internações hospitalares, e em estabelecimentos privados. Não havia convênio médico ou seguro que cobrisse os cuidados com Leandro, pois se tratava de condição preexistente.

NO MEIO DO SOFRIMENTO, UMA DECISÃO: ROBERTO NÃO DARIA CRÉDITO À PREVISÃO FUNESTA DE SEUS COLEGAS MÉDICOS.

Era uma peregrinação sem preconceitos: cirurgia espiritual, equoterapia, tudo o que pudesse parecer promissor era procurado, nada era desprezado. Alguém comentava um novo tratamento de reeducação sensorial no Rio de Janeiro. Um processo que levava quinze dias intensos. Lá iam Roberto e Lúcia com Leandro para o Rio de Janeiro, tempo integral de cuidados.

Todos esses procedimentos significavam custos altíssimos e contínuos. Porque o menino foi vencendo a barreira sombria do tempo. Seis meses. Um ano. Dois. E sobreviveu. Hoje, Leandro é adulto, já passou dos 39 anos.

Lá atrás, no início do drama, havia o problema do dinheiro. A família de Lúcia tinha posses, podia ajudar. Roberto nem cogitava: "Talvez eu tenha sido orgulhoso demais com meu sogro, até arrogante. Mas não pedi ajuda. Certamente ele ajudaria. Meus pais, apesar de serem de classe média baixa, poderiam ajudar. Minha mãe chegou a oferecer: 'A gente pode vender uma das casas, para você ter dinheiro para pagar o tratamento'. Eles tinham, na ocasião, duas ou três casas, poderiam vender uma. Mas recusei. Fiquei balançado um pouquinho só, por dentro. Pensei por um momento, 'Estou errado, devo aceitar', mas foi só um instante. No resto do tempo, pensei, 'Estou certo'. Era eu que tinha de resolver a questão. Era responsável, tinha de assumir".

Roberto passou a dar plantões e aulas extras de sua especialidade, como psiquiatra. Um pouco depois, a situação do filho também o impulsionou para a psicoterapia. Abriu seu próprio consultório.

A necessidade de dinheiro extra era brutal, sempre crescia quando despontava a ideia de um novo tratamento. Fazer terapia na época não era algo natural e corriqueiro na sociedade como hoje. Ele compara o status da psicoterapia, nessa ocasião, com o modo como a sociedade hoje considera os tratamentos alternativos, e o terapeuta ganhava pouco. Mas essas soluções convencionais eram insuficientes. Havia que se pensar em outros caminhos.

Então veio a inspiração salvadora: dar palestras profissionais, pagas. Não mais as palestras conceituais para os eventos profissionais de Psicologia e Psiquiatria. O circuito que então lhe parecia mais afim com sua especialidade e experiência era o de eventos ligados à gestão de recursos humanos e questões similares em empresas. A estratégia seria procurar esses eventos pelo Brasil afora, vendendo a ideia de palestras customizadas na programação. Foi por essa via e por essa necessidade premente de atender à necessidade muito real de cobrir os gastos terapêuticos de Leandro que nasceu a carreira de palestrante profissional de Roberto Shinyashiki.

Era conhecido apenas como terapeuta. Atendia indivíduos e grupos. Montara em São Paulo sua própria estrutura empresarial para conduzir as atividades nesse campo, o Instituto Gente. Já era um jovem profissional de nome próprio em construção no mesmo cenário das terapias de vanguarda habitado por ícones como José Ângelo Gaiarsa e Roberto Freire. E a esse quadro foi se somando uma nova face do que se revelaria, aos poucos, como a manifestação de múltiplos talentos.

O efeito de Leandro em sua vida não ressoava apenas no campo profissional. Trouxe significados que Roberto colhe muito tempo depois, conversando com este escritor, em sua sala do Instituto Gente.

De camisa de mangas curtas, calça jeans, um vestuário despretensioso, longe dos ternos que muitas vezes traja nos palcos de palestras, ele gesticula muito. As mãos sobem para a cabeça, uma de cada lado. Tocam de leve, apontam, como se quisessem antecipar o jorro de pensamento que flui, borbulhando de recordações, numa fala que nem sempre é linear.

A cabeça de Roberto Shinyashiki parece querer unir muitos conceitos e ideias, informações e conteúdo de tantas áreas distintas. A linha de raciocínio soa um pouco caótica, quase anárquica. É que, dono de múltiplos interesses e conhecimento, às vezes aparentemente díspares, a paixão pelo saber o faz a todo momento tomar atalhos em cada tema que o emociona. Pergunto a Roberto:

– Qual foi o aprendizado mais importante que Leandro lhe trouxe?

As mãos se unem na frente do rosto, sobem para o alto, para além do topo da cabeça, abrindo-se então, em paralelo, como se formassem um buquê imaginário de flores. Roberto responde:

– O amor não é um sentimento. O amor é uma maneira de tratar o outro. É cuidar. É se interessar pelo outro. É olhar de verdade. O que de mais importante aconteceu na minha vida, o fator-chave para o sucesso que conquistei, foi ter sido pai do Leandro. Isso aguçou minha sensibilidade, o fato de precisar estar atento a mil detalhes, se ele, quando criança, estava precisando fazer cocô, porque, se estava e fazia nas calças, era uma bagunça. Adivinhar o que ele queria. Porque o Leandro não fala, até hoje. Quando estou fazendo uma palestra, consigo imaginar a sensação e antecipar a reação do público. É uma sensibilidade que desenvolvi cuidando do Leandro.

Ser cuidador. Um traço de alma que se expande com Leandro, mas que Roberto reconhece na infância, um embrião do que viria a ser: "Alma de terapeuta. Quando tinha por volta de 10 anos, via meus pais brigarem. Sentia uma dor muito profunda. Queria ajudar, queria fazer algo".

– Mas, se não fosse por Leandro e pela necessidade imperiosa de ganhar dinheiro, que caminho teria seguido?

– Acho que teria me tornado professor, como meu irmão Gilberto. Iria para alguma universidade, dar espaço para a minha vontade de estudar e pesquisar. Porque gosto muito de aprofundar meus estudos. Mas acho que a criatividade que desenvolvi não apareceria na universidade.

Foi assim que se deu, porém, o aprendizado transformador: "O Leandro direcionou a minha vida... o amor por ele, a vontade de fazê-lo viver, virou minha vida para outro lado".

A dor e o sofrimento trouxeram também lições amargas: "Foi um período em que fiquei decepcionado com a humanidade. Você tem um filho com paralisia cerebral, então espera que os profissionais de saúde sejam generosos, compassivos. Mas tem gente que se aproveita disso. Você procura um profissional para um tratamento, e seria necessária só uma sessão, mas o sujeito marca cinco. Cada sessão custa uma fábula. Tem gente da sua intimidade, em quem você confia, mas mesmo assim a pessoa abusa".

O tempo de Leandro menino certamente foi um dos mais desgastantes da história de Roberto. "O pior período em termos de paz de espírito", admite. Se a angústia pelo veredicto de morte precoce apresentado pelos médicos já não existe, o estresse de novas ameaças nunca termina. Uma dessas ameaças aconteceu há pouco tempo, quando o filho já era adulto: "Surgiu um problema nos olhos do Leandro. O oftalmologista disse que precisava operar. Uma cirurgia simples. Estava para entrar no palco, para começar um grande seminário, quando o cirurgião me telefonou: 'Mandei material para biópsia, então vou marcar uma consulta para a próxima terça-feira; na quarta-feira talvez já façamos a cirurgia, porque vamos ter de tirar o olho dele. Está com câncer'. Liguei de imediato para meu médico, contei o que ouvira e ele perguntou: 'Mas quantos anos tem o Leandro?', 'Trinta e cinco', respondi, e ele: 'Então é impossível que seja tumor'".

O médico ligou para um dos maiores especialistas em tumores oculares do Brasil. Roberto prossegue: "Esse especialista disse para o meu médico: 'Olhe, estatisticamente isso é impossível, porque tumor de olho nessas condições é para pessoa ariana pura; não tem gente morena, nessa idade, com esse tumor'. E os dois, para mim: 'Poxa, esse cirurgião não sabe de nada!'". Como terminou a história?

FOI ASSIM QUE SE DEU, PORÉM, O APRENDIZADO TRANSFORMADOR: "O LEANDRO DIRECIONOU A MINHA VIDA... O AMOR POR ELE, A VONTADE DE FAZÊ-LO VIVER, VIROU MINHA VIDA PARA OUTRO LADO".

"Fomos para a consulta. E aí não era nada mesmo. Leandro não precisava operar. Mas foi um lance que provocou sobressalto. Foi um lance pesado, já tinha provocado estrago."

Lá atrás no tempo, o casamento de Roberto e Lúcia se desfez. O pai continuou a cuidar, a mãe ficou com o filho. É assim até hoje. As visitas são frequentes. Há todo um sistema adequado de cuidado, inclusive uma pessoa para tomar conta do Leandro permanentemente. A glória é o filho ter sobrevivido.

"Hoje, o Leandro consegue comer sozinho. Consegue também ir ao banheiro sozinho. Com o tempo, foi ficando mais independente. Continua no mundo dele, embora dê sinais de que se relaciona com a gente. Então ele para, olha nos olhos. Aponta, mexe no meu rosto."

E qual é o sentimento disso tudo?

"É duplo. De um lado, é a frustração de ele não ter se desenvolvido como os outros filhos. De outro, é a alegria de ele estar evoluindo sempre".

Talvez não se possa ter tudo na vida. Talvez nem sempre se possa transformar o limão amargo em limonada. O que vale, porém, é tentar com todas as forças. Arriscar tudo. E estar pronto para o resultado que vem a seguir. Seja o que for.

5 ALQUIMIA E FORJA DE UM XAMÃ URBANO

A carreira de Roberto Shinyashiki decolou rapidamente como psicoterapeuta, fazendo-o conquistar posição própria junto à elite de profissionais pioneiros como Gaiarsa e Roberto Freire. Era uma nova geração que dava continuidade a essa oferta de psicoterapia de vanguarda que se tornou popular no contexto da contracultura estadunidense das décadas de 1960 e 1970.

No Brasil dos anos 1980 e 1990, cresceu o número de pessoas receptivas a essas abordagens, em contraponto à psicanálise convencional de Freud. Estavam associadas a valores e visões de mundo que iam encontrando espaço no centro conservador e careta da sociedade, a partir das ideias de paz e amor, prazer e sensualidade, liberdade comportamental e criatividade artística da proposta *hippie*, uma das expressões culturais das décadas anteriores.

Roberto Lang, amigo de longa data, administrador de empresas e educador, responsável pela Nova School of Business and Economics no Brasil, puxa pela memória conversando com este escritor no agradável café interno de uma famosa livraria de São Paulo. De estatura média, o porte robusto de Lang antecipa a franqueza das palavras: "O Roberto é dez anos mais velho do que eu. Meu pai, João Lang, trabalhava com consultoria nessa *interface* entre administração e psicologia que o Roberto acabaria fazendo mais tarde. Na época em que o conheci, ele atuava com Análise Transacional clínica, enquanto meu pai aplicava Análise Transacional nas empresas. Os dois eram amigos. Ele veio para um churrasco no jardim da casa dos meus pais, um espaço bem gostoso, amplo, em São Paulo. Isso por volta de 1983".

Talvez por um fenômeno que ocorre em muitas famílias, de o rapaz crescer com certa resistência à figura paterna, Lang vivia um preconceito: "Eu tinha uma superbirra de tudo quanto era assunto ligado à Psiquiatria e psiquiatras, Psicologia e psicólogos. Essas coisas do Freud ou do Eric Berne... analisar a pessoa, o ambiente, os jogos psicológicos... e tudo o mais. E aí, nesse churrasco, também estava presente um homem que participava do movimento PRÓ-VIDA, contra o qual eu também tinha preconceito. Ele falava muito, fazendo propaganda do movimento. Para minha surpresa, o Roberto o ouviu bastante, mas também o questionou de um jeito muito particular, sem ser agressivo ou preconceituoso. O sujeito ficou nervoso com a conversa, mas achei a postura do Roberto bem interessante. Pensei comigo, 'Se eu fosse procurar um terapeuta, acho que poderia ser esse cara'".

Sediado em São Paulo, o PRÓ-VIDA foi criado pelo médico Celso Charuri. Trata-se de um movimento filosófico iniciático cujo propósito é desenvolver capacidades mentais, psíquicas e espirituais. O método que empregava para isso vinha da compilação de ensinamentos de mestres de distintas tradições.

A atitude firme, porém respeitosa, de seu futuro amigo foi apenas o primeiro estímulo para Lang procurar Roberto como terapeuta. Pois tinha uma preocupação ainda maior: "Estava com problemas de ejaculação precoce. Isso me incomodava muito, pois gerava insegurança para me relacionar com as mulheres. Queria falar com um médico, mas teria que ser alguém que também trabalhasse a parte psicológica. Tinha de mexer comigo, fazer alguma coisa".

Lang tinha 22 anos. Roberto o recebeu com um convite: "Ele me disse: 'Meu amigo, isso é psicológico. Tenho um trabalho terapêutico em grupo que vai ser muito bom para você'. Respondi: 'Pô, em grupo?! O meu problema é muito grande, não quero falar em grupo coisa nenhuma! Que história é essa?!'. Ele insistiu: 'Se você quer um trabalho individual, a gente faz, mas o que você precisa mesmo é de trabalho de grupo'".

Lang foi para o trabalho de grupo a contragosto, pois expor seu problema seria constrangedor. "O trabalho terapêutico do Roberto me pegou na veia! Porque eu era um cara muito bom de discurso, era ótimo em enrolar as pessoas e a mim mesmo. Mas, nesse trabalho, você não falava muito. Passava por um monte de situações, recebia estímulos, ouvia e escrevia bastante. Ele associava o processo com meditações, como as de Bhagwan Shree Rajneesh e outras, diversas. Isso acontecia duas vezes por semana, acho, e tinha lição de casa todo dia. Ao longo do processo, havia também algumas imersões de finais de semana, muito intensas, chamadas de Maratona, as quais seriam chamadas depois de Transformação Intensiva".

Nessas Maratonas, Lang foi descobrindo características pessoais importantes de seu terapeuta: "Ele coordenava fortemente todo o trabalho, as Maratonas e tudo o mais, mas havia também uns terapeutas assistentes a quem dava bastante espaço. Quer dizer, na questão de entendimento e leitura das pessoas, era um dos profissionais mais feras que já vi. Mas também sabia dar oportunidades para quem trabalhasse com ele".

"Desde o começo", continua Lang, "eu sabia que ele sempre teve necessidade de ganhar muito dinheiro por causa do filho doente. Então essa questão financeira aparecia também nos trabalhos terapêuticos.

Tratava-se de se proteger, de querer sair de uma mitologia de família pobre, e de, ao mesmo tempo, trabalhar com grupos. Ele conseguia fazer isso de um jeito que não era necessariamente barato para as pessoas que participavam, mas sem dúvida era barato se comparado à terapia individual. Era uma fórmula muito eficaz, portanto. Tinha um lado dele de difundir conhecimento e ajudar as pessoas. E tinha o lado de ganhar dinheiro com isso. Eu achava que era do cacete! Foi um grande aprendizado".

Igualmente despertava admiração a capacidade de combinar, na prática terapêutica, diversos instrumentos poderosos de origens as mais distintas. Particularmente, as meditações de Rajneesh, o mestre espiritual indiano que ganhava fama de guru pop em todo o mundo, o favorito de celebridades do *show business* e que mudaria o nome, no transcorrer da vida, para Osho. Provocava inquietação, na época, o fato de Rajneesh colecionar Rolls-Royces, os luxuosos carros britânicos. Dizem que em certo momento o mestre teve 93 veículos na sua frota. Lang não se incomodava: "A meditação do Rajneesh! Meu Deus, que maravilha! O pessoal criticava, 'O cara só pensa em dinheiro, só anda de Rolls-Royce!'. Mas se era bom nesse negócio, se era competente, ajudava as pessoas, e seus instrumentos de trabalho eram bons, então era o cacete! Vai lá e usa os instrumentos do cara! É isso que o Roberto ensinava e fazia".

Um dos problemas dos mentores é a idolatria dos discípulos. Um dos problemas graves dos seguidores é mitificar o mentor e consequentemente perder contato com a dimensão humana dele. O aprendizado se deteriora, o desenvolvimento pessoal do aprendiz pode escorregar ladeira abaixo, sem retorno. Roberto percebeu que o jovem Lang começava a derivar perigosamente para esse lado. Tomou uma medida de precaução, e Lang hoje reconhece a importância disso: "Essa questão de endeusar... Tem um monte de gente que achava que o Roberto era o máximo. Bom, ele é, até hoje. Mas o fato de você achar que alguém é o máximo não quer dizer que a pessoa seja o máximo o tempo todo. Não quer dizer que você não possa rir de uma burrada que ela faça, de uma besteira que fale, ou que não possa criticar um erro que cometa. Assim, quando o Roberto percebeu que eu estava indo para esse lado, começou a me convidar para sairmos juntos. Fomos assistir a alguns shows de música. E, como eu cantava junto com ele, nas Maratonas, às vezes me convidava para ir vê-lo tocar violão ou cantar em rodas de amigos. Não acho que ele era o máximo como músico. Não era. Mas era gostoso cantar com ele. E também me convidava para jogar bola. Eu jogava muito mal, mas ia junto, no futebol. Esses momentos foram mostrando que podíamos ser honestos um com o outro. Isso foi reforçando nossa amizade".

Quando a terapia terminou, o problema de Lang estava resolvido, e sua desenvoltura com as mulheres já tinha aparecido, a ponto de receber um puxão de orelhas de Roberto por estar namorando simultaneamente com duas, mas a amizade continuou. Lang acabaria trabalhando com o seu ex-terapeuta, como você saberá mais adiante neste livro.

> **"ACHAR QUE ALGUÉM É O MÁXIMO NÃO QUER DIZER QUE A PESSOA SEJA O MÁXIMO O TEMPO TODO."**

Breve pausa para voltarmos ao próprio Roberto Shinyashiki. Com seu primeiro casamento terminado, acontece o segundo: "A Ana Helena foi minha cliente de terapia. Aí ela sumiu e um dia voltou, continuou. Mas logo a passei para outro terapeuta, porque comecei a sentir algo diferente por ela. Convidei-a para jantar. Aconteceu uma paixão intensa. Começamos a namorar no dia 10 de fevereiro. No dia 20 do mesmo mês já estávamos morando juntos. Dessa união nasceram o Ricardo e o Arthur, e ficamos juntos alguns anos. A Ana é uma mulher adorável, supersensível. Se você conhecer o Ricardo e o Arthur, verá neles muitos valores que vêm da Ana: a admiração pela vida, certa poesia, certa pintura de como veem a vida, a alegria transcendente pela existência".

Apesar disso, "A paixão acelerou desnecessariamente nosso namoro. O jeito de ser de cada um... não era para nos casarmos. Qual era o problema? Tem um filme de faroeste com Burt Lancaster, de cujo nome não me lembro, no qual acontece um diálogo entre dois personagens. 'E você e a Dolly?', um pergunta para o outro. 'A gente se separou dois anos depois'. E o primeiro pergunta: 'Mas por quê?', e o segundo diz: 'Porque ela era água e eu sou terra'. O outro diz: 'Isso parece legal, mas não entendo'. E o segundo: 'Não, porque a gente misturava água e terra, e dava sempre lama'".

De Lúcia, a primeira esposa, ficou um sentimento forte de admiração pela garra, pelo amor. "Não foi fácil cuidar do Leandro. É uma história bonita de dedicação nesses anos todos".

Lúcia, da sua parte, mantém igualmente boas recordações: "Ajudei o Roberto, cuidando do Leandro e apoiando, acreditando que tudo daria certo, deixando espaço para o seu crescimento pessoal. Quando o conheci, fiquei impressionada por ele ser diferente de qualquer outra pessoa que eu tivesse conhecido até aquela época. Com sua capacidade de ser inovador e por ser capaz de perceber as nuanças e tendências do meio e se antecipar a todos, chegando na frente. Por ser

ANA HELENA AO LADO DE ROBERTO, QUE ESTÁ COM OS FILHOS RICARDO (À ESQUERDA) E ARTHUR (À DIREITA).

bom e criativo. Intrinsicamente, sua força de vontade, sua garra e sua determinação não deixariam nada nem ninguém se interpor à sua meta traçada".

Ana Helena também resgata o legado do seu casamento na história de Roberto: "Conversávamos muito sobre tudo, era uma troca sempre muito intensa porque eu também me interessava muito por todos esses mesmos assuntos".

Prossegue: "Ele não tem preguiça. Quando está movido por alguma coisa, aquilo o toma com tamanha intensidade e de tal maneira que ele não vê mais nada na frente: vai passando feito um trator, muitas vezes até atropelando as coisas. Acredito que isso contribuiu muito para que se tornasse o homem que é hoje. Ele é uma pessoa 'fuçadora', sempre quer saber o que as pessoas estão fazendo em qualquer lugar do mundo, e vai em busca disso para conhecer, sem medo de mergulhar. Isso também é uma coisa que me chama atenção em sua personalidade empreendedora".

Sobre como Roberto foi se fazendo, através de um processo vigoroso de formação?

"Acho muito legal. Eu me remeto muito ao Gilberto Gil e ao Caetano Veloso, pois eles têm o mínimo de preconceito possível: para eles, música é música, não importa o tipo. E aqui no Brasil existe muito preconceito, as pessoas vão colocando tudo em caixinhas. Mas o Roberto tem pouquíssimo preconceito em relação a todas as teorias, a todas as religiões, saber o que as pessoas estão fazendo e com o que elas estão tendo sucesso. Ele sempre teve a curiosidade de saber o que estava por trás da imagem de uma pessoa, o que a fez construir aquela imagem".

A sede por conhecimento. O empenho em saber sem barreiras. "Eu me lembro de já estar mergulhada nos estudos sobre o Jung, mas o Roberto o achava muito chato. Então eu fazia os grupos de estudos e quando ele voltava para casa a gente conversava sobre o que eu tinha estudado. Ele achava interessante e dizia, 'puxa, você falando assim, destrinchando, o Jung parece muito legal' – e começava a fazer conexões com outras teorias. Eu lembro que a gente começou a falar dos sonhos e de novo o olhar do Jung nos ajudava a fazer análise. E no momento em que eu comecei a trabalhar com contos de fadas, histórias e lendas, ele se interessou muito por esse tipo de recurso. Acho que foi aí que começou a inserir histórias nas palestras".

Enquanto a vida amorosa patinava, a profissional prosperava, o negócio terapêutico já estruturado em torno do sistema de organização que Roberto acabou criando para conduzir suas atividades, o Instituto Gente. A essa estrutura iam se agregando membros da família.

A irmã Rosely busca recordações com uma franqueza que aparece de mansinho, sem alarde, em meio à sua fala macia: "Eu devia ter uns 17 anos, e comecei a sentir muita dor de cabeça. Meu pai me levou a um médico, a outro, tomava remédio, mas não adiantava. O medicamento me deixava com muito sono, passava a maior parte do tempo deitada, só queria ficar em ambientes escuros. O Roberto já morava fora de casa. Num fim de semana, quando nos visitou, ele disse para nossos pais: 'Vocês não estão vendo que essa menina está definhando? Ela não precisa de médico, precisa é de terapia. Acho que ela está de saco cheio desta casa'. Meu pai não gostou nada daquilo, achou um absurdo, preferiria que eu tivesse um problema neurológico, mas me pagou uns meses de psicoterapia, mesmo assim. Isso foi um divisor de águas na minha vida. Quando terminei a terapia, decidi fazer a graduação em Arquitetura. E mudei muito a minha vida. Fazer faculdade fora da cidade foi um começo. Isso eu devo ao Roberto, este novo mundo que se abriu para mim".

O problema de Rosely? "O casamento dos meus pais era um tanto fora do comum, os dois eram complicados, e a relação entre eles, turbulenta. Minha mãe adorava meu pai, mas eles brigavam muito mesmo depois de separados. Meu pai morreu de repente, devido a um problema cardíaco, e minha mãe teve um câncer logo depois. Sofreu com a doença. A sensação que tive foi que ela havia perdido o gosto pela vida, porque o estímulo dela sempre foi o amor pelo meu pai, e brigar com ele fazia parte desse amor."

A irmã arquiteta e já casada, com filho pequeno, começou a participar cada vez mais da vida profissional do irmão. Roberto decidiu construir um centro de treinamento em Itapecerica da Serra, na Grande São Paulo, para onde deslocou a realização das Maratonas e dos trabalhos terapêuticos intensivos de finais de semana. Rosely criou o projeto arquitetônico do centro, depois comandou a construção e administrou essas atividades, além de participar dos grupos de desenvolvimento humano.

"Projetei o centro de treinamento para o Roberto. Fiz o projeto dos dormitórios, muito confortáveis, com quartos para até quatro pessoas. Depois houve uma ampliação dos dormitórios para mais trinta pessoas. Havia também um salão enorme para os trabalhos, cuidado para que houvesse o máximo de conforto para os trabalhos terapêuticos ali realizados e um amplo refeitório integrado à parte externa, repleta de vegetação. Comandei a construção, contratei os trabalhadores. Ali por perto não havia mão de obra, abastecimento, nada. Providenciei tudo. Passei mais de dois anos indo e vindo, até tudo ficar pronto."

Nessa fase, Rosely estava morando novamente em Santos. Queria resgatar a relação com o pai, então já separado da mãe. Seu caminho profissional ainda se integraria totalmente ao do irmão.

Todos os irmãos Shinyashiki acabariam trabalhando com Roberto em algum ponto de sua carreira. Eduardo, o mais novo, que com o tempo se tornaria profissional de prestígio no campo do desenvolvimento humano, estreou profissionalmente ajudando o irmão.

"Lá pelos meus 17 anos me aproximei do Roberto, tornando-me assistente dele em aulas, treinamentos e cursos. Trabalhava com sonoplastia. Cuidava do som, do que fosse necessário em termos da estrutura das salas, para que tudo corresse bem. Com o tempo, fui fazendo minha formação terapêutica com ele e passei a ter uma participação maior nos treinamentos. Tornei-me parte de sua equipe. Foi uma etapa gostosa, porque o Roberto começava a dizer: 'Vá lá, toca isso, faz assim, faz assado'. Estou falando de 1984, 1985. Eu era muito garoto ainda, mas ele já estava depositando uma confiança muito grande em mim para as dinâmicas que aconteciam nos trabalhos. Minha autoconfiança foi aumentando muito com isso. Gente que trabalhava com o Roberto, até quem o idolatrava, em algum momento parava, me notava e dizia: 'Uau, o trabalho do Du também é legal!'."

Não que fosse fácil. Nessa época da sonoplastia, Eduardo aprendeu rápido que o nível de exigência do irmão era muito alto.

O desafio passava pelo aprendizado teórico de tantos conhecimentos novos para Eduardo, mas era mais impactante ainda na prática. Continua Eduardo: "A parte mais fantástica que aprendi com ele era entender como as pessoas pensam. Entender como tomam decisões, por que fazem isso, por que deixam de fazer aquilo. Ele é minha grande referência, em termos de exigência e de entender a genialidade por trás da ação da pessoa. A coisa mais poderosa que vejo nele, nessa exigência com ele mesmo e com os outros, sendo tão detalhista e tão dedicado, é a presença. É ele estar ali inteiro, vibrando, presente. Costumo dizer que a diferença das grandes personalidades é a combinação entre o conhecimento profundo e o lado humano muito forte. O Roberto tem isso".

O lado humano, entende Eduardo, se traduz também numa generosidade que contrasta com o lado duro, exigente. Argumenta: "O Roberto é capaz de fazer uma enorme negociação de permuta com uma universidade, como dar palestras e oferecer um curso ou um treinamento, para pagar a formação de um funcionário, de uma secretária. Então, ele tem esse despojamento. Porque sua dimensão maior é mesmo a do amor".

Diante de Eduardo, nessa tarde em que o entrevisto em seu silencioso escritório, sinto um clima de serenidade, até por causa de sua fala pausada, concentrada. Mas o desenrolar da conversa me remete de súbito a uma pergunta talvez incômoda, porém crucial:

– O que considera que seu irmão seja para tanta gente? Mestre?

– Não, não. Acho que a expressão mestre não cabe. O que cabe é a expressão de uma pessoa acolhedora e também alguém que sabe doar.

Uma pessoa de certo modo desconcertante, penso. O irmão concorda: "Ao mesmo tempo que você vê essa generosidade, vê uma figura firme, forte, alguém que parece que se acha o máximo... É como se ele criasse uma resistência desnecessária, como se precisasse passar uma imagem de que ele é o todo-poderoso. Mas ele não precisa provar mais nada, nem para ele, nem para ninguém. Porque ele é simplesmente isso, naturalmente isso. Ele é o máximo".

O Roberto é uma figura complexa, até excêntrica, criativa e caótica, que vai se construindo, quando jovem, rompendo limites, transgredindo os padrões conservadores que herda da família e os que dominavam o campo de trabalho que abraça.

Em 1979, Roberto dava um passo além do choque transformador que representou ter feito terapia com Gaiarsa e Roberto Freire. Foi nesse ano que saltou direto no olho do furacão que revolucionava a psicoterapia e, como um *tsunami* dos comportamentos, chacoalhava os valores mais caretas da sociedade. Foi para o Instituto Esalen, nos Estados Unidos, pela primeira vez. Um marco na sua formação.

Se a contracultura americana do "paz e amor" influenciava jovens do mundo inteiro, era na Califórnia que brotavam com mais intensidade os frutos do vendaval renovador que radicalizava comportamentos, desenhava novos rumos para as artes, criava novos caminhos para a ciência e para o conhecimento de vanguarda. A Califórnia era um laboratório rebelde do futuro, e o Instituto Esalen, um dos seus mais promissores experimentos.

Criado por dois jovens egressos da Universidade de Stanford, Michael Murphy e Dick Price, Esalen era ao mesmo tempo um centro educacional e comunitário. Tinha por isso certo jeito de *ashram*, o nome que na Índia se dá ao espaço educativo e residencial onde um mestre compartilha seus ensinamentos com os discípulos. As culturas ocidental e oriental se encontravam ali. Eram oferecidos cursos, vivências e conhecimentos dos mais diversos tipos, da psicoterapia de vanguarda à sabedoria dos povos nativos americanos.

Roberto foi estudar com profissionais do mais alto nível que passavam por Esalen. Teve cursos com o próprio Price, com Eva Reich, filha e herdeira intelectual de Wilhelm Reich, com Carlos Naranjo, o principal discípulo de Fritz Perls, fundador da Gestalt-terapia, muito forte em Esalen. A bioenergética, outra linha psicoterápica de vanguarda, criada por Alexander Lowen, também encontrava em Esalen um espaço formidável de multiplicação para o mundo, por meio dos muitos buscadores de tantos lugares que descobriam cada vez mais o caldeirão fervente de novas possibilidades de autoconhecimento e expansão da consciência que se abria ali.

Mas Esalen não era só escola. Oferecia a oportunidade de você confrontar suas verdades e crenças. A revolução de costumes que a liberação sexual da época promovia também passava por ali.

Havia umas banheiras grandes, recorda-se Roberto, onde as pessoas ficavam relaxando, conversando, e de repente uma mulher podia chegar e sentar-se no colo de um homem que lhe agradasse. Sexo livre. "O meu lado careta e conservador foi sendo destruído num processo que não foi muito simples, não. Teve Gaiarsa, Roberto Freire, Rolando Toro, Osho."

Jura que essa história foi assim mesmo, como conta: "Em Esalen, fiquei num quarto simples, porque estava 'durangaço', liso total de grana. Quando cheguei à noite, depois da primeira aula, havia uma

ROBERTO NO ESALEN INSTITUTE.

carta de amor com um buquê de flores para mim. Fui jantar, e uma moça estava do meu lado. Começamos a conversar e ela perguntou: 'Você gostou das flores?'. Tinham sido deixadas por ela, uma das terapeutas do lugar. Conversamos mais um pouco, e ela foi direto ao ponto: 'Vamos ficar juntos?'".

Roberto nem pisca, as sobrancelhas ficam no lugar, sem franzir a testa, ao contar: "Disse para ela: 'Não vai dar, não tocou um sentimento aqui, no coração", porém no dia seguinte: "Quando cheguei à noite no quarto, tinha outra carta. E flores. No jantar, fiz questão de não ficar perto dela, mas ela veio até mim: 'Gostou das flores?'. E eu, 'Gostei, mas...'".

Foi assim todas as noites, até que na última Roberto descobriu que a moça sabia de tudo. Como trabalhava ali, tinha informação de que ele iria embora no dia seguinte. Ela não era chata nem inconveniente, diz Roberto, mas insistente. Com elegância: "Eu disse a ela: 'Olhe, não estou entendendo você. Não sinto nada por você, como mulher. E estou vendo que está mergulhando cada vez mais', e ela explicou: 'Quando você falou não, eu nunca tinha me apaixonado por um homem antes. Minha primeira tendência foi bloquear meu sentimento. Mas aí pensei que precisava aproveitar você para aprender a me apaixonar, pois, na próxima vez em que isso ocorresse, eu saberia, e aconteceria de verdade. Quero agradecer a você por estar me ajudando a expandir minha capacidade de aprender a me apaixonar por um homem'".

A cabeça, em Esalen, explodia para novos modos de ver o mundo e viver, modos que não estavam restritos à franqueza absoluta de sentimentos e comportamento erótico das pessoas. Abria-se também a casos que nutriam a sede de Roberto para saber cada vez mais sobre os mistérios da vida, mesmo que fosse necessário entrar pela trilha de culturas exóticas.

Ali tinha muita fama Carlos Castañeda, o autor de *A erva do diabo* e outros best-sellers que apresentavam ao mundo a inacreditável magia dos xamãs mexicanos. Os livros desse autor causaram impacto em Roberto, mas seriam apenas elementos de um processo maior no qual ele seria levado a conhecer de perto essa realidade.

"O conhecimento dos xamãs, e não só o espiritual, mas o de conexão com as forças da natureza, essa dinâmica de conversa de espírito com espírito, tudo isso é muito importante e me fascina muito. Tenho o lado médico, da formação em faculdade e tudo o mais, mas tenho interesse pelo aprendizado por esse outro lado também."

Tudo começou para Roberto quando se tornou conhecido na comunidade latino-americana de Análise Transacional. Considerava-se um profissional meio anárquico, sem muita fidelidade aos preceitos mais conservadores desse método terapêutico. Isso o aproximou de colegas que também inovavam. Fez amizade com Octavio Rivas, psiquiatra mexicano que tinha criado sua própria linha de trabalho nesse campo, a Análise Transacional Integrativa, incorporando a bioenergética à prática.

Octavio, um sujeito de fortes traços indígenas, daqueles que fazem a pessoa parecer oriental, era um expoente da psicoterapia de vanguarda, conhecido como o pai da psicologia esportiva em seu país, psicólogo da seleção de futebol mexicana. Mas era também enturmado com os xamãs. Quando convidava Roberto para dar cursos no México, o brasileiro aproveitava a ocasião e pedia ao amigo: "Me leve para os xamãs".

O contato se expandiria para xamãs peruanos e chilenos, em outras oportunidades de viagens, assim como tem acontecido no Brasil, onde já experimentou o ritual da União do Vegetal.

Gostaria de encontrar no Brasil uma cultura xamânica tão rica em sabedoria quanto a que existe em países como a Índia. Aqui, pondera, há muita riqueza relacionada com cura espiritual, mas pouca de expressão de sabedoria. Deve existir, gostaria de conhecer. Mas não sente que é hora de avançar mais profundamente nessa direção. Vai chegar o momento.

"A angústia que sinto na vida tem muito a ver com a comunicação espiritual. Muitas vezes olho para uma pessoa e vejo a alma dela presa. Tenho compulsão para convencê-la a se libertar, mas tenho que entender que é o mundo dela, sua vida. Sei que trabalho com forças energéticas grandes, mas evito. É um tema delicado."

Delicada também pode se tornar a vulnerabilidade com que alguém se coloca num trabalho de desenvolvimento pessoal profundo. É uma responsabilidade extra para um mentor que pode se ver, de repente, frente a uma fragilidade pessoal extrema de um participante. A tendência suicida, por exemplo.

"A minha formação de psiquiatra me faz levar muito a sério essa possibilidade de uma pessoa se matar. Quando você trabalha em hospital psiquiátrico, em pronto-socorro, sabe que as pessoas se matam. Graças a Deus nunca aconteceu um suicídio com pacientes dos meus plantões. É uma irresponsabilidade de muita gente que trabalha com pessoas não levar isso em conta. Sempre tenho cuidado. Avisamos: 'Se alguém tiver uma crise, angústia, procure ajuda'. Numa das edições do *Now Experience*, por exemplo, tínhamos um psiquiatra e duas psicólogas de plantão. Procuro trabalhar possíveis pontos que podem levar a pessoa a não amar a vida dela."

Outro problema é como os seguidores de um mentor vão usar o que aprendem. Uma situação igualmente delicada, que Roberto encara assim: "Tudo o que a gente faz pode ser usado, pelos outros, para o bem ou para o mal. A sociedade não pode deixar de formar advogados ou médicos só porque alguns deles podem fazer bobagem. Você pode formar profissionais bons ou ruins. O que a gente precisa é de duas coisas: desenvolver a competência das pessoas e desenvolver a ética. Como ela vai usar o que aprendeu é o livre-arbítrio dela. Eu vou sempre trabalhar para formar os melhores em competência e ética".

É UMA RESPONSABILIDADE EXTRA PARA UM MENTOR QUE PODE SE VER, DE REPENTE, FRENTE A UMA FRAGILIDADE PESSOAL EXTREMA DE UM PARTICIPANTE.

Desenvolver competência é o objetivo, mas nem sempre o resultado é satisfatório. O mentor está sujeito também a grandes frustrações. "Há pessoas que eu consigo tocar o coração, e nesses casos fico superfeliz, realizado. Mas algumas outras eu poderia ajudar mais. Tenho uma grande bagagem de treinamentos, cursos, muita pesquisa e muito estudo que passo para a pessoa. Mas não rola. Incomoda-me ver que tem gente que não consegue realizar seus objetivos depois de ter cruzado comigo".

Mas o mentor é também um aprendiz. Tem de passar pelas provas do aprendizado para realizar plenamente sua missão futura de despertar no outro a paixão de aprender. Quando trilha seu próprio caminho, está abrindo portas para outros que vão segui-lo. Os outros podem conhecê-lo até um ponto, até quando descobrem sua própria jornada na vida.

Voltemos a Eduardo. Estimulado pelo irmão, partiu para o México. Foi estudar com Octavio Rivas. Depois, seguiu sua rota de vida que o levaria à Itália, Índia e Espanha.

Os caminhos dos irmãos se cruzariam, nutrindo-se mutuamente muitas outras vezes. Aconteceriam parcerias e colaborações no futuro. Mas o ciclo de sete anos – de verdadeira terapia intensa e aprendizado profundo dos processos de crescimento pessoal, que é como Eduardo o classifica – cravou a sua marca na história do irmão caçula como um longo e inesquecível rito de passagem que o transformou de menino em homem. Um mentor pega você pela mão e o coloca à beira da ponte para o desconhecido, para você se lançar na sua própria aventura.

O que mais Eduardo trouxe do legado do irmão?

"Trouxe o que aprendi de biodança, de bioenergética, de Análise Transacional. Levo comigo as lições de criatividade e improviso. Às vezes, quando estava com ele, nessa época das Maratonas, precisávamos encarar como as pessoas lidavam com seus desafios. Podia acontecer de estarmos num cenário assim: havia um rio cheio de pedras com correnteza mediana. Aí tínhamos que entrar no rio. Fazíamos uma metáfora sobre como a gente caminha pelo rio da vida, como lidamos com as diferentes formas de desafios e interferências. Então eu tinha de deixar o grupo preparado para o Roberto, de modo que ele pudesse conhecê-lo já com uma série de *insights*. Essa foi a minha escola com o Roberto."

Pensa em voz alta, uma voz suave e calma, gestos comedidos de um sujeito de presença energética forte como um praticante zen de artes marciais. Os traços orientais de Eduardo, olhos puxados, bigode e cavanhaque, amenizados pelos cabelos brancos, fazem este escritor associá-lo à postura imaginada de um samurai temperado pelo sentimento do afeto. Completa:

"Num treinamento desses, você tem que primeiro sentir as pessoas. O que elas estão querendo, o que precisam naquele momento. Não adianta chegar com uma coisa formatada e dizer: 'O.k., agora se adaptem a isso'. Não. Você tem que ir ao encontro das pessoas. Aprendi que o Roberto tem uma coisa que é a espinha de peixe. É um modelo para trabalhar. Você chega ao grupo com a espinha de peixe, mas preenche o resto na hora. Você precisa entender o que se passa na cabeça das pessoas. Nessas horas, a cabeça do Roberto fervilha, ele tira da cartola soluções brilhantes. Essa maneira de pensar e criar é também parte da grande formação que recebi dele."

6 ROMANCE

Nem sempre o sucesso profissional de alguém vem acompanhado da felicidade na vida pessoal. Nem sempre o tempo de um é igual ao tempo de outro. O coração pode demorar a se acalmar.

Roberto confessa: "Minhas duas separações matrimoniais foram muito tristes. Quando você tem um projeto, quer que ele avance. As separações mostraram-me uma realidade: pode acontecer, num casamento, de chegar uma hora em que os parceiros têm de ir cada um para um lugar diferente. Cada um pode precisar levar a vida de um jeito específico e o parceiro, ou a parceira, não acompanhar".

Por isso, a grata surpresa: "Para mim, é um milagre como eu e a Cláudia cada dia convergimos mais para as mesmas coisas. Porque a gente era muito diferente quando se conheceu".

Cláudia Bava, paulistana filha de italianos do norte da Itália, psicóloga de semblante doce, fala macia, gestos discretos, é a senhora Shinyashiki. Estão juntos há muito tempo, casados há mais de vinte anos. Têm dois filhos, André e Marina. Sua própria história, entrecruzada com a de Roberto, desde a década de 1980, é um dos caminhos para se compreender a dele.

Conversa com este escritor no aconchegante apartamento do casal. Logo após a entrada, à direita, há um pequeno altar. Um oratório. Nele estão São Judas Tadeu, Jesus Cristo, uma Bíblia de capa cinza, pequena, fechada, e outra grande, aberta no II Livro de Macabeus, Antigo Testamento. Em frente, uma sala espaçosa, sofás confortáveis, muito vidro

ROBERTO E CLÁUDIA NA PRAIA, POR VOLTA DE 2006.

nas laterais, uma pequena cozinha à esquerda, uma vista bonita do bairro muito bem arborizado lá embaixo.

"Minha vida romântica com o Roberto é a segunda parte da nossa história, porque primeiro eu o conheci como professor. Estava começando o terceiro ano de Psicologia, na PUC [Pontifícia Universidade Católica] de São Paulo, em 1987, já me sentindo muito desiludida. A PUC era muito psicanalítica, não essa psicanálise de agora, mas a da época, muito pesada, carregada. Não me identificava nada com aquele sistema de divã, de um psicólogo quieto, que pouco interage com o cliente. Sentia-me muito frustrada. Então, uma amiga de longa data, a Carla Poletti, que também estudava na PUC, me disse: 'Olhe só, fui fazer um curso com um japonês aí...'."

Carla havia descoberto Roberto Shinyashiki por intermédio da mãe, uma pessoa muito diferenciada, dessas que chamam a atenção por romper barreiras culturais de seu tempo. Cláudia se refere a ela com bom humor: "Ela é uma bruxa meio descolada que gosta de ir atrás de coisas diferentes. O Roberto era, nessa época, essa pessoa que oferecia coisas diferentes. Foi por aí que ela passou a conhecer esse mundo de workshops de autoconhecimento, de Maratonas de Renascimento e Maratonas disso e daquilo. A Carla fez também três workshops, descobriu a Análise Transacional. Apaixonou-se pelo método".

O Instituto Gente abrigava essas atividades nessa fase, mas era conhecido apenas como um centro de Psicoterapia no bairro de Pinheiros, em São Paulo. Cláudia, por sua vez, estava decidida a encerrar sua história com a Psicologia: "Disse para a Carla: 'Acho que vou mudar de faculdade, vou fazer Administração de Empresas, que é o que meu pai sempre quis para mim'. Mas ela ficou insistindo: 'Não, não! Vamos fazer Análise Transacional juntas'".

Nessa ocasião, Roberto era o coordenador de um curso de formação nessa especialidade terapêutica, além de ser um dos professores. Cláudia tinha 20 anos quando começou a frequentar as aulas semanais, com duração de dois anos, entrando direto no nível avançado. Em paralelo, continuava a graduação em Psicologia, junto com a amiga Carla.

"Mal sabia quem ele era, demorei um tempinho para conhecê-lo. Nas minhas primeiras semanas de curso, ele estava na Índia. Quando voltou, todo mundo comentou, 'Ah, você tirou o bigode na Índia'. Parece que esse bigode era famoso [risos] mas nunca o vi de bigode. Finalmente o conheci numa aula que ele veio dar para a gente. Quando o vi pela primeira vez ele trajava um inesquecível macacão estilo jardineira, de cor laranja [risos], e chinelos de dedos... [risos]."

Um contraste total com a tradição formal e bem-comportada da família de Cláudia, uma moça ainda quase menina que não estava acostumada a sair de casa à noite, mas se tornou assídua frequentadora das aulas noturnas às terças-feiras. "O Roberto era então esse cara superinformal que dava aula vestido desse jeito. Ele não gostava da parte formal do curso, teoria, didática e coisa e tal. Isso ele delegava para outros professores. As aulas com ele pareciam mais uma terapia de grupo. É como se tivéssemos um workshop inteiro a cada aula. Tinha todo tipo de gente no curso, mas só eu e a Carla ainda éramos estudantes de graduação. O restante era de pessoas muito mais velhas, já bem estabelecidas profissionalmente. Havia psicólogos, engenheiros e até administradores de empresa, porque a Análise Transacional já tinha essa parte organizacional voltada para as empresas".

Tudo aconteceu muito rápido. Ao final dos dois anos de curso, abriu-se um nível avançado, mais um ano, que consistia, na verdade, num trabalho de atendimento clínico, sob supervisão. Cláudia e mais três pessoas de sua turma foram escolhidas como estagiárias do Instituto Gente para esse período de aprendizado prático avançado e supervisão. Foram selecionadas as pessoas mais dedicadas, de fato comprometidas com a Análise Transacional. Tornaram-se assistentes de Roberto: "Como faz até hoje, ele chamava esse monte de afilhados, pessoas que o ajudam em suas atividades. E, em troca, vão crescendo, sendo ajudadas, cada uma vai tendo sua própria vida profissional a partir dali. Chegamos ao Instituto, já havia uma turma acima da nossa, de um pessoal já estabelecido, que atendia ali. Nós, os novatos, éramos os 'zé manés'. Ele nos chamava para os workshops dele, então arrumávamos a mesa de cafezinho, testávamos se os equipamentos estavam funcionando bem. Fazíamos de tudo um pouco".

A fala de Cláudia ilustra como se estruturava a expansão progressiva do Instituto: "Foi se organizando uma hierarquia, formando-se um jeito de trabalho como é até hoje. Nós começamos como assistentes dos outros, da turma dos mais velhos. E aí tínhamos os assistentes diretos do Roberto. Ser assistente dele era uma honra absoluta, disputávamos a tapa esse privilégio".

Tudo era dinâmico, o Instituto ia ganhando uma velocidade que não deixava ninguém apático: "Eram várias frentes de ação. O Roberto trazia uma especialista americana para falar de psicose, e aí a gente montava um curso. Trazia outro especialista em outra coisa, e aí a gente tinha de batalhar clientes para o curso dele. O Instituto era um caldeirão com todas as coisas novas que o Roberto trazia".

Quando terminou a graduação em Psicologia na PUC, Cláudia também atingiu um nível mais qualificado no estágio que fazia no Instituto. Passou a dar atendimentos terapêuticos individuais. "Via que o Roberto gostava bem pouco de dar terapia individual. Ele só

OS FILHOS MARINA (ATRÁS) E ANDRÉ (À FRENTE) ENTRE CLÁUDIA E ROBERTO.

atendia bambambãs, como Maílson da Nóbrega, economista famoso, ministro da Fazenda. Ele preferia atender os grupos de terapia, e nesses grupos nós, os estagiários, nos tornávamos assistentes. Nesses grupos surgiam necessidades de atendimento individual, daí esses pacientes eram encaminhados para os assistentes".

Como via Roberto, nesse tempo? "Como um chefe *sui generis*, uma pessoa incomum, superinovadora. O que a gente fazia no Instituto era absolutamente inédito, nunca ninguém ouvira falar das coisas que fazíamos. Por isso é que tínhamos que dar nomes aos nossos trabalhos, Maratona disso, Maratona daquilo".

O ineditismo e a inovação de ponta sempre provocam arrepios contrários nas alas conservadoras da sociedade. Os pioneiros pagam o preço de estarem, às vezes, à frente do seu tempo. Sempre foi assim em todos os lugares, em todos os tempos. Não seria diferente aqui.

"Quando fui ao Conselho Regional de Psicologia [CRP] para tirar o registro de psicóloga, após a formatura, comentei que fazia supervisão com um psiquiatra especialista em Análise Transacional. A Carla foi mais esperta, não falou nada. Mas eu comentei a supervisão. Levei um pito do CRP. Porque ninguém tinha ouvido falar de Análise Transacional a essa altura. Não era reconhecida como um saber psicológico."

OS PIONEIROS PAGAM O PREÇO DE ESTAREM, ÀS VEZES, À FRENTE DO SEU TEMPO.

A estranheza acontecia mesmo no curso de Psicologia. Cláudia e Carla eram como Cosme e Damião, andavam juntas o tempo todo, revezavam-se nas disciplinas da PUC, às vezes uma fazia o trabalho da outra. É o modo que encontraram para darem conta do recado, pois, além das incumbências escolares da PUC, tinham de atender a demanda pesada do Instituto.

"Nossos colegas nos olhavam como se dissessem, 'Essas loucas vão se dar mal, porque não estão fazendo as matérias que interessam para se saírem bem nas provas'. E nos perguntavam: 'Vocês não fizeram a matéria eletiva do Lacan?'. E nós: 'Não mesmo, Lacan é *old fashion*'. A gente ficou sendo um pouco a pária dessa galera, fomos ficando marginais na PUC."

O convívio com esse líder que fascinava pelo espírito empreendedor e criativo revelava igualmente um lado difícil.

"Ele era um professor bravo. Se invocava com alguma coisa que, por algum critério dele, achava que você fez mal, você não conseguiria pedir desculpas, porque ele não o ouviria. Era um defeito forte. As pessoas se chateavam muito com isso. Mas também nos dava muitas opções para crescermos, nós, os assistentes. Lembro-me de um caso hilário, até. O Roberto atendia, nessa ocasião, um executivo superimportante, um sujeito muito famoso. Era um homem grande fisicamente, pesadão. Nas sessões de terapia, o Roberto me chamava, porque ele fazia uns exercícios de projeção, queria uma figura feminina. Então eu ficava lá. Esse cliente estava vivendo uma situação complicada de divórcio. Um dia ele ligou para o Instituto querendo uma sessão de emergência com o Roberto. Acontece que o Roberto estava viajando. A secretária do Instituto conseguiu localizá-lo. Depois ela me acionou, lá na PUC. Num intervalo de aula, liguei de volta. Não tinha celular. E ela me disse: 'O Roberto falou que você tem que vir de qualquer maneira atender esse cliente!'. Pensei, 'Socorro, meu Deus do céu! É hoje!'."

Esse "hoje" não era o dia de Cláudia trabalhar no Instituto Gente. Seu plano era ir para casa após a aula na PUC. Estava muito à vontade para atender alguém, afinal, era uma jovem e descolada estudante. "Olhei para minha roupa, vi-me assim, de short e camiseta do Mickey Mouse! Consegui, às pressas, que uma colega me emprestasse uma calça comprida, mas a camiseta não tinha jeito. Lá fui eu correndo atender o cliente famoso usando camiseta do Mickey!"

Essa qualidade, compensando as broncas, Cláudia reconhece. "A abertura que ele dava para nós todos, o espaço que nos oferecia, era tudo muito especial", comenta. "A bronca é porque ele queria que a gente crescesse. É como se ele dissesse para todos nós: 'Cresçam e vão com Deus!'".

Cláudia continua: "Ele é o cara que promove o crescimento e a consciência das pessoas. É um fato. Eu vivo isso. Eu vivi isso naquela época. Com o tempo, esses estagiários e assistentes começaram a ter relações muito estreitas com o Roberto. A gente trabalhava muito. Toda hora tinha viagem, toda hora tinha isso, aquilo. Minha mãe começou a dizer que eu estava usando a minha casa de hotel... porque chegava com uma mala, a deixava e já saía com outra...".

O chefe era aquela figura carismática, mas ainda distante. Lentamente, porém, Cláudia foi sentindo algo diferente e descobrindo, no patrão, um homem sedutor: "Ele vinha chegando, conversando... comecei a misturar um pouco tudo... ele era aquele cara enorme, maior que a vida, forte, realizador... mas mostrava uma doçura, um jeito de se aproximar que fazia você se sentir muito especial. E isso foi determinante".

Quando é que o coração começa a nos pregar uma peça? Quando é que bate um sino diferente em alguma parte do nosso ser, e aquele outro que conhecemos e com quem nos relacionamos de um jeito passa a ter um sentido diferente para nós? Quando é que alguma fibra de sentimento muda de tom, um alerta percorre a espinha como arrepio gostoso, o olhar se ascende, camuflado, numa discrição enganosa que esconde o que brota nas entranhas, mas a cabeça não quer admitir? Que acontecimentos do mundo externo ocorrem como desculpas para fazer acontecer de vez, aqui fora, o que já borbulha, inevitável, maior que você ou talvez sua vontade, ali dentro?

O milagre nunca inteiramente explicável dos encontros. A magia, que vem não se sabe bem de onde, nos toma de assalto. O mistério de quando a água se torna vinho.

Roberto lembra-se bem do tempo. "Final de 1989. Como em todos os anos, nessa época, preparava-me para minha viagem anual à Índia. Já fazia isso com frequência. Ia reciclar minha alma, ver Osho, meu mestre espiritual."

Osho, como disse, foi o novo nome que se deu a si mesmo Bhagwan Shree Rajneesh, mestre espiritual de enorme popularidade global nessa fase, principalmente junto às gerações que viveram os efeitos da contracultura, dos movimentos em prol do pleno desenvolvimento humano.

Rajneesh ou Osho, não importa, tem um lugar importante na trajetória de Roberto. Isso vai ser trazido a você em maior destaque em outro momento desta história. Aqui, agora, quero direcionar seu olhar para outro ângulo, no qual o mestre fez parte essencial também de um episódio. Em primeiro plano, outra perspectiva, a de Cláudia. Sigamos os passos dela:

"Em dezembro de 1989, terminei minha graduação em Psicologia. O Roberto estava organizando um pequeno grupo de estagiários para essa viagem à Índia. Acho que isso era como um presente de formatura, e eu disse: 'Quero ir nesse grupo'. Fomos eu, o Luiz

Antônio – um primo mais velho da Carla –, e a Marli, que é médica homeopata. O Roberto já estava separado da Ana Helena. Eu topei ir, mesmo sendo muito agarrada à minha família. O meu namoro de sete anos terminara no início de 1989. Quando comecei a participar do Instituto Gente, meu namorado apoiou. Mas aí o Instituto foi ficando muito intenso na minha vida, e ele se encheu. Achei também que o namoro não dava mais. Viajei para a Índia solteira, e o Roberto também."

O que Cláudia não sabia é que Roberto já estava observando aquela assistente linda com outros olhos. Confessa para este escritor, lembrando-se desse dezembro: "Já estava muito a fim da Cláudia, tracei a meta de conhecê-la nessa viagem".

A moça venceu a resistência dos pais, conservadores, nada satisfeitos com a filha de 21 anos partindo para Puna, na Índia, atrás de um polêmico mestre espiritual, num pequeno grupo liderado por seu chefe excêntrico, com uma parada de poucos dias na Itália. O argumento vencedor foi esse do presente de formatura, que eles acabaram patrocinando.

"No início, não rolou nada. Mas fomos ficando mais próximos na viagem. Havia no ar outro tipo de tensão, que não era mais a do chefe. Não sabia bem o que era. Teve uma coisa que aconteceu, meio estranha para mim. Comecei a olhar para ele de outro jeito, pintou uma certa 'vibe'... Comecei a ter a sensação de que alguma coisa poderia rolar... mas não queria admitir isso para mim mesma, 'Você deve estar louca de pedra, imagine só, veja esse cara quem é, o chefe! Ponha-se no seu devido lugar.'."

Puna, 148 quilômetros a sudeste de Mumbai, em direção ao interior do estado de Maharasthra, é hoje a nona maior cidade da Índia, com uma população de pouco mais de 3 milhões de habitantes na área metropolitana. É uma cidade vibrante economicamente, industrial, um dos parques de tecnologia da informação avançada do país.

> "HAVIA NO AR OUTRO TIPO DE TENSÃO, QUE NÃO ERA MAIS A DO CHEFE. NÃO SABIA BEM O QUE ERA."

Mas na sexta-feira, 19 de janeiro de 1990, Puna era ainda uma cidade em transição para se tornar o polo industrial que é atualmente. Já era famosa, também, por ter sido, nas décadas de 1950 e 1960, um enclave da economia tradicional e da produção à moda antiga que Gandhi havia tanto incentivado, como estratégia política, para conquistar a independência do país, libertando-se da Inglaterra em 1947.

Mumbai, na época ainda denominada Bombaim, o nome inglês que lhe é dado pelos colonizadores ingleses, está lá no mar das Arábias como o principal portal de entrada no país para a influência estrangeira que a transforma na cosmopolita capital comercial, financeira e do entretenimento na Índia. A cidade, uma das mais populosas do mundo, com mais de 20 milhões de habitantes, já é então conhecida também como Bollywood, o maior centro de produção cinematográfica da Índia, em alusão à sua prima distante americana, Hollywood.

Nessa sexta-feira 19 de janeiro de 1990, ao contrário de Bombaim, Puna conservava ainda muito da sociedade indiana tradicional. O que lhe dava um colorido especial e certo ar cosmopolita não era a pujança do capitalismo moderno da metrópole do litoral, mas sim os trajes cor de laranja, marrons, vermelhos, vinho, amarelo-dourado e brancos que eram a marca registrada dos discípulos de Osho circulando pela cidade. É que uma grande parte de seus discípulos, os *saniasins,* era estrangeira. Jovens loiras europeias, suecas e alemãs esculturais, rapazes sarados da Califórnia, cativantes latinas morenas, casais japoneses e israelitas, africanos, árabes e judeus, grupos australianos e alguns mestiços de ilhas do Pacífico, gente de pele azeitonada, intelectuais, cientistas, artistas e gente comum, jovens, maduros e veteranos, todas as tribos de buscadores estavam representadas em Puna.

Milhares desses visitantes de fora, junto com os indianos de outras partes do país e também locais, convergiam todos os dias para o *ashram* de Osho, no arborizado Parque Koregaon, zona residencial nobre da cidade. Ali aconteciam muitas atividades, práticas de meditação, vivências grupais intensas, o *darshan* – a bênção especial de troca de energia – para os escolhidos e a palestra sempre muito aguardada do mestre para os milhares que o procuravam. Alérgico, de saúde delicada, o mestre tinha uma condição que exigia dos discípulos e curiosos o cuidado de se dirigirem para o salão de palestras sem nenhum perfume, água de colônia e nem mesmo desodorante no corpo. *Saniasins* especialmente treinados, de olfato apurado, cheiravam os visitantes à entrada. Os que exalavam algum tipo de odor artificial eram convidados a voltar, tomar banho, eliminar tudo o que pudesse causar desconforto aos sensíveis sensores do mestre.

Não se tratava de frescura de guru. Havia uma condição de saúde realmente frágil que vinha de longe, de origem congênita, talvez. Essa condição teria piorado muito no período em que Osho viveu nos Estados Unidos, foi preso e deportado. O mestre denunciou que havia sido envenenado na prisão americana. Então, de volta à sede original de seu movimento, estava com a saúde cada vez mais fragilizada.

"Não havia hospedagem dentro do *ashram* – explica Cláudia –, a não ser para os residentes da comunidade ou os visitantes muito especiais, os professores de Osho e assim por diante. Nós, do grupo, ficamos num hotel típico indiano. Tudo muito limpinho, bacana e *sui generis*. Tudo muito surreal. O banheiro era aquele de privada no chão, não tinha vaso sanitário."

O grupo brasileiro seguiu o padrão da maioria dos *saniasins* que visitava o *ashram*. Ia para lá de manhã, participava de tudo o que tinha vontade, saía para comer, voltava à noite, quando aconteciam também celebrações, festivais, música, dança. Uma experiência inesquecível para a jovem Cláudia.

"Nesse dia, quando saímos do *ashram*, Roberto e eu não voltamos mais. O restante do grupo, sim. É que nós dois já estávamos numa conversa muito próxima, muito íntima. Ele me convidou para jantar, fora do *ashram*. E resolvi abandonar a minha resistência. Ficamos juntos essa noite."

Na manhã seguinte, o agora casal de namorados encontrou o *ashram* num silêncio sepulcral. Ficaram, então, sabendo. A notícia tinha sido comunicada oficialmente na noite anterior. A noite em que os dois não haviam voltado para lá. Osho morrera aos 58 anos, de uma falência cardíaca, dizia o anúncio oficial. A suspeita, nada velada na comunidade, era do envenenamento sub-reptício de efeito a longo prazo que lhe foi imposto, na prisão, por quem detestava seus ensinamentos que incomodavam demais o *status quo* das coisas no mundo.

Bhagwan Shree Rajneesh, o mestre de Roberto Shinyashiki, foi provavelmente o primeiro mestre espiritual pop da era moderna. Era radicalmente franco ao apontar as hipocrisias da sociedade, criticava os valores conservadores de todas as culturas, era a favor da liberação sexual. Publicou centenas de livros. Suas palavras encontravam eco nas principais tribos da contracultura. Os libertários que procuravam o Instituto Esalen se sentiam em casa com Rajneesh.

Até os últimos dias de vida, pregou sua proposta de conquista da consciência individual sem intermediários, como os sacerdotes, os políticos, os intelectuais ou ele próprio. Seu propósito era contribuir para que cada um se tornasse um Buda, um Cristo, um ser pleno em seus próprios termos.

O grupo de brasileiros permaneceu em Puna após a morte de Osho, pois os seguidores decidiram continuar o trabalho do mestre falecido. No domingo seguinte à morte, aconteceu, sob forte clima emocional, o primeiro rito de consagração de novos discípulos, a cerimônia de *sannyas*. Roberto e Cláudia foram assistir. "Aí já estávamos juntos, mesmo", conta Cláudia, " e começou a parte romântica da nossa história".

O capítulo de enlevo na Índia foi só o ponto de partida, porque na volta ao Brasil estavam à espera ameaçadores desafios. Cláudia conta: "Tivemos que informar sobre o namoro no Instituto Gente. Era um fator complicador, porque eu ainda trabalhava lá. O grupo era muito intenso, então fiquei numa posição delicada com meus colegas. Houve situações esquisitas. Fomos ficando isolados socialmente. Fora do trabalho, pouco saímos junto com a turma. Porque agora o chefe tinha uma namorada que trabalhava ali, e eu era essa namorada! Coisa chata, chata!".

Num dado momento, Cláudia quis saber do namorado se aquele relacionamento era realmente sério para ele. Com a resposta positiva, decidiu afastar-se do Instituto, para não criar nenhum constrangimento.

Roberto já tinha também pensado em encerrar o funcionamento do centro terapêutico do jeito que tinha montado. Uma consultoria externa havia apontado a inviabilidade financeira, os altos custos e a dificuldade de gestão daquele modelo organizacional, inspirado no Instituto Cathesis da Califórnia, onde Roberto tinha feito parte da sua formação terapêutica. Caminhava para reduzir o quadro de colaboradores para duas pessoas, Cláudia seria uma delas.

Ela saiu antes, porém. Foi traçar sua rota profissional independente. Montou consultório com colegas que também saíram do Instituto. Até hoje trabalha todos os dias, sem nenhuma ligação com as atividades do marido.

E em família: "Meus pais não gostaram nada do *curriculum vitae* emocional do meu novo namorado. Não queriam conhecê-lo, conviver com ele. Não queriam nenhuma aproximação".

Já com os filhos de Roberto foi um alívio. "Estava claro para mim, desde o começo, que a prioridade da vida do Roberto são os filhos. É extremamente sensível com isso, faz tudo pelos filhos. Logo reconheço que o Leandro é uma das grandes feridas que ele tem. Essa dor de o menino ter nascido doente. Ele celebra o fato de o Leandro estar vivo, isso é uma vitória da obstinação dele, Roberto. Mas lá no fundo tem a dor. Não é uma ferida narcísica, do ego, mas está lá. Tem as feridas das separações, também. São causadas pelas quebras de família, dessa ligação muito grande dele com os filhos. Eu reconheço e aceito isso. Ele foi o grande responsável por me ajudar a ter uma boa relação com os meninos desde o começo. Não sei o que falavam de mim para o Roberto, mas a nossa relação nunca era pesada. Certo, o Ricardo e o Arthur eram moleques, bagunceiros, às vezes faziam uma sujeira na minha casa, sujavam um sofá ou coisa assim, e me irritavam. Mas segui a orientação da minha terapeuta e deu tudo certo: 'Você não é obrigada a amar, mas é obrigada a ser muito bem-educada', dizia ela.

Uma situação paradoxal aconteceu, porém, quando, após os primeiros anos de namoro, Cláudia deparou com uma realidade preocupante: "O Roberto já tinha três filhos, não queria ter mais. Mas eu queria. Então um dia eu disse a ele: 'Nós estamos andando com esta relação, mas não sei que fim vai levar'. Pensei, 'Preciso terminar, mas não sei como fazer. Estou superenvolvida. Mas ele me diz que não é projeto dele uma coisa que é essencial no meu projeto de vida'. Finalmente, pensei, 'Já sei, vou deixar de alimentar essa relação, uma hora ela acaba. Porque sem um plano, sem um projeto em comum, sem nada, uma hora esvazia, morre'".

Estavam nessa maré baixa quando um dia Roberto saiu com um grupo de amigos. Ao voltar, entrou em casa com um sapatinho de nenê na mão. Cláudia relembra: "Perguntei a ele: 'O que significa isso?', e ele: 'Acho que a coisa que mais gosto na vida é ser pai, mas não entendia por que não queria ser pai de novo. Agora entendo. É porque tenho medo de acontecer outra separação'. Eu compreendi então perfeitamente o que ele estava dizendo. Porque desde os meus primeiros tempos de Instituto eu tinha testemunhado a dor dele quando se separou da Ana. A dor de separação dos filhos. Toda hora ele usava o assistente que estava disponível, 'Vá buscar o Arthur na escola'; 'O Ricardo está precisando de médico, arrume um'; 'Quero levar os moleques no workshop'. Sempre tinha algum dos assistentes como babá dos meninos".

E a história do sapatinho? "Estava lá, esperando. E aí ele disse: 'Bom, acho que é hora de ser pai de novo'." André nasceu em 1997, quando Ricardo tinha 12 anos e Arthur, 10. Depois, veio Marina, em 1999. A atenção que Roberto pôde dar aos novos filhos foi maior do que a dada às crianças anteriores, porque a família estava estruturada enquanto cresciam. O casal procurava integrar os dois meninos do casamento com Ana. Buscava proporcionar o que não tiveram em família. Viajavam todos juntos em férias, iam para a Disney.

"Houve uma fase em que eu fiquei muito com os pequenos", recorda-se Cláudia, "pois os maiores estavam bem adolescendo, aquela fase de descobrir o mundo, não ficavam muito por aqui. Mas quando estavam aqui, era muito alvoroço. Tanto que depois a Marina escolheu o Ricardo para ser padrinho dela de batismo. Ela se batizou muito tarde, já podia se decidir sozinha."

O ambiente de sintonia entre os filhos proporcionado por Cláudia tornou-se um dos fatores importantes do relacionamento do casal. Outro era o reconhecimento do perfil ousado do companheiro e a habilidade dela em conviver com isso: "Ele é um cara que se arrisca, acima de tudo. É a pessoa mais obstinada que já vi. Se ele diz que quer fazer uma coisa, pode escrever que vai fazer. Você não sabe quando, mas um dia ele faz. Ele é bem emocional, bem intenso, nada do que faz ele faz pouco ou faz leve".

Ela própria se considera uma pessoa igualmente determinada em seus próprios passos, mas a seu modo. "Sou *low profile*, nunca gostei de exposição pública. Tudo o que ele consegue correr de riscos, eu não consigo. Não sou essa pessoa. O que eu sou é a pessoa dos bastidores. Adoro o *backstage*. Se você me pede para colocar de pé o palestrante, ótimo. Mas não me peça para entrar no palco junto com ele. Essa coisa da vida pública... se o Roberto me chamar, eu vou a uma palestra dele, aplaudo, faço esse papel de primeira dama com prazer, desde que eu não seja chamada ao microfone. Mas acho que para a minha carreira foi importante eu não ficar colada nele. Estou muito feliz com o que conquistei, com o resultado da minha carreira até aqui, desse jeito *low profile*. Isso é um sentimento muito legal. O resultado não se deve ao fato de eu ser mulher dele."

Muitos pacientes de Cláudia nem sabem que ela é a senhora Shinyashiki. Até porque usa no Facebook seu sobrenome de solteira, por exemplo.

Os pais de Cláudia já tinham menos resistência em relação a Roberto. Ela, por sua vez, já estava resolvida com a mãe de Roberto, uma questão enfrentada quando os dois decidiram se casar, em 1995. "Quando fui visitar dona Benedita a primeira vez, o Roberto me alertou: 'Minha mãe tratou mal a Lúcia, tratou mal a Ana. Fiquei vários meses sem falar com ela porque esgotava a paciência da Lúcia'. Ele me passou essa ideia que todos falavam: é uma mulher terrível, difícil mesmo, dessas que chutam a mesa, põem o pé na porta, não querem nem saber. Se invoca com alguma coisa, vai para cima, trata mal. É uma pessoa bem dura." Porém, para alívio de Cláudia: "Desde o começo, dona Benedita foi uma flor de candura comigo. No aniversário, eu levava uma flor, entregava cartãozinho. Não tinha ideia ainda que ela não sabia ler. 'Lê pra mim, fia, que estou sem óculos'".

Quando os dois resolveram se casar, dona Benedita estava bastante doente, já tinha sofrido um ataque cardíaco. O câncer havia atacado os ossos, avançava para o intestino, provocava metástases. De um lado, Roberto estava sensibilizado, via o quanto a mãe adorava Cláudia. De outro, conhecendo bem a mãe, tinha ainda certa desconfiança. "Como posso me casar com uma mulher de que minha mãe gosta?!"

Mas se casaram dia 10 de junho de 1995, após vários adiamentos em função do estado precário de saúde de dona Benedita. Casaram-se no civil, no apartamento para onde Roberto transferira a mãe para estar por perto e poder cuidar melhor. Dona Benedita estava em estado terminal, precisava tomar morfina. Cláudia conta: "A gente se casou no quarto dela, porque ela não tinha condição de ir à sala. Meus pais estavam ali, assim como um dos meus casais de avós, minha irmã. Era toda a minha família. Da parte do Roberto, estava o Eduardo. Lembro-me da Rosely, deitadinha na cama ao lado do juiz, porque o quarto era bem pequeninho. Estavam todos espremidos ali. Foi uma cerimônia muito tocante, muito especial, para mim. Até o juiz ficou sensibilizado". Dona Benedita faleceu em agosto.

MESMO ALI, ROBERTO ACABOU POR REPRESENTAR UM ESPÍRITO DE REBELDIA, PIONEIRISMO E REVOLUÇÃO QUE MARCA A CHEGADA DE NOVOS TEMPOS.

No mês seguinte, Roberto e Cláudia se casaram no religioso, depois de muito procurarem uma igreja que os aceitasse. É que, sendo divorciado, Roberto deparava com a resistência dos padres. Finalmente, um sacerdote de uma Igreja Ecumênica Universal realizou a cerimônia. Entusiasmado com a receptividade dos convidados do casal, o sacerdote saiu pela igreja distribuindo panfletos em favor do casamento de pessoas divorciadas.

Mesmo ali, Roberto acabou por representar um espírito de rebeldia, pioneirismo e revolução que marca a chegada de novos tempos.

7 DANÇANDO COMO ZORBA, O BUDA

Zeitgeist é a palavra que se popularizou no mundo, desde a origem alemã, para designar o espírito de uma época, a tendência de um período. Pode se referir a uma nação, a uma sociedade em particular ou a um segmento dessa sociedade. Se quisermos entender a história de alguém, é importante captar o *Zeitgeist* em que a pessoa está mergulhada. Dali brota o fogo inspirador que pode determinar seus passos, desenhar seu rumo de vida.

Esse espírito é real e impacta, de fato, o indivíduo que com ele se sente em sintonia. Mas o modo de resposta e o alcance desse impacto são atributos da particularidade de cada um. Paradoxalmente, porém, só conseguimos entendê-lo pelo símbolo, pela metáfora. Daí a importância da arte, da poesia e da mística para "abrir" nossa cabeça, levando-nos para além dos condicionamentos mentais estreitos que normalmente aprisionam nossa compreensão nesta civilização consumista, reducionista e imediatista, quase acéfala, que construímos.

O propósito mais nobre de toda escola séria de desenvolvimento humano é abrir as portas de percepção para o indivíduo quebrar as amarras que o mantêm limitadamente adormecido, congelado na ignorância míope do seu próprio potencial como ser pleno. Cada escola traz a sua contribuição, entrega sua proposta.

A de Osho pode ser representada numa síntese genial de uma de suas palestras, a metáfora servindo para você e eu entendermos Roberto

Shinyashiki na sua primeira fase de terapeuta, essa dos grupos de crescimento no Instituto Gente que está contemplada no capítulo anterior. Também nos ajuda a entendê-lo depois e agora. Um traço do sentido que vai tomando o desenho do seu papel na sociedade.

Osho faz referência a dois símbolos arquetípicos dos caminhos de abertura de consciência disponíveis ao ser humano. Na mística, menciona Buda e sua linha de iluminação que começa com ele, príncipe, abandonando seus privilégios, dirigindo-se para a floresta. Ali, na pobreza e na meditação, confronta seus demônios, procurando a solução definitiva para o sofrimento humano. Buda é muito nobre, mas, diz Osho, só tem alma. Não tem corpo.

Na arte, aponta Zorba, o Grego, do romance de mesmo nome de Níkos Kazantzákis, personagem imortalizado no cinema pelo ator Anthony Quinn. Camponês simples e ao mesmo tempo um exuberante apreciador dos prazeres sensoriais da vida, Zorba ensina seu contido amigo inglês Basil a também curti-la, na antológica cena de dança à beira-mar. A dança de Zorba. O problema, diz Osho, é que Zorba tem corpo, mas não tem alma.

O que propõe, então?

A junção do corpo com a alma. Nada de culpa ou vergonha, mas sim gratidão e prazer. Nada de isolamento monástico, mas sim a imersão vivamente intensa, física e espiritual na totalidade da vida.

Zorba, o Buda pode ser a metáfora perfeita para expressar o movimento espontâneo de buscar implantar, no cotidiano, a sacralização da vida. Não mais a dicotomia entre o sagrado e o profano, mas trazer, para o dia a dia, valores como solidariedade, dignidade, respeito humano. O sagrado traduzido e incorporado aos atos mais corriqueiros, aos ambientes mais distantes dessa integração, na nossa sociedade. Alegria e reverência, prazer e seriedade podem andar juntos.

> **MAS QUAL É O CENTRO DE TUDO? O SER HUMANO E O DESPERTAR DE SUA CONSCIÊNCIA PARA GRAUS CADA VEZ MAIS LÚCIDOS DE COMPREENSÃO DE SI MESMO, DO MUNDO.**

Mas qual é o centro de tudo? O ser humano e o despertar de sua consciência para graus cada vez mais lúcidos de compreensão de si mesmo, do mundo. A luz que ilumina o desenvolvimento maior da capacidade do indivíduo, cada um na sua medida, mas sempre um passo a mais com relação ao seu limite numa etapa anterior. E em que lugar? No trabalho e nas empresas, por exemplo.

No final da década de 1970, começo dos anos 1980, uma pessoa apadrinhou Roberto Shinyashiki: Marco Antonio Garcia de Oliveira. Ele trabalhava com empresas e então disse a Roberto: "Você faz terapia e terapia de família; então pode trabalhar com terapia em empresas familiares também". E assim Roberto foi chegando ao mundo empresarial.

Empresas familiares podem apresentar problemas sérios de relacionamento entre os membros do grupo proprietário, especialmente na transição para um modelo de gestão profissional. Questões de herança e de sucessão proprietária acabam respingando no cotidiano da organização. Pode ser um imbróglio difícil de destrinchar. Roberto transformou-se, então, também em consultor de empresas, mergulhando nesse oceano de problemas. E possibilidades.

Gilberto, o irmão que após trabalhar na área de treinamento da Mercedes-Benz seguiu carreira acadêmica, com mestrado e doutorado em Administração de Empresas, testemunhou de perto um primeiro envolvimento decisivo no mundo corporativo: "Desde a época da Análise Transacional, o Roberto estava atento a essa área. Ele fez alguns cursos para empresas, acompanhou o desenvolvimento no setor e foi buscando entendê-lo profundamente, levando como diferencial competitivo o que já sabia fazer como poucos: ele é capaz de pegar com a mão a emoção da pessoa e a puxar para fora, e então mostrá-la. Então aconteceu de ele ir atender uma indústria familiar de pesca, lá no Peru. Acabou virando um grande aprendizado, para ele, trabalhar a psicoterapia no contexto da empresa. A dinâmica dessa organização era muito impactada pela dinâmica da família. Tinha irmão, cunhada, pai, todo mundo envolvido. Aí, fazendo análises e interpretações, Roberto foi descobrindo e mostrando para eles: 'Tal problema na empresa acontece por causa disso aqui, dessa relação entravada entre fulano e beltrano, olhem só...'. E por aí vai...".

Abriu-se uma frente de trabalho voltada ao mercado de empresas em forma de consultoria. Abriu-se igualmente uma nova linha de produtos, a de palestras para empresas. A era antepassada das palestras, brinca este escritor, é a de Roberto se apresentando em eventos da sua área de especialidade original, a Psicoterapia. Em seguida, foi entrando para o universo empresarial pela porta das questões empresariais de recursos humanos e gestão de pessoas.

Tudo começou quando Gilberto convidou o irmão para assistir a uma palestra de Marco Aurélio Vianna, já então um profissional conhecido no circuito empresarial. Roberto ficou impactado. Gilberto o estimulou a entrar naquele mercado nascente de palestras profissionais.

Naquela altura, primeira metade da década de 1990, Roberto já tinha se tornado escritor – uma história que você vai conhecer adiante neste livro –, com títulos de sucesso no mercado.

A primeira porta que se abriu foi um convite de Herbert Steinbeck, diretor de recursos humanos da empresa Crefisul, para uma palestra inspirada no livro de Roberto *Sem medo de vencer*, que Steinbeck já havia lido. Gilberto o ajudou a prepará-la.

A primeira oportunidade gerou uma receita bastante estimulante para quem estava atolado em dívidas com as despesas vultosas do filho doente. Roberto comparou os resultados. Precisava de dez palestras no mundo restrito das terapias para ganhar o equivalente a cerca de 2 mil reais, preços de 2017. Mas com apenas duas palestras empresariais conseguiria 5 mil reais...

Continuou a fazer palestras secundárias, nos eventos de Psicologia, mas já com uma estratégia definida para entrar firme no mercado profissional. Em breve abandonaria as terapias, com as quais tivera uma carreira fulminante, concluindo-a com o prestígio de contar com três governadores e um ex-ministro como pacientes.

O caso da Crefisul tinha sido um bom começo, mas a porta do sucesso se abriu de vez quando a Associação Brasileira de Recursos Humanos convidou Roberto e Marco Aurélio Vianna para se juntarem a um pequeno grupo a fim de criar um espetáculo de abertura para o 23º Congresso da entidade. Participariam também a atriz Irene Ravache e o ator Paulo Figueiredo, ambos profissionais de extremo sucesso na televisão naquele momento. A proposta temática que a entidade pedia era bem clara: o ser humano tem que ser o fundamento dos Recursos Humanos.

Nas reuniões de criação do trabalho, Roberto diz que Irene questionou todo mundo sobre o óbvio:

– Esse é o 23º Congresso de Recursos Humanos de vocês e só agora estão falando que o ser humano é fundamental?

O pessoal da casa, um tanto constrangido, respondeu simplesmente:

– É...

– Quer dizer que antes, então, o ser humano não era o centro da área de Recursos Humanos nas empresas?!

– É...

De fato, recorda-se Roberto, até então o setor de Recursos Humanos girava em torno de cargos, organogramas, legislação. Mas o ser humano, mesmo...

Respondendo ao desafio e aceitando o fato de que ainda conhecia muito pouco do mundo empresarial, apoiou-se em tudo o que sabia sobre biodança, Análise Transacional, Gaiarsa e Roberto Freire para criar o que seria sua contribuição ao espetáculo. Teve a sensatez de procurar mais ajuda. Cláudia, a esposa, recorda-se:

"Roberto já tinha algum sucesso com as palestras anteriores. Ele fala bem, é carismático, consegue atrair o interesse do público, mas não é um professor. Não é didático, linear, nem para explicar, nem para conviver... [risos] Todo mundo reclamava, nas palestras, que ele começava com uma ideia e terminava com outra... Ele começava um assunto e ia para trinta outros... A gente ficava correndo atrás do raciocínio dele, perguntando-se: 'Mas o que é que você estava falando, mesmo?'. Assim, decidiu chamar o Miguel Filliage para ajudá-lo na preparação da palestra que faria parte do espetáculo."

Miguel era jornalista de carreira bem-sucedida, com uma folha de serviços para veículos importantes como a *Folha de S.Paulo*, o *Estado de S. Paulo* e a Editora Abril, tendo também chegado à posição de editor-chefe. No futuro, Miguel se tornaria escritor de livros e peças teatrais voltados à cura e à ampliação da consciência das pessoas, como o monólogo *Gandhi, um líder servidor.* Também se transformaria em terapeuta especializado em medicina oriental.

Ao longo desse tempo que Cláudia está resgatando, Miguel contribuiu de outra forma: "Ele não só ajudou na montagem do roteiro, construindo uma palestra bem estruturada conosco, como ensinou impostação de voz, o gestual, o posicionamento no palco. Era um preparo muito intenso. Eu estava com o Roberto no apartamento dele, ainda não éramos casados. Ele me mostrou o roteiro e disse: 'Acho que isso fica melhor assim'. Eu retruquei: 'Não, acho que não está redondo, é melhor assado'. Aí chegou o Miguel e mudou tudo. Disse que o melhor não era nem o que o Roberto tinha feito nem o que eu tinha falado. Ensaiamos muito, tudo. Muitas vezes".

O resultado foi o sucesso, a descoberta de uma solução para o caos criativo de Roberto e uma prática que se tornou habitual. Quando ele cria algo, pede a amigos fiéis que façam uma análise crítica séria, acata sugestões, ouve a experiência de profissionais especializados em habilidades que ainda não domina. E aprende muito.

O RESULTADO FOI O SUCESSO, A DESCOBERTA DE UMA SOLUÇÃO PARA O CAOS CRIATIVO DE ROBERTO E UMA PRÁTICA QUE SE TORNOU HABITUAL.

Sem falsa modéstia, Roberto demonstra o orgulho desse primeiro sucesso: "Foi um espetáculo teatral maravilhoso, eu tinha ficado encarregado do texto, com o Miguel. Aprendi com ele noções de teatro que foram muito importantes. Havia umas 3 mil pessoas no auditório, gerentes e diretores de

Recursos Humanos de todo o Brasil. Aí minha carreira de palestrante deslanchou".

Desse marco de sucesso, Roberto passou para desafios ainda mais grandiosos. Esse é o caso do dia em que se apresentou logo após Betinho, ícone dos movimentos sociais, letalmente contaminado pelo vírus HIV em transfusões de sangue a que teve de se submeter por sofrer de hemofilia.

"O Betinho era meu ídolo, eu o achava o máximo, uma pessoa íntegra", diz Roberto. "Ele já estava fraquinho, em cadeira de rodas, liderando a campanha contra a fome. Aí, alguém da turma que organiza o evento resolveu me ferrar. Porque me colocou para falar logo após o Betinho!".

O sociólogo Herbert de Souza, o Betinho, era uma figura mais do que gigantesca no cenário dos direitos civis e humanos do Brasil contemporâneo. Militante social, era irmão do igualmente combativo cartunista Henfil, do jornal alternativo da época do regime militar *O Pasquim*. Exilado por vários anos, foi homenageado na canção *O bêbado e a equilibrista*, de João Bosco e Aldir Blanc, eternizada na voz de Elis Regina, em 1979.

Era esse homem com tamanha projeção popular que antecederia Roberto no palco. E ele tremeu: "Estava lá, com o meu roteiro da palestra e tudo o mais, pronto para o palco. Mas aí chegou uma pessoa da organização e me disse: 'Professor, a gente acabou trazendo o Betinho e ele vai falar antes, mas tem tempo livre. Ele pode falar cinco minutos ou meia hora, o que quiser. O senhor entra, fica ali do lado, esperando. Depois o senhor fala, em seguida'. Chegou o Betinho, ficamos todos ali, no camarim, como fãs, tietando, querendo saber coisas sobre ele. Pensei, 'Puxa vida! Vou falar depois dele!'. O Betinho entrou no palco, mas estava muito fraquinho, quase sem voz. O pessoal disse: 'Roberto, fica aqui do lado, dê apoio'. Estavam com o maior cuidado com o Betinho, e eu, 'Não acredito, estou aqui ao lado do meu ídolo!'. Betinho não falava quase nada, no palco, a voz baixinha. Mas o que falava era tão lindo, usava palavras tão belas! Saiu devagarzinho, aplaudidíssimo. A demora aumentou minha ansiedade. Quando estava saindo, ele se aproximou e me deu um abraço. Era a minha vez, falei a primeira frase. Mas aí fiquei travado. Total. Comecei a chorar. Fiquei chorando, ali, na frente de uma plateia gigantesca. Pessoas de dezenas de movimentos sociais. Só consegui balbuciar: 'Gente, é muito grande estar falando aqui, depois do Betinho'".

Um raro momento de timidez de quem estava crescendo para se consolidar, um dia, como um dos maiores palestrantes do Brasil. O Instituto Gente, reorganizado, não era mais um centro terapêutico, e sim uma empresa de palestras. Estava entrando num cenário que se desenhava então, e que hoje em dia está bastante desenvolvido.

Atualmente, se você faz uma rápida pesquisa no Brasil, verifica que existe um mercado consolidado de palestras profissionais para empresas. É um mercado grande, complexo, sofisticado, mesmo em meio à crise.

E, quando essa crise já se manifestava na metade de 2015, uma reportagem do jornal *O Globo*, de 25 de setembro, sugeriu que esse negócio, nomeado de maneira limitada e equivocada no texto como "a indústria do discurso", movimentava no país estimados 100 milhões de reais por ano. E que as empresas brasileiras planejavam aumentar em 15% os investimentos em treinamento e desenvolvimento, onde se encaixam as palestras. Já os palestrantes estavam ganhando, informava a matéria, entre 5 mil e 250 mil reais de cachê por uma hora e meia de palestra.

Nada mal. Números significativos, parte do bolo mundial do negócio de palestras que movimenta, calculou a reportagem do jornal, 12 bilhões de dólares por ano.

Mas por que as palestras têm tal presença no mundo corporativo? A tendência e origem histórica é que, no aperto econômico global dos últimos anos, as empresas cortam investimentos em treinamento formal. As palestras tornam-se uma boa opção na abordagem dos mais variados temas específicos de interesse das organizações, mergulhadas num oceano de dura competição global, assim como na motivação de equipes, principalmente. Palestrantes vão encontrando espaço para compartilhar conhecimentos e experiências, seja como um bico paralelo à sua ocupação principal, seja como, crescentemente, seu principal negócio.

Para valer mesmo, estruturando-se como um negócio de grande porte, tudo começou por aqui na década de 1990, alcançando pela primeira vez o patamar sofisticado que tem hoje.

Embarcado nessa onda, sujeito e agente da história, Roberto Shinyashiki: "Fui o primeiro no Brasil que escreveu no cartão de visitas 'palestrante'", diz. "Nessa época em que tudo começou, os palestrantes diziam 'sou administrador, sou empresário, sou economista, sou professor'. Tudo menos palestrante. Mas, desde então, falo: 'Eu sou palestrante!'. Inaugurei essa profissão no Brasil".

"FUI O PRIMEIRO NO BRASIL QUE ESCREVEU NO CARTÃO DE VISITAS 'PALESTRANTE'."

Por isso, e pelo sucesso que foi conquistando, tornou-se autoridade no assunto. Matéria da revista *Veja São Paulo* de 12 de dezembro de 2000 o apresenta como o campeão dos campeões dos palestrantes, especialista em motivação no trabalho. É o rei dos auditórios, para a revista, com quinze palestras por mês, à frente de nomes de peso como Max Gehringer, administrador de empresas; Leila Navarro, fisioterapeuta; Marco Aurélio Vianna, economista; Gilberto Dimenstein e Cláudia Matarazzo, ambos jornalistas; os Schürman, a família de navegadores, além de outros.

Protagonistas de aventuras reais, como o navegador Amyr Klink; estrelas do esporte, como a jogadora Paula, do basquetebol feminino, o técnico de futebol Zagallo e Bernardinho, técnico do vôlei masculino, foram entrando por essa seara, a competição crescente do mercado forçando o aperfeiçoamento das técnicas e dos métodos das palestras e a diferenciação dos palestrantes. Nas matérias em que a imprensa resolvia abordar o assunto, Roberto era invariavelmente procurado para dar sua receita.

O caminho que sugeria, e que defende desde então, está claro em declaração à revista *Sinapse*, do jornal *Folha de S.Paulo*, em 31 de agosto de 2004: "Palestra é um trabalho especial, diferente de ser um professor ou um consultor. Além de conhecer muito uma organização, o profissional tem de conhecer muito da alma humana, para tocar a pessoa e inspirá-la a confiar em si própria".

Em diversas outras declarações para a mídia, mostrando o que suas palestras procuram fazer, Roberto enfatiza que as empresas precisam contribuir para resolver os problemas dos outros e tornar as pessoas felizes. Vender e ter sucesso, para as organizações, para os profissionais que nela trabalham e para os palestrantes, é fruto do propósito de ajudar os outros a estarem melhor. Para isso, você precisa aumentar o seu grau de autoconhecimento e se aproximar do outro.

E a você, que me lê agora e se pergunta, "Tudo bem, mas e o Zorba, o Buda do título e início deste capítulo, o que tem a ver com Shinyashiki?". Quero responder unindo as pontas, se me permite brincar com minha ideia.

Uma metáfora: Roberto é o coreógrafo que criou sua dança unindo Zorba, a alegria de viver, a Buda, símbolo da transcendência. Essa dança são suas palestras. Em lugar de Basil, o amigo inglês de Zorba, todo formal de paletó e gravata, Roberto leva para dançar seus clientes de empresas. O conteúdo das palestras pode estar ligado a questões muito práticas do mundo empresarial, questões de liderança, por exemplo. Mas elas sempre transcendem e, no fundo, o que se encontra ali são conteúdos ligados a questões da vida mesmo.

Vale a pena procurar no YouTube a antológica cena em que Zorba ensina Basil a dançar à beira-mar. Mas a cena da dança de Zorba é um símbolo que só mostra um lado da questão. Pois para fazer sua própria versão de Zorba acontecer pelas palestras, Roberto teve de batalhar muito. Cláudia, a esposa, mostra esse outro lado: "Houve uma fase em que ele deu muitas, mas muitas palestras mesmo. Foi uma época em que fiquei muito com nossos filhos pequenos, o André e a Marina, e também com os adolescentes Ricardo e Arthur, quando eles vinham para cá. O Roberto viajava tanto que, quando passava um avião, o André apontava: 'Papai!'. Um dia, ele teve de contratar um helicóptero às pressas para voar do aeroporto de Congonhas ao aeroporto de Guarulhos. Porque, senão, ele perderia o avião para a próxima palestra".

Mas Cláudia não estranha essa vida agitada: "Quando ele era terapeuta, atendia grupos até as 22 horas. Não dava para estar em casa para jantar às 18 horas. Para mim já era então algo natural, não me ressentia muito de ele estar longe uma boa parte do tempo. Por um lado, pensava, 'Que pena, ele não está vendo que o André comeu isso pela primeira vez hoje, que a Marina fez tal coisa'. Mas, por outro, estava abduzida completamente pelos meus filhos. Tinha meu trabalho e em casa precisava cuidar das crianças, empregada, babá, cachorro, papagaio... O tempo que eu teria para dedicar a ele seria zero, mesmo, e a energia, menos 38... Então, também havia uma tranquilidade, não tinha uma demanda. E ele estava sempre presente, de alguma maneira, mas sem o estresse que vejo estragar muitos casais com filhos pequenos".

Havia outro detalhe. Roberto nunca dizia "não" para um convite que o motivasse. Ele se jogava nas coisas. Quando apareceu o convite para o congresso da Associação Brasileira de Recursos Humanos e se vislumbrou o negócio de palestras, dali a pouco ele já estava lá.

O agito das palestras estava chegando ao auge no Instituto Gente em 1998, quando Roberto ganhou a adesão de uma fiel escudeira que se juntaria à sua então pequena equipe profissional, tornando-se rapidamente uma pessoa decisiva no aperfeiçoamento do negócio. Margaret Miraglia, uma moça de cabelos negros e fala mansa, formada em Psicologia, mas que nunca atuou em clínica, entrou para administrar o caos e o fez por quase vinte anos, até 2017: "Estava cursando a faculdade quando fui à entrevista de emprego, sem nunca ter ouvido falar de Roberto Shinyashiki. Cinco anos estudando psicologia e não sabia quem era. O Roberto fazia então 22, às vezes

"ROBERTO PERCORRIA O BRASIL TODO, DE NORTE A SUL, LESTE A OESTE. DEU ATÉ PALESTRAS EM PORTUGAL, NA ESPANHA, UMA OU OUTRA NOS ESTADOS UNIDOS".

até 26 palestras por mês. Estava aproveitando ao máximo o momento dele para ganhar dinheiro. Havia o problema do Leandro e tudo o mais. A família era grande, tinha de trabalhar. Mas ele não dispunha de infraestrutura organizada para isso. Comecei com total liberdade para agendar as palestras. Até então, ele às vezes marcava uma palestra, mas não tinha controle da agenda. Aí descobria que aquela palestra era no dia em que havia combinado de jantar com os filhos. Então não tinha jeito: com o contrato assinado, não podia faltar ao compromisso. Assim, passamos a reservar duas noites por semana na agenda para ele ir jantar com os dois meninos mais velhos, o Ricardo e o Arthur".

A logística era complicada. Havia dias em que Roberto dava duas palestras em lugares diferentes: "A gente brincava internamente que ele morava no avião. Porque saía de um lugar e tinha de arrumar um jeito de pegar um voo para outra cidade. Percorria o Brasil todo, de norte a sul, leste a oeste. Deu até palestras em Portugal, na Espanha, uma ou outra nos Estados Unidos".

Margaret teve dificuldade para se acostumar. O chefe era exigente, reclamava muito. "Fui me adaptando, mas ele é muito detalhista, quer tudo sempre perfeito, maravilhoso. O tempo dele é também muito escasso. Eu ligava para todas as companhias aéreas. Vasp, TAM, Varig, Transbrasil. Fazia uma planilha imensa de voos para ele, escolhia os horários de ida e volta, comprava as passagens.

Mas podia acontecer de ele terminar uma palestra mais cedo. Aí consultava a lista de voos que eu havia preparado para saber se daria para encaixar um voo de volta. Podia ocorrer de ter acontecido uma falha, e o voo mais adequado para ele, naquela circunstância, poderia não estar na lista. Justamente aquele horário que serviria para ele não estava na minha lista! Era uma época em que ainda não existia internet, era tudo muito complicado. Ele ligava para mim, do aeroporto mesmo. E brigava, brigava, brigava! Queria saber por que não tinha na lista aquele horário que serviria a ele. Reclamava que poderia ter ido mais cedo para casa! Que poderia ter feito uma surpresa e ter ido jantar com os filhos!".

O aprendizado da moça era penoso. "Aconteciam muitas coisinhas... Tinha o erro de se fechar uma palestra numa cidade e se marcar outra no dia seguinte, noutra, sem a gente ter visto se havia voo comercial unindo as duas... e aí era conversar com o cliente, ver se dava para usar um voo particular... Fomos aprendendo a tomar certos cuidados. Se marcava uma palestras para ele hoje em Porto Alegre e outra amanhã em Salvador, antes de fechar com o cliente conferia se havia voos em tempo hábil para ele chegar à palestra na Bahia no horário".

Se a equipe patinava, e o chefe era durão, pelo menos a concorrência era pequena. "O Roberto tinha poucos concorrentes nessa época, Luiz Marins era um deles. Como havia pouca concorrência, na negociação você estava com a faca e o queijo na mão. O valor da palestra era aquele, a gente não baixava. Ele fazia palestra de duas horas, como padrão. Mas se o cliente queria menos tempo, uma hora ou uma hora e meia, ele adequava o conteúdo, porém não baixava o valor: eram 10 mil reais, fixos."

Antropólogo, professor universitário, empresário, Luiz Almeida Marins Filho, que, com o tempo consolidaria sua marca pessoal no reino dos palestrantes com o nome de Professor Marins, recorda-se desse período, mas ameniza sua importância individual nesse setor. Seus gestos são pausados, discretos, quando fala com este autor numa tarde em seu escritório ensolarado de Sorocaba, em São Paulo, em meio a um calmo ambiente campestre.

"Sempre fui professor, como sou até hoje. Nunca me considerei um palestrante. Eu era, antes de tudo, um consultor. E aí, dentro das consultorias, é que a gente fazia palestras fechadas, para as empresas."

Mas então, recorda-se, pessoas dessas empresas passaram a pedir palestras mais abertas. Marins embarcou na oportunidade, sem nunca deixar de lado seu trabalho como professor universitário e consultor. Foi então que testemunhou o surgimento de palestrantes, como ele, que definitivamente tornariam popular o negócio de palestras no Brasil. "Este era o único país do mundo onde havia essa coisa de palestra aberta, de o sujeito comprar um ingresso para assistir a uma palestra. Outro pioneiro de sucesso foi o Marco Aurélio Vianna. As palestras se multiplicaram muito."

E Roberto Shinyashiki?

"Foi sempre um expoente num pequeno grupo de palestrantes pioneiros. Sempre teve habilidade muito grande, um jeito muito afável de falar e de cativar o público, com muito sucesso."

"SEMPRE TEVE HABILIDADE MUITO GRANDE, UM JEITO MUITO AFÁVEL DE FALAR E DE CATIVAR O PÚBLICO"

Cada um deles procurava imprimir um estilo próprio nas palestras, cientes de que nesses casos é a diferença que agrega valor.

"O que eu trazia para as palestras era aquela preocupação de professor, de trabalhar bem um conceito, de buscar a etimologia da palavra, mostrar que humildade vem de húmus, que é manter os pés no chão. O Marco Aurélio seguia por uma linha filosófica. E o Roberto vinha com aquela característica dele de tocar o lado emocional das pessoas."

O sucesso público, visível no mercado de palestras, dependia da organização interna de cada um para responder à demanda crescente. No Instituto Gente, o processo de comercialização das palestras foi se tornando cada vez mais bem estruturado. O Instituto recebia nessa fase cerca de vinte propostas de palestras por dia. Tudo transitava por fax. Eram de dez a doze folhas impressas para cada proposta, tudo descrito em detalhes. Os aspectos comerciais, os valores, a logística, quem receberia Roberto no aeroporto, em que hotel ficaria hospedado.

Não havia restrições para o número mínimo de participantes das palestras. O líder do Instituto Gente não se importava em falar para um pequeno grupo de 5 a 10 pessoas, em princípio, mas Margaret e a equipe tentavam convencê-lo de que isso não valia a pena, mesmo com o cliente pagando o valor total, como era sempre o caso. Então, para palestras para mais de 500 pessoas, o Instituto foi acrescentando no valor do contrato uma porcentagem escalonada, de 10 a 20%. Acabavam acontecendo muitas palestras para 5 mil, 10 mil pessoas.

O material de apresentação das palestras, como slides, tinha de ser enviado com antecedência aos clientes, para que deixassem tudo preparado nos projetores. Alguém tinha de levar o material até lá, e então aconteciam desencontros. Quando o responsável não entregava, ninguém sabia mais em que ponto do circuito ocorrera a falha. Roberto tinha de improvisar muitas vezes, estar preparado para conduzir as palestras sem o apoio tecnológico.

Pergunto a Margaret, que acompanhou Roberto durante anos, qual foi, de todas as palestras já estruturadas como produtos específicos, o líder de vendas por muitos anos nessa fase de conquista definitiva de mercado, o carro-chefe até hoje, na visão dela: "A Revolução dos Campeões, que trata das cinco características especiais dos vencedores."

– O que os clientes estavam contratando? – quero saber.

– O que dizem é que precisavam dar um gás a mais para a equipe de vendas, técnicas para alcançar um resultado melhor, elementos para os líderes terem uma performance de melhor qualidade. O que não diziam, mas no fundo todo mundo quer, até hoje, é conteúdo de motivação, mesmo.

Resta saber de Margaret o que foi descobrindo do chefe, como característica, que também a inspirou nessa fase: "Ele tinha uma energia de trabalho... A gente brincava que o segredo estava na sopa que ele gostava de tomar. Podia acontecer um seminário grande, de três dias, e ele estava lá sentado no banquinho dele os três dias. Lá pelo fim, a gente já estava caindo pelos cantos... mas ele... nada de cansaço. Acho que era a paixão pelas palestras. Para ele não tinha tempo ruim. Quantas vezes, nessa fase, pegava um avião, mais umas três ou quatro horas de carro, para chegar a uma cidadezinha. Ou então pegava um voo para os lados da Amazônia, depois tinha mais umas horas de barco até um lugar no meio do mato. Era isso. O prazer de estar no palco. Ele se realiza ali, e até hoje".

OS DONOS

8 ESCRITOR POP

O bar da rua dos Pinheiros, no bairro de mesmo nome, em São Paulo, comporta 150 pessoas, 89 sentadas e 40 no mezanino. O perfil musical da casa é o bom e velho rock clássico e música pop, também clássica.

A banda escalada para essa noite, sexta-feira que antecipa o Dia dos Pais, no domingo, chama-se The Wizards. Os Magos ou Os Bruxos, você escolhe a versão em português que preferir. É uma banda cover que já se apresenta profissionalmente há alguns anos, mas cujos integrantes tocam mais por hobby do que por outra coisa. Rock dos anos 1960 e 1970. Principalmente Rolling Stones e Beatles, um som mais leve.

O pessoal que frequenta está em sua maioria na faixa dos 30 anos. Não é um local para a molecada, gente no final da adolescência.

O salão principal tem as paredes laterais em tijolos aparentes, o fundo em vermelho. Pendurados, ali, cartazes e pôsteres. Paul McCartney. Lojas e pubs de Londres. Bicicletas e triciclos Howe. Los Angeles County Museum of Art. O palco onde as bandas se apresentam fica logo após a entrada. É algo acanhado, luzes estrábicas no teto cintilando azul, verde, vermelho. O tamanho diminuto não é um problema para a fama que tem.

B Music Bar é o nome. Um ponto tradicional do rock clássico na noite paulistana, pois é o herdeiro da casa que começou essa tradição há uns anos, com o nome de Dinossauros Rock Bar. E é aqui que você, leitor, começa a saber o que esse local e essa noite têm a ver com este livro.

O Dinossauros foi de propriedade de José Luiz Tejon, de cuja ex-esposa o atual dono comprou o estabelecimento. Dinossauros é também o nome da banda que Tejon montou há um tempo para curtir o seu prazer de músico amador. E ele, você se recorda, é o amigo de adolescência de Roberto Shinyashiki. O amigo do dramático acidente de cozinha com a cera expandida pela gasolina no fogão. O amigo que é empurrado por Roberto a vencer a vergonha, expor em público suas feridas através da música que disputa um festival.

Então você pode entender por que o B Music Bar tem uma particularidade que o diferencia de outros tantos bares, além do estilo de música. Após a entrada, numa prateleira lateral, próxima ao caixa, você encontra uma pequena exposição de livros de Roberto. Exemplares dos primeiros títulos, os mais antigos.

E outra coisa inusitada, para um bar de rock-and-roll, vai ocorrer ali: o lançamento de livro. Um novo título de Roberto Shinyashiki. Lançado pela sua própria casa editorial, a Editora Gente. *A nova lógica do sucesso: acelere sua vida profissional e nunca pare de crescer*, o 30º de sua carreira de escritor.

A ideia de fazer o lançamento no local é dele. The Wizards é a banda em que destila periodicamente o velho prazer de ter sido guitarrista na adolescência, tocando agora na noite paulistana, às vezes aqui mesmo, no B Music, com os amigos Alan Carvalho (voz), Alexandre Lacava (bateria), Francisco Barone (baixo) e Renato Oliveira (guitarra).

A festa é exclusiva para o lançamento. Entre os convidados, trinta vagas são reservadas a alunos de cursos do autor, que recebem entrada VIP. As vendas do livro começaram dia 23 de julho de 2016. Os trinta primeiros alunos que o compraram ganharam a entrada para o show, mais um bônus grátis com valor estimado em mais de mil reais. O bônus inclui um treinamento digital, "A produtividade dos campeões", as palestras on-line "O cronograma de Deus", "Mente de campeão", mais uma

CLÁUDIA E ROBERTO AO LADO DOS PAIS DELA, FRANCO BAVA E ERALDA PERETTI BAVA (CONHECIDA COMO DONA LALLA), EM UM EVENTO DE LANÇAMENTO DE LIVRO DE ROBERTO.

palestra também on-line ao vivo com Roberto, na qual falará sobre o novo livro, responderá perguntas, atenderá dúvidas.

O convite para os alunos participarem, assinado pelo próprio Roberto, termina com o slogan tradicional que tem agregado ao seu nome: "O meu sucesso é o seu sucesso".

A casa lota. Além dos alunos, convidados da Editora Gente – livreiros, parceiros de negócios – e do Instituto, amigos pessoais, familiares. Gilberto e Rosely, irmãos, dois dos filhos, Cláudia. Funcionários e estagiários, a equipe de apoio do Instituto e da Editora.

Roberto chega um pouco antes das 22 horas calçando um par de sapatilhas vermelhas com cadarços brancos. A calça é preta, jeans. A camisa igualmente preta, mangas longas dobradas na metade dos antebraços, um relógio no pulso esquerdo que não chama a atenção, pulseira de couro marrom. Um *banner* que reproduz a capa do livro, mais uma foto de Roberto de camisa azul clara e paletó escuro – mas sem gravata –, braços cruzados, e um estande com exemplares à venda, logo após a entrada, marcam a função principal desse evento. É um instrumento de marketing de toda a estratégia de comercialização do novo título.

O autor é cercado pela pequena multidão de convidados que com ele querem tirar fotos. Sorridente, atende a cada um, dá alguns autógrafos. Senta-se para uma entrevista a Mariana Rocha, uma descolada moça magrinha de cabelos negros longos e roupa de couro, apresentadora do programa *Momentos* no canal de TV web FlixTV. Depois, refugia-se um instante numa mesa do mezanino para descansar um pouco, mas logo é chamado para descer: *show time*.

O show tem início com a fala de Roberto, no palco, empunhando a guitarra, em pé. "Quero agradecer do fundo do coração a cada um de vocês por estar aqui e pedir, por favor, que fiquem até o final, para a gente dançar muito. Gente, eu toco guitarra há pelo menos uns cinquenta anos... mas hoje estou nervoso. E se eu errar? E se eu errar?"

DA ESQUERDA PARA A DIREITA: ROSELY, UM DOS HERDEIROS DOS TUSSATO (FAMÍLIA FUNDADORA DA REDE DE PIZZARIAS BABBO GIOVANNI), O PALESTRANTE E ESCRITOR CESAR ROMÃO, ROBERTO E O ESCRITOR PAULO COELHO.

Depois, muito soft rock: "Johnny B Goode", "Blue suede shoes", "She loves you", "Can't buy me love", "A hard day's night", e uma notícia: "Estamos comemorando uma vitória superlegal que aconteceu com o livro novo. A gente conseguiu neste final de semana entrar na lista dos mais vendidos do *PublishNews*. Segundo lugar. É o máximo! Em menos de uma semana! Quero superagradecer a vocês, do marketing, e a vocês todos. São vocês que vão ajudar este livro a cumprir a missão dele".

Tornar-se escritor foi, na verdade, o primeiro movimento de Roberto Shinyashiki que o levaria à fama para além dos circuitos restritos das psicoterapias de vanguarda, mesmo antes de se transformar em palestrante profissional. Isso numa época em que, dizia-se, o brasileiro não lia e se podia contar nos dedos das mãos o número de escritores brasileiros com títulos que tenham se tornado, de fato, best-sellers. Isto é, livros com vendas superiores a centenas de milhares de exemplares e, com muita sorte, com mais de um milhão.

Jorge Amado era a referência da vez, nesse tempo, o mais popular dos ficcionistas brasileiros, com uma longa carreira com mais de sessenta anos de produção artística em sua biografia e estimados pouco mais de 20 milhões de exemplares vendidos no total. Seu título que mais vendeu, apurou uma reportagem da *Folha de S.Paulo*, chegou a 4,3 milhões de exemplares vendidos (*Capitães da areia*, romance de 1937). Esse mesmo levantamento apontava mais quatro títulos seus com mais de 1 milhão de exemplares vendidos cada um. Mas todos os outros de sua longa lista de títulos jamais atingiram essa marca, apesar do prestígio e do fato de ser, até então, o mais traduzido escritor brasileiro para outras línguas.

O bom baiano, porém, era romancista. Um artista literário da ficção. Roberto entraria para a literatura por outra porta. E seria um dos pioneiros de um mercado editorial novo no Brasil, para o qual contribuiria como escritor e editor, ajudando-o a crescer exponencialmente para o respeitável lugar que ocupa hoje no cenário cultural do país. O caminho seria árduo, porém, marcado por idas e vindas, críticas e desdéns, erros e acertos.

Tudo começou quase por acaso, em janeiro de 1985. Roberto relembra: "Meu amigo Marco Antonio Garcia de Oliveira foi muito especial na minha vida. Foi um dos grandes consultores do Brasil. Foi ele quem me levou para trabalhar com empresas. Um grande amigo mesmo, um protetor. Quando me separei do meu primeiro casamento, fui morar numa pensão, porque não tinha dinheiro para nada mais. Ele disse: 'Você não vai ficar em pensão coisa nenhuma, vem morar na minha casa'. Depois, o meu sucesso profissional como psicoterapeuta veio rápido. Muitos clientes, consultório lotado, grupos, cursos".

No final desse mês, pouco antes da viagem ao Peru onde Roberto foi dar consultoria à empresa de pesca, Marco Antonio passou-lhe um conselho que mudaria radicalmente sua vida: "O Marco me disse: 'Parabéns pelo seu sucesso, Beto, mas agora só falta um livro para você mostrar a sua autoridade. Precisa ter um livro para afirmar que você é um cara sério. Precisa escrever para mostrar às pessoas tudo isso de admirável que você ensina nas terapias'. Eu era ainda um molecão, estava com meus 30 anos. Mas, como eu escutava tudo o que o Marco falava, fiquei com aquilo na cabeça. Preciso escrever um livro! Preciso escrever um livro! Mas eu não sei escrever...".

A promessa da respeitabilidade que o livro poderia trazer acabou por finalmente vencer o medo das limitações. Um segundo pensamento, matador, colocou por terra a relutância interna. Roberto se deu conta de que o alcance do seu trabalho, como terapeuta, seria sempre pequeno. Já um livro teria outra história. Alcançaria muito mais gente. Poderia ajudar essas pessoas, registrando no livro o que já ensinava aos clientes nas terapias.

Embarcou para Lima com uma ideia definida na cabeça. Escrever um livro! E lançá-lo em maio daquele ano, num congresso de Análise Transacional, em que seria o presidente. Faltava definir o tema.

"Na viagem ao Peru, fiquei pensando numa frase do Cecilio Kerman, a mais importante lição que ele me deu: 'Quando você não entender o que está acontecendo numa situação, pense em termos de Carícia', aquela da Análise Transacional, com C maiúsculo. De que tipo de Carícia a pessoa está precisando naquela situação? Sempre que estou atendendo a pessoa, em terapia, fico pensando na estratégia da Carícia. Que tipo de Carícia ela está pedindo? É uma Carícia de lástima? É uma Carícia de capacidade? No avião mesmo comecei a rascunhar, a fazer um roteiro, a alinhavar as ideias. E aí já sabia: vou escrever um livro sobre Carícia!".

Havia dois problemas: escrever, em si; e publicar o livro a tempo do congresso. Estamos falando da década de 1980, a indústria gráfica está numa fase jurássica comparada com a tecnologia eletrônica avançada de hoje. A edição não contava com os computadores nem com os programas de informática que neste século XXI permitem soluções gráficas inimagináveis. Tudo era em linotipia, o processo de produção era artesanal.

"NO AVIÃO MESMO COMECEI A RASCUNHAR, A FAZER UM ROTEIRO, A ALINHAVAR AS IDEIAS. E AÍ JÁ SABIA: VOU ESCREVER UM LIVRO SOBRE CARÍCIA!"

O primeiro problema foi resolvido por uma opção estratégica sensata. O autor decidiu-se por capítulos curtos, uma linguagem simples e clara, recados bem diretos. Tratava-se, afinal, de uma obra que oferecia uma espécie de aconselhamento para as dificuldades que as pessoas enfrentam nos relacionamentos humanos. O escritor não se furtava a contar pequenas histórias do cotidiano que ilustravam os pontos que desejava destacar. Nem deixava de se expor pessoalmente em alguns casos. O texto era quase como uma conversa, no fundo, entre o autor e o leitor. O conteúdo procedia do que Roberto estava acostumado a compartilhar no trabalho terapêutico, apoiado essencialmente na Análise Transacional, nesse caso.

O tom do autor não era de pregador ou de moralista falando num púlpito, mas sim de um amigo que tem apenas um pouco mais de experiência nos assuntos delicados da emoção. O título do primeiro capítulo traduzia bem o território para onde o autor queria sedutoramente levar o leitor: "A delicada arte de amar e ser amado".

A solução para o segundo problema teve como caminho um procedimento clássico na história de muitos escritores iniciantes. Editoras consagradas, médias e grandes, tendem a abrir as portas apenas para escritores já conhecidos. Resta aos novatos recorrerem a editoras independentes e pequenas que aceitam produzir qualquer obra, desde que o autor esteja disposto a pagar por ela.

Massao Ohno, artista gráfico e agitador cultural, era dos mais importantes editores independentes do Brasil. Roberto bateu à sua porta. Foi atendido pelo produtor editorial Marcelo Tápia, ele próprio um poeta de renome, importante renovador da poesia visual. A parceria entre Marcelo e Massao resultava em livros com esmero visual e gráfico notáveis. Eram, em sua maioria, livros de poesia, artisticamente pensados. Mas de baixa tiragem e de público restrito. Interessava a Roberto esse cuidado estético, mas o que estava propondo era um livro diferente. Só que ele não entendia nada de livros, de produção gráfica, de como se faz um livro.

"Quando procurei o Marcelo, devia ser dia 3 de fevereiro. Perguntei a ele: 'Para ter o livro pronto para o congresso, dia 10 de maio, quando preciso entregar o original?'. O Marcelo respondeu: 'O prazo é dia 1º de março, você tem um mês para escrever o livro!'. Eu já sabia como escrever esse livro, não estava mais assustado. Tinha uma lista de ideias, queria escrever uns artigos sobre essas ideias, textinhos bem curtos. O livro teria um encadeamento legal, assim. E aí teve um diálogo bem interessante entre mim e o Marcelo. Ele perguntou:

– Quantos exemplares você quer imprimir?

– Quantos acha que eu devo imprimir?

– Uns 500, acho.

– Marcelo, vamos fazer 5 mil?

– Roberto, eu sou seu amigo, cara. Você tem uma garagem grande? Porque ela vai ficar cheia de livros. Quando a gente vende 100 ou 200 exemplares, já é uma festa, a gente comemora. Mas ninguém vende 5 mil exemplares. E, se vende, você vai demorar uns dez anos para isso...

– Marcelo, então vamos fazer 3 mil porque sou eu quem vou pagar. Ficamos em 3 mil, o.k.? Faça os 3 mil.

– Continuo perguntando: você tem espaço na garagem? Porque você vai vender uns 50 exemplares por mês....

A Carícia essencial foi lançado no segundo dia do congresso de Análise Transacional. Os 3 mil exemplares evaporaram-se. Eram mais de mil pessoas no evento, Roberto e seu xará, o também terapeuta Roberto Crema, eram as estrelas do encontro. O fato de que um deles estava lançando um livro voltado ao grande público com conteúdo aplicado da Análise Transacional pareceu cair na graça dos participantes, que compravam livros para eles próprios, para os amigos, para os pacientes.

Roberto contou para Marcelo: "Fomos embora na noite de autógrafos! E ele: 'Pô, não tem isso no Brasil! Vender 3 mil exemplares na noite de autógrafos? Em noite de autógrafo se vendem 27, 30 ou 50'. Aí eu falei, 'Cara, agora preciso de 5 mil!'. O Marcelo pediu um mês para fazer os livros, eu disse que não podia esperar, precisava dos livros em quinze dias. Então ele entrou numa viagem de que eu era louco mesmo. Insisti, 'Marcelo, vamos fazer esse negócio juntos!'. Mas ele não topou, não acreditava que eu fosse vender. Talvez eu tenha sido injustamente duro com o Marcelo. Mas brigamos porque eu achava que seria fácil vender 3 mil exemplares todos os meses".

ROSELY AO LADO DO IRMÃO EM LANÇAMENTO DE UM DE SEUS LIVROS.

A alternativa foi contratar a Editora Parma, especializada na impressão de livros e revistas em Guarulhos, na Grande São Paulo. Mas faltava unir outro elo da corrente. Como rato de livraria, Roberto tinha feito amizade com Aldo Bocchini Neto, cofundador da famosa Livraria da Vila com a esposa Miriam Gouvêa. Aldo foi um dos seus mentores iniciais no negócio dos livros. Explicou-lhe que precisaria de uma distribuidora para fazer os livros chegarem às livrarias. Apresentou-lhe o gerente da Brasilivros, uma das melhores distribuidoras do país.

Ao mesmo tempo, um de seus alunos de Análise Transacional, Ary Benclowicz, era um dos donos da rede Nobel de livrarias e editora. Atento ao alvoroço inicial do livro, Ary propôs uma experiência. Pediu mil exemplares, para avaliar quanto tempo levaria para vender.

Os resultados foram surpreendentes. Logo a Parma estava produzindo 5 mil exemplares por mês, em média, a metade distribuída pela Brasilivros e a outra entregue à Nobel. O livro alcançaria mais de 1,5 milhão de exemplares vendidos, em sucessivas edições. Ocuparia por dez anos consecutivos as listas dos mais vendidos no país.

A carreira de escritor disparou com o apoio de aliados que contribuíram de distintos modos para a conquista gradativa de domínio dessa nova área. Roberto acabou criando sua própria editora, que, no início, era mais uma personalidade jurídica para fazer tramitar o processo de distribuição e comercialização de *A carícia essencial* do que outra coisa. Deu-lhe o nome de Editora Gente, mantendo uma sintonia e uma coerência para com o Instituto, seu outro braço de atuação empresarial.

"Basicamente a Editora Gente era ele mesmo apenas, nessa época", resgata Roberto Lang, o jovem paciente de terapia que, terminada a

"O ROBERTO ESTAVA FAZENDO DE NOVO UMA COISA DIFERENTE. ELE SEMPRE APARECIA COM ALGO NOVO."

faculdade, trabalhava na Editora Nobel, que também distribuía livros. "O Roberto notou que, se ele tomasse a operação em suas mãos, seria possível que os livros fossem um negócio de verdade!", fala Lang.

Foi então que Rosely, a irmã, entrou em campo: "Quando *A carícia essencial* foi publicado, eu achei o máximo. O Roberto estava fazendo de novo uma coisa diferente. Ele sempre aparecia com algo novo. Então nos aproximamos, e ele disse: 'Rô, dá uma olhada para mim nesse negócio, porque tenho meu livro na Nobel, vendo bem, mas não dá dinheiro. Estou pensando se deixo a distribuição direta só com a Nobel ou se procuro outra distribuidora'. E a inflação era medonha, 100% ao mês, praticamente".

Rosely estava trabalhando como arquiteta em São Paulo, à tarde, mas morava na Granja Viana, um setor residencial nobre em desenvolvimento, situado um pouco distante da cidade, já entrando pelos municípios vizinhos de Cotia, Carapicuíba e outros. A essa altura, tinha filhos pequenos para cuidar, levar para a escola, essas coisas. Nesse ritmo diário, não lhe sobrava tempo para atender ao irmão de um modo convencional.

"Eu não sabia negociar, nem tinha tempo para gastar indo pessoalmente à Nobel. Resolvi ligar logo para o gerente de distribuição. Fiz os cálculos e argumentei com ele: 'Olhe só, não sobra nada, alguma coisa não está certa nessa conta'. Ele ficou bravo. Mas eu só estava mesmo fazendo a conta, porque não sobrava nada. Ele disse: 'Não sei o que você está pensando! Se o Roberto quiser, que ele venha falar comigo', e desligou o telefone, nervoso. Pensei, 'Que trapalhada eu fiz! Era só para dar uma olhadinha...'. Então avisei o Roberto: 'Beto, acho que talvez eu tenha colocado tudo a perder, não sei se esse senhor vai continuar a distribuir seu livro, porque ficou tão bravo comigo. Mas é o seguinte: não dá lucro por causa da inflação e por causa dos descontos. Assim não dá, não pode ser desse jeito!'."

O gerente ligou para Roberto: "Quem é essa Rosely que me ligou?". Ela própria conta a resposta do irmão: "O Beto foi firme: 'É o seguinte, precisamos renegociar! E quem vai negociar é a Rosely. Se não for com ela, não tem negociação!'".

Rosely fez o sacrifício de procurar o gerente pessoalmente. Por detrás de seus gestos suaves e seu jeito meigo, começaria a despontar a fibra, a força para fazer valer suas posições e a garra que o mercado editorial conheceria bem, com o tempo: "Eu quero tocar esse negócio para o meu irmão. Ele não tem tantos recursos assim. Pense no que ele faz. Ele entra para o trabalho no consultório às 8 horas da manhã e fica até meia-noite trabalhando, no fim de semana trabalha com grupos no sítio, nem vê os filhos. Vamos fazer um negócio bom para nós dois, então!". Eis o negócio decente que a irmã transformada em escudeira propôs: "Vamos fazer o seguinte: o senhor me dá dois estados, e eu me viro para distribuir os livros neles. O senhor fica com o restante. Mas nós vamos negociar o percentual de desconto também. E os prazos. Porque tem que sobrar um pouquinho aqui. Assim nós dois ganhamos!".

A Nobel cedeu a distribuição para as livrarias de Minas Gerais e do Rio Grande do Sul, talvez porque esses mercados fossem considerados fracos. Alguns meses depois, Rosely voltou à carga: "'O senhor me dá o Rio de Janeiro? Olhe como os resultados estão ruins! A Nobel não tem muito resultado lá no Rio! Deixe comigo".

Nessa altura do jogo, 1988, empolgado com o sucesso de *A carícia essencial* – mas não com o resultado financeiro –, Roberto começa a trabalhar no segundo livro. Mas havia um problema no meio do caminho, bem na fase inicial de todo o processo: "Comecei a escrever o livro, mas aí a coisa travou. Eu não conseguia deslanchar. O livro ficou encalacrado, não teve jeito. Como a ideia era falar de relacionamento afetivo, lembrei-me da minha superamiga Eliana Dumêt, terapeuta ocupacional, muito experiente nesse assunto, uma alma sensível, empresária de sucesso. A Eliana morava na Bahia. Aí disse: 'Eliana, vem para cá, me ajuda a terminar o livro que eu lhe dou coautoria'. Ela veio e me ajudou a destravar".

Amar pode dar certo discute a ilusão do casamento perfeito e aponta sete frases que destroem a união conjugal. Mas não fica só nas amarguras. Sugere 34 atitudes para viver um grande amor. Bate na tecla central, no final das contas, de que amar vale a pena. E foi um sucesso estrondoso, leitores e livrarias à procura do livro, topo das listas dos best-sellers no país, novamente mais de 1,5 milhão de exemplares vendidos.

Para esse título, outra ajuda substancial, Roberto Lang: "Fiz a revisão crítica desse livro com muita dedicação. Eu chegava para o Roberto, apontava e dizia: 'Isto aqui é besteira' ou 'Isto aqui as pessoas já sabem, não estão interessadas nisso. Acho legal você entregar um livro seu para alguém e pedir à pessoa que fale com clareza o que acha. Aí depende de você escutar ou não'. Acho que esse foi um exercício bem bacana do nosso relacionamento. Ele me trazia coisas que escreveu para o livro, coisas que ele acreditava que estavam legais. Às vezes eu

ROBERTO AO LADO DE FÃS NO EVENTO DE LANÇAMENTO DA EDIÇÃO REVISTA DO LIVRO *AMAR PODE DAR CERTO*, EM 2006.

dizia que não, sugeria, 'Por que você não escreve tal coisa no lugar disso aí?'. Era um exercício de muito reforço no jeito de um enxergar o outro. Muita coisa ele acatava. Acabei virando editor desse livro, o primeiro editor da Editora Gente".

Lang trabalhava nessa época na Unilever, a multinacional de alimentos, produtos de beleza e de higiene pessoal. Era um trabalho que demandava muito. Só à noite é que tinha algum tempo para a Editora.

"Cuidei também da produção do livro. Foi um dos primeiros livros do mercado produzido com microcomputador. Foi digitado e produzido no Apple II. Ao mesmo tempo, eu cuidava da produção gráfica de outro livro que o Roberto organizava com os amigos dele, lá da turma da Análise Transacional. Eram vários artigos sobre o tema. Fui lá para a tipografia e aí o cara de lá ficou *tatatatá tatatatá,* caindo os tipinhos, letra a letra da linotipo, aquele negócio meio tipo Fred Flintstone... Bem legal, porque saíam dois livros ao mesmo tempo,

ROBERTO AO LADO DE ROSELY E DO FILHO ANDRÉ.

cada um de um estilo. E fui fazendo outras coisas para a Editora também. Mas aí chegou uma hora que não dava mais para conciliar tudo. Ele contratou gente para a Editora, e um pouquinho mais tarde chegou a Rosely, para assumir a história. Minha participação foi colaborativa mesmo. Mas no caso do *Amar pode dar certo* negociamos um acerto comercial e ganhei uma porcentagem sobre as vendas."

O terceiro livro também foi best-seller, estouro de vendas, presença nas listas dos mais vendidos no Brasil. Uma história que, agora você sabe, é mais praxe do que exceção.

A essa altura, Rosely se via cada vez mais envolvida nas ações da Editora Gente. Agora, em sua discreta sala de principal executiva da editora, sem nenhum sinal de opulência ou exagero, apenas mesa de trabalho, computador e cadeiras, ela recorda-se dos passos cruciais: "Cheguei aqui na época do *Amar pode dar certo*, fiquei encarregada apenas da zona de distribuição e do dinheiro do negócio. Quando começou a render dinheiro, mesmo, Beto e eu nos olhamos e falamos quase juntos a mesma coisa: 'Isso dá dinheiro! Que tal trazermos nossos amigos terapeutas para a Editora, publicar os livros deles aqui? Vamos trazer o Gaiarsa?'. Aí já queríamos trazer todo mundo em quem acreditávamos".

Rosely já estava dedicando as noites, até as 22 horas, à Editora. A tarde ainda era da arquitetura. Era pau para toda obra. Supervisionava revisão de textos, à moda antiga. Era um processo lento. Exigia que um profissional repassasse os textos diversas vezes e também se encarregava da distribuição direta dos livros na cidade de São Paulo. Havia cada vez mais trabalho.

Num momento decisivo e inesperado, recebeu um ótimo convite para um trabalho num escritório da prestigiada avenida Faria Lima, em São Paulo. Poderia ser ótimo para sua carreira, mas não daria para conciliar o trabalho com as responsabilidades na Editora. Ficou dividida, pois estava gostando muito daquele universo dos livros. Então Roberto lhe deu um empurrãozinho para ajudá-la a se decidir: "Ele me indicou uma astróloga para fazer o meu mapa astral. Cheguei lá, a mulher me falou um monte de coisas que eu, de verdade, não entendia: que eu tinha tal planeta na casa do trabalho, outro na casa da comunicação e o sol na casa da família... Mas disso tudo eu consegui entender bem uma coisa: era para eu ficar na Editora".

Não só ficar. Entrar para valer, em tempo integral, de cabeça. Com a vantagem de ter o sábado livre para os três filhos. Com a vantagem de não ter mais, como arquiteta, que pisar na poeira e na lama aos sábados, visitando obras. Um trabalho limpo, agora, no qual podia ler tudo o que quisesse. Um dos maiores prazeres na vida de Rosely é a leitura.

O dizer "sim" ao desafio significou também se empenhar muito em aprender o que ainda não sabia, para dominar de vez o território ainda recém-descoberto e se tornar não mais apenas a escudeira do irmão. Seria a primeira-ministra de um rei cujo reinado já era o de escritor mais vendido do Brasil nesse tempo, antecipando um fenômeno igualmente inédito. No início dos anos 1990, Paulo Coelho seria o primeiro autor brasileiro a ver seus livros se tornarem best-sellers globais, com a venda de milhões de exemplares em todo o mundo.

Ele e Roberto Shinyashiki logo estariam sob os holofotes da mídia, *megastars* do mercado editorial brasileiro. Ambos invejados pelo irrefutável sucesso comercial, ambos combatidos pela maior parte da intelectualidade nacional, e criticados com azedume por boa parte da imprensa. E qual era o motivo disso?

Roberto, em particular, por ter unido com maestria a produção literária ao trabalho de palestrante. Duas frentes de um mesmo processo de comunicador público de um novo tempo. Múltiplo, polivalente, integrado. Os livros lhe trouxeram a autoridade que seu mentor, Marco Antonio, dizia ser tão necessária.

Para muita gente, porém, ele cometeu o pecado de ter embarcado em duas ondas do novo oceano da realidade social e cultural do país, ambas com a base contaminada: a onda das palestras profissionais para empresas, a onda dos livros de fácil leitura para as multidões.

A base contaminada?

O execrável – para muitos – surgimento da indústria da autoajuda.

O DIZER "SIM" AO DESAFIO SIGNIFICOU TAMBÉM SE EMPENHAR MUITO EM APRENDER O QUE AINDA NÃO SABIA.

9 NA CRISTA DA ONDA, TOMBOS E PANCADAS

O sucesso de seus livros garante a Roberto Shinyashiki, desde o começo dos anos 1990, a autoridade que almejava conquistar. A grande mídia é sensibilizada para noticiar algo se o acontecimento está ligado a pelo menos um de seus critérios-chave de seleção de fatos.

Um desses fatores tem a ver com os números. A mídia foi abrindo os olhos para o volume de vendas dos livros do Roberto à medida que se repetia, título após título. Vendas altas significam sucesso na lógica capitalista, e esse sucesso contínuo é chamariz para o interesse da mídia.

Houve momentos em que pelo menos dois de seus títulos ocuparam simultaneamente as listas dos mais vendidos no país. Um novo, como *Os donos do futuro*, podia estar rapidamente subindo da terceira para a segunda colocação no *ranking* de vendas, de uma semana para outra, por exemplo, e um mais antigo, como *O sucesso é ser feliz*, podia ainda estar ocupando um honrável décimo lugar, três anos depois do lançamento. Emoldurando a popularidade desse título, celebridades do *show business*, como o cantor Daniel, diziam à mídia que esse era o único livro que leu por inteiro, enquanto o apresentador de televisão Gugu Liberato o destacava como sua leitura favorita.

Por que esse sucesso junto ao público, inaugurando uma fase em que o mercado editorial brasileiro passou a viver o sonho de livros poderem ultrapassar a casa do milhão de exemplares vendidos? Como, exatamente, foi conquistando autoridade junto à mídia e ao público por meio dos livros? E por que também houve uma reação contrária, em parte da sociedade, ao tipo de livros que suas obras representavam?

Uma busca de resposta para a primeira questão: Roberto caiu na graça do leitor por colocar o cidadão comum da crescente classe média brasileira em primeiro plano, trazendo-lhe conteúdos que prometiam auxiliá-lo na sempre complexa arte de viver. Evoluiu como escritor, aperfeiçoando a meta de unir linguagem simples à abordagem de temas universais, experimentando soluções criativas, na forma, sem perder contato com uma fórmula que foi se configurando.

Uma passagem por alguns de seus títulos marcantes ilustra o ponto.

A novidade de *Mistérios do coração* foi a criação fictícia de um personagem masculino que, por meio de uma autorreflexão registrada numa espécie de diário, permitia ao autor discutir os desencontros emocionais de casais heterossexuais. O livro exibe a perspectiva do homem após a separação de um casamento, numa leitura sofrida das neuroses que se instalam no dia a dia de um relacionamento.

O livro surgiu como um oásis, já que muitas vezes o homem é criado com a visão distorcida de que seu papel é ser apenas o provedor, como os caçadores da Antiguidade. Mas faz isso ignorando quase por completo o seu mundo emocional interno e o da parceira.

A busca da felicidade foi o primeiro grande eixo temático da produção do autor, repetindo-se em vários de seus livros, cada um deles explorando um aspecto particular desse propósito pulsante em todos – ou em quase todos –, o coração humano. O segundo grande campo temático de sua produção estreou em *Sem medo de vencer*, de 1993, confirmando-se de vez no seguinte, *A revolução dos campeões*, de 1995, apresentado aos leitores por meio do mito grego de Sísifo.

Rei de Corinto, o astuto Sísifo dribla a morte por diversas vezes utilizando as mais variadas artimanhas. O problema é que ofende a Hades – o deus do mundo dos mortos – e Ares – deus da guerra – por atrapalhar seus divinos afazeres na Terra, interrompendo o ciclo natural das coisas. Quando morre, finalmente, Sísifo é amaldiçoado eternamente por Hades: é obrigado a empurrar uma pedra enorme para o alto de uma montanha. No meio do caminho a pedra rola de volta para o ponto de partida. Sísifo tem de repetir a tarefa. E outra e outra vez. Para todo o sempre.

O autor utiliza Sísifo como entrada para o tema do sucesso, discutindo os boicotes e as armadilhas internas que nos impedem de alcançá-lo. Sugere caminhos para não cairmos na maldição de Hades, a repetição sem glória das tarefas que nunca chegam a lugar algum. O sucesso foi desdobrado, nos livros futuros, em duas direções convergentes, formando o coração integrado da sua proposta temática. A primeira é o êxito da pessoa na sociedade, aí incluindo a vitória e a conquista no campo profissional, e o segundo é o sucesso interior.

Ajudar o indivíduo a obter competência superior para vencer no mundo competitivo, uma das ofertas do autor, é a proposta de *Os segredos dos campeões*, de 2001. Definir um objetivo, desenhar uma estratégia, trabalhar duro são recomendações clássicas. O que se diferencia na proposta, em relação a qualquer outra sugestão de capacitação profissional, é o foco no emocional da pessoa.

Essa marca de todo o trabalho de Roberto Shinyashiki reaparece plenamente caracterizada num de seus livros de maior êxito, *O sucesso é ser feliz*, de 1997, com mais de cem edições e se manteve por mais de três anos na lista dos best-sellers brasileiros.

DE NADA ADIANTA O SUCESSO EXTERIOR SEM O CULTIVO DA PAZ INTERIOR. ESTA, POR SUA VEZ, É CONDIÇÃO PARA A CONQUISTA DAQUELE.

Novamente Roberto utiliza a mitologia grega como instrumento para iluminar os caminhos que as pessoas criam na construção inconsciente das próprias infelicidades. Sísifo volta à cena como arquétipo de quem se mata no trabalho, sem nunca chegar ao êxito. Midas aparece como o que realiza externamente, mas não consegue ser feliz por não amar e não ser amado. Dâmocles e a espada sobre a cabeça simbolizam quem morre de preocupações, não suportando as angústias e as pressões do poder. Ou seja, de nada adianta o sucesso exterior sem o cultivo da paz interior. Esta, por sua vez, é condição para a conquista daquele.

A temática é outra vez abordada em *Os donos do futuro*, publicado em 2000, título oportunamente sintonizado com a virada para o novo século. O autor sugere e ousa abertamente, já que se trata de uma obra não só direcionada para as pessoas às voltas com problemas comportamentais na vida íntima, mas também pensada para o público do mundo corporativo.

"Você precisa de tempo para ficar só consigo mesmo. Todos os dias, não importa a hora de acordar, de voltar do trabalho, de dormir, você necessita de um período de silêncio, sem TV, sem música, sem livro. Apenas para ouvir as batidas do coração e perceber a respiração." Indo mais fundo: "Procure acordar cinco minutos mais cedo para refletir sobre sua vida e orar" e "Medite, ore. Existe um momento para agradecer o que recebeu e o que vai receber. Um momento para estar em silêncio e ouvir a voz de sua consciência. Para pensar: Deus é meu amigo, exatamente o melhor amigo para comemorar comigo".

Se alguém imagina que o livro – e por conseguinte toda a produção do autor – seja uma ode ao individualismo competitivo, perde o ponto. Os títulos das seções que o compõem sinalizam o comportamento recomendável aos que querem ser bem-sucedidos na vida profissional e pessoal no século XXI, mostrando tendências em emergência que estão alterando a sociedade. Estão alterando igualmente o trabalho, que não é imune a ela. Os donos do futuro, propõe o autor, sabem cooperar, sabem se relacionar, sabem mudar.

Mantendo o tom de aconselhamento para o futuro, é lançado, em 2001, *Você: a alma do negócio*. Focaliza a era de hipercompetição que a globalização gerou no mundo, entregando propostas para o indivíduo liderar, empreender, ser campeão nos negócios e na vida.

O principal fator para ter "alma de campeão"? "Trabalhar com o coração", garante Roberto.

E, com a mente, propõe *O poder da solução*, de 2003, livro que amplia o aconselhamento anterior, apontando meios para o indivíduo encarar problemas e dificuldades, trabalhando-os como oportunidades.

Se é fácil para pessoas de mente crítica contestarem que esses livros têm um foco conformista, reforçando nos indivíduos o discurso da competição e da performance que a civilização atual impõe sobre nossa cabeça, *Heróis de verdade: pessoas comuns que vivem sua essência*, de 2005, questiona o cultivo dos super-heróis do mundo da fantasia. Procura honrar e estimular pessoas que saibam que "ser é mais do que parecer" e que "é melhor uma derrota honesta do que uma vitória sem escrúpulos".

O cultivo de valores, sem o peso de um discurso moralista, está presente ali, assim como *Pais e filhos: companheiros de viagem* mereceu uma reedição atualizada em 2002, colocando em primeiro plano, como o título sugere, a cotidiana mas desafiadora missão que homens e mulheres assumem de criar filhos. A missão mais universal que a maioria da população da Terra assume, formando casais e famílias como o meio mais eficaz, até agora, de perpetuação da espécie humana neste planeta. Ali se materializa, como gatilho de todo o seu trabalho, o propósito do autor de oferecer ao mundo uma educação para a felicidade.

Nesse mapa que constitui o ideário de Roberto Shinyashiki, as relações humanas, o autoconhecimento, o sucesso profissional, o êxito nos negócios, o cultivo da celebração das pequenas e grandes coisas da vida, o sentimento do amor e o reconhecimento da espiritualidade – não confundir com religião sectária, esoterismo ou mesmo misticismo – são paisagens de um único panorama integrado. O Sol dessa galáxia é a pessoa humana, com todos os seus planetas agregados de neuroses e deficiências, mas também seu potencial sublime de realização.

A segunda questão: Como foi conquistando autoridade?

Acontece que a imprensa vive também à cata de autoridade e credibilidade. Um dos meios para cada veículo jornalístico se conceder essa qualidade é dando voz somente a quem representa autoridade para o público supostamente afinado com a linha editorial do veículo. É o caso clássico do ovo ou da galinha; quem vem primeiro?

A resposta é que a realidade é bem complexa, num jogo interativo em que muitas vezes a imprensa legitima quem surge como autoridade, em determinados grupos sociais, a exposição na mídia concedendo à nova autoridade um reforço que consolida ainda mais a credibilidade junto ao público. Numa sociedade de interesses plurais, como a nossa, distintos veículos de imprensa estão associados aos valores, aos interesses e às necessidades de grupos sociais diferentes. Esses grupos carregam suas respectivas visões de mundo que são frutos dos pensamentos, das ideologias e dos sentimentos que condicionam o comportamento de seus membros. A classe social dos advogados tem uma mentalidade de encarar as coisas de um jeito distinto dos policiais, e ambas as categorias são muitos diferentes, nesse aspecto, dos médicos e dos empresários, por exemplo.

Os valores e as crenças que conformam a maneira como as pessoas lidam com a realidade não são estanques. Podem mudar, mesmo que levem muito tempo. A imprensa tende a ser, nesse aspecto, conservadora. Muito lentamente é que reage às mudanças que podem estar acontecendo neste exato momento na sociedade. Tanto para se manter no altar da credibilidade apoiada por autoridades sacramentadas, quanto para se manter renovando-se com eventuais novas autoridades em ascensão, a mídia precisa fazer esse jogo nada exato de legitimação.

Por outro lado, precisando da mídia para chegar a um público o mais vasto possível, espalhado por todo o país, Roberto jogava o jogo com as cartas que estavam em suas mãos. Utilizando serviços de assessoria de imprensa, gerava notícias na época do lançamento de seus livros. Era notícia natural quando realizava uma palestra associada a um grande evento que atraía os olhos da imprensa. Aproveitava as oportunidades espontâneas de entrevistas, quando a mídia precisava de um especialista no território em que Roberto se tornava referência perante a opinião pública. E tomava a ação proativa de escrever artigos para jornais e revistas, compartilhando seu conhecimento centrado em questões ligadas às necessidades vitais das pessoas no dia a dia da existência.

Mas que autoridade Roberto se tornava, na mídia?

O especialista em comportamento humano a se ouvir, quando o assunto era relacionamento, felicidade, emoções, autoconhecimento. O especialista em gente a consultar quando o assunto era sucesso, liderança, desempenho, carreira, empreendedorismo, empoderamento, motivação, trabalho em equipe.

E quais concepções de vida ele passa em seu diálogo com a mídia?

Veja, a seguir, um trecho de uma entrevista que Roberto Shinyashiki concedeu à revista *Claudia*, voltada ao público feminino:

"– Quais vão ser as bases da felicidade no próximo milênio?

– Os pilares da felicidade não vão mudar, serão os que existem desde o início desta década. O primeiro é a competência. Para fazer qualquer coisa será preciso competência, seja para abrir um restaurante, seja para casar, seja para ter um filho. Essa competência exige informação, treino e continuidade. O segundo pilar da felicidade é haver um sentido para aquilo que você está fazendo. O terceiro é a ação. As pessoas terão de pagar o preço de realizar seu sonho para chegar à felicidade. O quarto é o amor."

Em entrevista para a revista *Made in Japan*, dirigida aos imigrantes brasileiros no Japão, Roberto fala de sucesso:

"– Afinal, qual o segredo para a obtenção de sucesso?

– Tenho quatro dicas para alcançar o sucesso. O primeiro é que o sucesso não é feito durante o expediente. Ele é construído à noite, quando você faz um curso, lê ou estuda. Vencer na carreira será consequência desse esforço. O segundo é aceitar ser o pior aluno da classe, ou seja, não ter vergonha de fazer um curso sobre algo que você não entende bem. No final do curso, você terá agregado mais aprendizado ao seu potencial. O terceiro é aceitar ser um tolo. Isso significa não se irritar com os companheiros que assinam aquele trabalho escolar que você fez sozinho nem com o fato de ficar até mais tarde no trabalho. Não faça como os outros espertinhos que vão para casa ao término do expediente. Cada vez mais, dar algo além do combinado fará a diferença. O quarto é trabalhar com campeões, pois estes vão ensiná-lo a ser um campeão. Não adianta apenas ser competente. A empresa onde você trabalha também precisa ter competência. Não perca tempo com os 'mais ou menos'."

Perguntas francas geravam respostas sem rodeios. Quando Camilo Vannuchi indaga por que a hipocrisia predomina no mundo corporativo, a resposta vem de bate-pronto, sem censura: "O mundo corporativo virou um mundo de faz de conta, a começar pelo processo de recrutamento. É contratado o sujeito com mais marketing pessoal. As corporações valorizam mais a autoestima do que a competência".

Outra estratégia vital que Roberto desenhava era assinar artigos, colaborando com várias publicações. Para *VOCÊ S/A*, talvez tenha enfrentado alguns narizes empinados para dizer que "a felicidade é uma vantagem competitiva". Para a revista *Exame* – também dirigida ao público empresarial, como o veículo anterior –, combatia o pessimismo argumentando que "o culto à crise é ainda pior que a própria crise". Para distintos jornais, assinava artigos enfatizando a importância da educação para o pleno desenvolvimento do país, defendendo a valorização do professor como passo fundamental. Discutia a retórica das campanhas eleitorais, tirava lições da guerra de invasão do Iraque pelos Estados Unidos, mostrando-a como exemplo de liderança caduca. Defendia a equiparação dos salários das mulheres nas organizações em sua coluna "Consultor de Carreira" na revista *Nova*. Mas as provoca, "Quer ganhar mais do que um homem?", para depois entregar seu conselho: "No mundo dos negócios, a linguagem que

PERGUNTAS FRANCAS GERAVAM RESPOSTAS SEM RODEIOS.

predomina é a do dinheiro, também conhecida por margem de lucro, fluxo de caixa positivo, retorno sobre investimento. Isso quer dizer que, apesar de todas as discussões sobre visão, missão, valores e responsabilidade social, infelizmente a maioria dos acionistas das organizações ainda põe o lucro em primeiro lugar. Os profissionais que sabem criar os maiores lucros ganham mais. Não estou dizendo que apoio isso. Meu objetivo é ajudar você a melhorar seu salário. E, se quer ganhar mais, tem que produzir lucro!".

A projeção do nome na mídia foi seguindo Roberto como gerador de fatos e notícias, à medida que a carreira de escritor e palestrante se consolidava, construindo uma imagem de personalidade pública. Um personagem do mundo da comunicação de massa.

Carmem Murara assina na *Folha de Londrina* a cobertura de uma palestra de Roberto para empresas. O objetivo é mostrar as estratégias que as empresas precisam adotar contra a crise. E quais são? "Entre os conselhos dados por Shinyashiki não estão fórmulas matemáticas de contenção de despesas ou de aumento de lucros. O consultor aposta que uma empresa consegue se sobressair no meio das concorrentes e vencer se priorizar detalhes, como criar um sistema de motivação interna. Quem faz a diferença entre uma empresa e outra são as pessoas. São elas que definem o sucesso em um negócio."

Buscando utilizar todos os meios possíveis de emprego da mídia jornalística como plataforma de ações estratégicas, Roberto criou a série "Soluções em tempos de crise", negociando-a como um conjunto de dez fascículos encartados em jornais importantes do país, incluindo *Folha de S.Paulo*, *Zero Hora*, de Porto Alegre, *Diário do Nordeste,* de Fortaleza. Os veículos publicam a série cujos títulos transportam conselhos e promessas como "Trate bem o dinheiro", "Aprenda a se vender", "Como turbinar sua carreira", "Empreendedorismo, o fundamento do sucesso", "O emprego acabou, as oportunidades continuam", "A fórmula para a felicidade", "A psicologia do sucesso".

A síntese de toda a série? Sucesso profissional e felicidade pessoal podem andar juntos. O grande desafio, para os profissionais, é mudar de atitude, para responder às demandas do mercado de trabalho em transformação, inserindo elementos emocionais e psicológicos em suas ações. Prazer e competência, coração e mente precisam caminhar juntos.

A conquista de status de astro midiático passou também pelas emissoras de rádio e televisão. Pelo *Fantástico* da Rede Globo, pelos programas de entrevistas de Jô Soares, Marília Gabriela, Clodovil. Essa exposição pública e também as entrevistas para o programa *Todo seu*, de Ronnie Von na TV Gazeta, *Receita pra dois,* de Edu Guedes na TV Record, *Provocações,* de Antônio Abujamra, na TV Cultura, *Mundo corporativo,* com Milton Jung na CBN ajudaram a fixar o nome de Roberto Shinyashiki como marca, sob o rótulo de "guru motivacional" que a imprensa passou a lhe atribuir. A habilidade com as palavras e a capacidade de sentir-se à vontade diante de câmeras e microfones, driblando com sucesso a timidez, permitiam a ele tanto uma interação descontraída com o ex-astro da música jovem na TV Gazeta, chamando-o de "meu irmão caçula", como respostas sem tremor à inquisição do ator tornado entrevistador respeitável na TV Cultura.

Algumas saias justas com Antônio Abujamra. O entrevistador pergunta:

"– Quem causou o maior mal ao mundo? O individualismo, a religião ou os bancos?"

E a resposta de Roberto:

"– É uma competição puxada, vai ter de ser decidida ali na linha de chegada, na foto. A religião foi catastrófica. Os bancos são catastróficos, porque são desumanos. O banco teria uma função muito importante de ajudar os projetos acontecerem, mas os bancos frequentemente destroem as possibilidades de os projetos acontecerem.

– O que é a vida?

– A vida é uma sucessão de experiências com uma lógica própria. E é muito importante que a gente deixe espaço para a vida se manifestar. O jeito com que as pessoas criam a vida delas é como se tivessem a capacidade de determinar tudo o que vai acontecer. Quando olho para trás na minha vida, nunca imaginei que seria escritor. Se eu fosse a um tarólogo Brasil, eu diria: 'Você é louco? Eu não escrevo, eu odeio escrever...'. A gente precisa deixar espaço para a vida se manifestar. É uma tristeza que a maior parte das pessoas não deixe espaço para isso. A agenda está tão lotada que não tem espaço para a vida acontecer. Para a vida abrir uma porta e dizer: 'Roberto, entre por aqui'."

E a terceira questão, uma certa reticência ao sucesso do autor?

"A GENTE PRECISA DEIXAR ESPAÇO PARA A VIDA SE MANIFESTAR. É UMA TRISTEZA QUE A MAIOR PARTE DAS PESSOAS NÃO DEIXE ESPAÇO PARA ISSO."

Essa inquietude se traduziu em investigação jornalística na reportagem de capa de David Cohen, na revista *Exame* de 24 de março de 1999, "O Guru". Movida pela "quase" onipresença do palestrante "no mundo do RH", pelos substanciais números de vendas dos livros, pela procura estrondosa das empresas pelo consultor, a publicação queria saber o segredo do sucesso desse "guru motivacional". O autor da matéria afirma que, talvez, Roberto seria "o primeiro brasileiro a trilhar com segurança esse caminho" do que chama de "campo fértil dos sonhos de sucesso, da vontade de amar, enfim, da busca da felicidade".

A tarefa era árdua. O autor da reportagem reconheceu: "Revistas que pretendem trazer informações novas e úteis aos seus leitores volta e meia esbarram na tênue linha que separa a seriedade do charlatanismo. Ignorar os gurus seria desistir de prestar um serviço. Aceitá-los sem crítica seria estimular a feitiçaria em forma de administração. Tentar entendê-los é a única forma de jogar um pedaço de luz sobre essa linha tênue na qual a maioria deles trafega".

O cuidado criterioso que *Exame* assumiu refletia a reação que parte da sociedade brasileira tinha, na década 1990, ao agora irrefutável crescimento do fenômeno que recebeu então o nome de autoajuda. Rotulado de expoente desse avassalador processo social, pouco explicado, muito menos compreendido, Roberto era também alvo de críticas na reação conservadora a outro fenômeno igualmente estonteante para muita gente.

Na década anterior, Roberto tornara-se um fenômeno editorial, com as vendas explosivas de *A carícia essencial*, *Amar pode dar certo* e *Mistérios do coração*. Por um momento, era possivelmente o escritor que mais vendia livros no Brasil, considerando-se apenas a produção de títulos correntes. Logo teria uma ilustre companhia no panteão dos escritores brasileiros que ultrapassam a barreira do milhão de exemplares vendidos: Paulo Coelho, que se torna best-seller nos anos 1990, após o lançamento e o início modesto de *O diário de um mago*, de 1987, e de *O alquimista*, de 1988, que alcançaria no futuro o posto de o mais vendido livro brasileiro de todos os tempos, de acordo com o levantamento da empresa especializada Rank Brasil – Recordes Brasileiros.

Mas, além das vendas astronômicas de livros, há algo mais em comum entre ambos os autores: a reação de boa parte da intelectualidade, torcendo o nariz para o sucesso numérico irrefutável dos dois, dizendo "Isso não é literatura!". Roberto conta uma passagem que confirma isso: "Um dia eu estava na Feira do Livro de Porto Alegre, que é a feira de livro mais gostosa do planeta Terra, aquelas barraquinhas todas e coisa e tal. Enfim, já era escritor havia uns seis anos. Estava cansado, atendendo gente o dia inteiro, visitando os livreiros. Aí chegou uma jornalista de um jornal local. A moça foi me falando de um modo superirônico, superdesqualificador. Era aquela batida de cotovelo na quina, sabe? Dor de cotovelo brava. 'Como se sente vendendo mais livros que Jorge Amado e Clarice Lispector?'. E eu: 'Você está sugerindo que eles escrevem melhor do que eu?'. A mulher ficou vermelha, os cabelos quase em pé, muito revoltada mesmo. 'Você quer dizer que escreve melhor do que eles?'. E eu: 'Escrevo!'. Ela já queria ir embora para a redação, escrever um título bem escandaloso para a matéria dela. Tivemos uma discussão pesada, mas senti que eu tinha de enfrentar as pessoas, não podia mais ficar abaixando a cabeça. Disse: 'Olhe, acho que eles são muito melhores do que eu para contar uma história. Mas para fazer uma reflexão sobre o comportamento humano, sobre a vida, eu sou melhor que eles!'".

Lembra-se: "Nos meus primeiros anos de escritor, o ataque era tão estressante que eu não curtia o sucesso. Ficava muito inseguro, numa posição de defesa. Eu ia ao programa da Marília Gabriela, e a entrevista era pesada. Ia ao programa do Clodovil, e era pesada. Ia ao programa do Jô Soares, e era pesada...".

Para compreender Roberto Shinyashiki, e o que representa, vale descobrir um pouco mais desse fenômeno do nosso tempo.

A literatura de autoajuda não é nada novo no mundo ocidental, porém. A escritora Jessica Lamb-Shapiro, que faz um levantamento histórico em seu livro *Promisse land: my journey through America's self-help culture* [Terra prometida: minha jornada pela cultura americana da autoajuda], de 2014, encontra sua origem em tempos tão distantes quanto o Egito e Grécia antigos. "Sebayt" foi um gênero egípcio de literatura instrutiva sobre a vida, assim como textos gregos ofereciam "máximas", ou instruções sobre a arte de viver.

Na Idade Média europeia e depois na Renascença, o gênero "Espelho de príncipes" conta histórias de reis e nobres como modelos de comportamentos que se devem seguir ou evitar. A inspiração histórica mais antiga para o gênero – imagine só, leitor – é atribuída ao texto *A República*, do filósofo grego Platão.

A invenção da imprensa por Gutenberg, em 1455, fez a literatura comportamental se tornar popular na Inglaterra, na Itália e na França, onde os livros de *savoir vivre* (saber viver) foram se deteriorando tematicamente com o tempo, acabando por se reduzir a instruções puramente mecânicas de como assoar o nariz ou como cortar o cabelo em forma de tigela.

Mas em 1859, quando o escocês Samuel Smiles lança *Self-help* [Autoajuda, literalmente), contando histórias de trabalhadores que subiram na vida por esforço próprio, tomando-as como exemplo inspirador para os outros, seu livro é o segundo mais vendido do ano, depois da Bíblia, com 20 mil exemplares.

Bate de longe o intelectualmente badalado *A origem das espécies*, de Charles Darwin, também lançado no mesmo ano e que levaria um bom tempo para ver os pouco mais de 4 mil exemplares das primeiras edições vendidos. O livro de Samuel, por sua vez, ultrapassará a marca de 250 mil exemplares na época da morte do autor, em 1904, tendo inaugurado no mercado editorial europeu uma onda de títulos de conselhos sobre o que você quiser imaginar da vida. Tinha de tudo para o leitor comum: conselhos sobre dieta, luto, sucesso, automedicação, etiqueta, casamento, filhos, como cuidar de casa...

Sem deixar de mencionar o antiquíssimo *A arte da guerra* do estrategista chinês Sun Tzu, que teria atravessado os séculos e as culturas e se tornado uma espécie de manual de autoajuda militar até mesmo para Napoleão Bonaparte, depois adotado por executivos das empresas modernas, a escritora aponta a década de 1950 como o início do ciclo atual dessa literatura de inspiração. Dos Estados Unidos se espalharia para o mundo.

Essa onda teria suas preliminares, apontam outros estudiosos, em iniciativas bastante sofisticadas que levariam o gênero para o campo do comportamento e dos negócios, muito ao gosto do que vemos estabelecido nos dias de hoje. Na década de 1920, o psicólogo e farmacêutico Émile Coué lança na França *O domínio de si mesmo pela autossugestão consciente.* Nessa mesma década, o jornalista Napoleon Hill publica nos Estados Unidos *A lei do triunfo*, um conjunto de dezesseis regras para o sucesso estruturadas pelo autor após entrevistas com mais de uma centena de figuras lendárias – e milionárias – do mundo empresarial, como Henry Ford e John Rockefeller. Na década seguinte, Dale Carnegie lança *Como fazer amigos e influenciar pessoas*, talvez o primeiro *mega*best-seller do gênero, com 15 milhões de exemplares vendidos só nos Estados Unidos até 2010, numa pesquisa feita por Algis Valiunas para a revista acadêmica *The Atlantis.*

A VELOCIDADE DOS DIAS DE HOJE E AS MUDANÇAS IMPOSTAS PELA COMPETIÇÃO GLOBALIZADA E PELA TECNOLOGIA EM CONSTANTE AVANÇO EXIGEM, DE UM LADO, A CONTÍNUA ATUALIZAÇÃO PROFISSIONAL DAS PESSOAS, MAS, DE OUTRO, NÃO HÁ TEMPO HÁBIL PARA ISSO.

Em 1952, Norman Vincent Peale publica *O poder do pensamento positivo*, alavancando o gênero para um nível de popularidade inimaginável e para a sua multiplicação em correntes e linhas que se expandem para o quadro de alta complexidade de hoje em dia.

A literatura de autoajuda em suas múltiplas variações é parte integrada de um conjunto hoje conhecido no exterior como a indústria do desenvolvimento pessoal. Boa parte dos autores dessa categoria – a que mais cresce em muitos países – tem nos livros apenas um dos instrumentos do seu trabalho, pois o pacote completo que oferecem inclui seminários, treinamentos, palestras e *coaching*, por exemplo. Só nos Estados Unidos, estimam os estudiosos, o mercado de desenvolvimento pessoal movimenta mais de 10 bilhões de dólares por ano. É um campo de negócios respeitabilíssimo sob qualquer parâmetro capitalista.

Os motivos desse sucesso são muitos e complexos. Uma explicação possível é que a velocidade dos dias de hoje e as mudanças impostas pela competição globalizada e pela tecnologia em constante avanço exigem, de um lado, a contínua atualização profissional das pessoas, mas, de outro, não há tempo hábil para isso. Os sistemas tradicionais de ensino tampouco conseguem oferecer conteúdo de maneira ágil e condensada, como esses clientes esperam. Os programas de desenvolvimento pessoal, ao contrário, formatam conteúdos de modo aplicável às condições da sociedade pós-moderna.

Outra explicação é que os sistemas, os valores, as práticas, os métodos, as visões de mundo – e a mentalidade – de muitas das instituições-chave da sociedade estão se revelando paquidermes pesados que não conseguem acompanhar as mudanças do mundo. São modelos falidos. São centros controladores do poder sobre as pessoas. Muitas das propostas do desenvolvimento pessoal capacitam os indivíduos, colocando-lhes nas mãos conhecimento novo, revolucionário, que pode ajudar a constituir os elementos de uma nova civilização.

Uma terceira questão é que há um movimento de muita gente em busca de autoconhecimento e desenvolvimento pessoal, um número mais consistente do que talvez qualquer outro período da história. A era dos poucos privilegiados que podiam viajar por meses nos Himalaias atrás de um mestre de uma sabedoria se transforma hoje no tempo dos programas de meditação oferecidos on-line que você pode utilizar plugando-se em sua casa.

E os problemas nessa onda? O primeiro é que no meio de tudo há propostas de qualidade, sólidas, respeitáveis, assim como embromações. Há mestres e charlatães. Separar o joio do trigo não é tarefa fácil.

O segundo problema, nessa história, é a reação tipicamente humana e universal às inovações. Esse fenômeno é, em especial, complicado quando uma nova tendência traz conteúdos de caráter completamente novo, baseado em modelos de compreensão da realidade que o mundo não está preparado mental nem emocionalmente para enxergar, muito menos entender. Quase sempre olhamos para o novo com os olhos engessados e míopes do passado, enquadrados por nossa moldura mental.

Quando a nova onda se tornou visível e inevitável, para a maioria, a recepção se dividiu em duas grandes correntes: a dos que amaram e a dos que detestaram. Começaram os julgamentos críticos, as condenações, as dúvidas, as leituras apressadas, assim como também as mais ponderadas, de gente bem-intencionada.

Será que a autoajuda resolve? Ou é enganação? Em princípio, todas as novas propostas foram niveladas por baixo. Tudo isso é superficial, estão lesando os leitores. Tudo isso não passa de ilusão, não funciona, e pode até ser nocivo para as pessoas.

Muita gente apontou o dedo de longe, sem se dar ao trabalho de mergulhar lá dentro, para de fato analisar. Muita gente condenou, sem se dar a honra de procurar saber, junto às pessoas que se aventuraram na onda, se a prancha lhes tinha levado a algum lugar agradável e se seu momento de surfista tinha sido prazeroso e redentor de autoconfiança.

No Brasil, isso tudo ocorre também. A onda começa a chegar em nossas praias quando o padre, psicólogo, filósofo e jornalista gaúcho Lauro Trevisan lança o livro *O poder infinito de sua mente*, em 1980, muito motivado a dedicar a vida ao estudo mental, após ter feito um curso do Método Silva de Controle Mental. O método é lançado em 1960 por um pioneiro importante, mas menos celebrado do movimento de desenvolvimento humano. O eletricista José Silva, filho de imigrantes mexicanos, cria no Texas sua abordagem com o objetivo simples de ajudar os filhos a estudarem, só depois avançando para a comercialização do produto.

Por sua vez, de Santa Maria, no Rio Grande do Sul, Lauro vai lapidando um caminho próprio nessa seara, por meio de cursos, seminários, livros e produtos vários, como jogos e CDs.

Comenta Márcio Fernandes, numa reportagem que assina para a revista *Rolling Stones*, em março de 2008, que um desses produtos é um jogo de cartas de baralho, uma delas contendo a figura de Og Mandino, um dos gurus mundiais da nova onda. Ítalo-americano, Og é autor do best-seller *O maior vendedor do mundo*, que lhe proporciona em 1968 sucesso internacional, como um grande mestre de vendas que alia habilidade comercial específica com valores humanos. É rei de um dos nichos dos vários com que a autoajuda vai se configurando.

Quando Roberto Shinyashiki desponta no cenário público com seus dois primeiros livros, a onda tem um pico de crescimento formidável entre nós. Ele lidera o mercado, mas em pouco tempo recebe a companhia de um novo autor que vai competir pelos leitores de autoajuda com os outros dois, igualmente com sucesso: Lair Ribeiro.

Mas a verdadeira dor de cabeça de Roberto, nesse momento, não é a competição. É o crescimento da ala crítica que combate a autoajuda.

As críticas que atingiram Roberto, questionando a validade literária de seu trabalho, eram a metade menos azeda do limão que lhe queriam fazer engolir, na primeira fase de sua carreira pública. A outra, mais intragável, era a suspeita contra a validade terapêutica do trabalho. Uma das correntes de oposição, identifica o irmão Gilberto, estava no próprio campo da Psicologia.

Vasta área de conhecimento aplicado sobre o ser humano, a Psicologia é formada por distintas linhas de pensamento, diferentes métodos e variadas formas de ação. Embora possa ser utilizada na educação, nas organizações e nas artes, como instrumento auxiliar nos processos próprios a essas áreas, sua principal função no mundo, até hoje, é associada à saúde. Na ação terapêutica, a escola que ainda predomina nessa época é a psicanálise ortodoxa clássica, criada por Freud. É aí que Gilberto

Shinyashiki localiza a resistência: "Quando *A carícia essencial* obteve sucesso, vendendo milhares de exemplares, não gerou muito tumulto. O livro foi uma sacada genial. Você falar que a Carícia é uma coisa importante para as pessoas, que o afeto é importante, que o amor é importante, tudo isso foi genial. A quantidade de pessoas que queriam fazer terapia ou workshops com ele era muito grande. Roberto era muito popular nesses eventos. A Psicanálise estava de molho, e a Psicologia virava uma psicologia comportamental".

Mas, então, quando os outros livros chegaram e bombaram no mercado, o tumulto se instalou. "Isso porque chegou também o estigma de autoajuda. De que a autoajuda era menos do que as outras coisas. De que a psicoterapia boa era a psicanálise. A psicologia que estava estabelecida então era uma aberração. O cara tinha de sentar no divã e contar durante três anos como ele estava, e você tinha de escarafunchar o mundo inteiro dele para só então fazer alguma coisa, 'Ah, acho que você precisa de...'. Os livros do Roberto eram exatamente essa intenção contrária, de criar a possibilidade de as pessoas terem acesso imediato a alguma reflexão que elas não teriam antes. Isso veio no bojo da Psicologia cognitiva, que também foi tratada no mundo como coisa menor".

A correlação espontânea entre o pioneirismo do irmão e o surgimento dessa corrente psicológica está mais visível ainda para Gilberto agora, século XXI adentro: "A turma da psicologia cognitiva vem se impondo. No livro *Antidepressão: a revolucionária terapia do bem-estar*, o autor David Burns, um dos mais importantes da corrente, diz: 'Olhe, as emoções não são fatos; as emoções são criações do seu intelecto. O pensamento cria nossas emoções positivas e negativas. Quando você muda o modo de pensar, você pode mudar suas emoções". Continua: "Existe um estudo sobre dois grupos relativamente homogêneos de pessoas com depressão. Um grupo lê esse livro, o outro não lê nada. Ao final do estudo, os pesquisadores identificam que o grupo que leu o livro tem os sinais de depressão muito mais atenuados do que o outro. E aí o pessoal faz uma brincadeira: 'O livro do David Burns custa só dois Prozacs, não tem efeito colateral e faz tão bem quanto o Prozac!'". É ainda mais incisivo: "A psicologia cognitiva começa a mostrar, 'Gente, calma! Não é pelo caminho clássico, não. É você organizar como o seu intelecto está interpretando as coisas que cria relativamente uma chance de você mudar'. A autoajuda é isto: leia o livro, reveja seus conceitos, reformule o pensamento. Quando o Beto veio com isso para o mercado na década de 1980, ele apanhou muito. Mas hoje, quando as pessoas veem a psicologia cognitiva, reconhecem o Beto como uma pessoa importante, um pioneiro relevante".

O reconhecimento de Roberto quanto ao seu papel no mundo do desenvolvimento pessoal sofreu o embate da outra frente de resistência ao fenômeno da autoajuda. O que julgava, por meio da mídia, se seu trabalho produzia efeito ou não, se realmente fazia bem às pessoas.

"MAS HOJE, QUANDO AS PESSOAS VEEM A PSICOLOGIA COGNITIVA, RECONHECEM O BETO COMO UMA PESSOA IMPORTANTE, UM PIONEIRO RELEVANTE".

A reportagem da revista *Exame* avaliou junto aos clientes empresariais os resultados dos seminários. Uma consultora da Xerox sinalizou que a análise não podia ficar presa a números. "Não dá para falar em medição", disse. "Nós trabalhamos o workshop como um grande momento de oxigenação". Na Azaleia, a reação foi similar. "É muito difícil quantificar a ajuda. Nós sabemos que ele contribuiu para a harmonia do conjunto". Na Marcondes Consultores, uma diretora enfatizou que a simples presença de um palestrante na empresa era sinal, para a comunidade interna, da mudança que se desejava e que a palestra não era o único elemento transformador.

O repórter concluiu que o resultado dependia da expectativa e da postura da empresa que contratava a palestra. Quanto às pessoas, via gente que reagia altamente empolgada, assim como quem considerava óbvia a fala do palestrante, mas mesmo assim se sentia motivada a refletir, e também gente que não sentia nenhum impacto. Reconhecia que as opiniões variavam muito. E absorveu a conclusão de um *head hunter* de que se "em cada palestra ele levar 10% das pessoas a mexer em si, já estará fazendo um bem enorme".

No território dos livros, o ex-ministro da Fazenda Maílson da Nóbrega declarava à imprensa que *O sucesso é ser feliz* mudou sua vida. Diz que se enxergou no livro e que a obra lhe provocou mudanças positivas, ajudando-o a abandonar hábitos pouco recomendáveis. O sucesso, disse, não se resume a ser famoso e ganhar dinheiro. Tem a ver também com a qualidade de vida.

Maílson conhecia também Roberto como terapeuta e então podia avaliar sua autoridade por outro ângulo. "Fui fazer terapia com o Roberto quando eu estava me separando da minha primeira mulher. Tivemos um ano de encontros praticamente semanais. A terapia foi fundamental. Os conselhos, a recomendação de postura, a orientação quanto à condução do processo foram cruciais para que tudo terminasse bem, pois um processo de separação é sempre doloroso. Foi muito duro contar sobre a separação para os filhos. O momento era muito difícil, associando a crise conjugal aos desafios da atividade profissional.

O Roberto nem me estimulou a um reatamento nem defendeu uma ruptura definitiva. A maneira como ele expunha minha situação levava à reflexão e me ajudava a encontrar a posição que fosse melhor para mim naquele momento."

Maílson também conta que, no período em que fez terapia com Roberto, o Brasil passava por uma das piores crises econômicas de todos os tempos, gerando desgaste em suas relações pessoais, e que o trabalho do mentor foi essencial para enfrentar isso. Anos depois, a relação se transformaria, Roberto o ajudaria a entrar no mundo das palestras e dos livros, e os dois até hoje mantêm uma relação de respeito e ajuda mútua. Ele diz que vê muitas qualidades do mentor em si mesmo, como a busca eterna por conhecimento e o otimismo bem fundamentado. Maílson conta:

"Apesar de todos os problemas o Brasil continua sendo um país promissor. Tem vários desafios, que se não vencidos poderão nos condenar à mediocridade, mas nada indica que a gente não possa superar esses desafios. Eu aprendi em todo esse período que é possível defender essa tese sem desconhecer as enormes dificuldades que o Brasil tem, como as que estamos vivendo hoje. O Roberto Shinyashiki tem uma visão parecida com a minha, ou seja, é a ideia de que vamos levantar a moral das pessoas, vamos ser otimistas fundamentados numa história plausível. Eu acho que as palestras dele levam essa mensagem de que é possível ter esperança, é possível ser otimista". Diz mais: "Ele representa um profissional exemplo pela dedicação que imprime aos seus trabalhos, pela sede de aprender continuamente. O Roberto Shinyashiki é um indivíduo típico do mundo moderno, no qual o aprendizado é permanente. Nesse sentido nós nos parecemos, eu não paro de estudar, todo dia eu estou aprendendo coisas novas".

Contudo, essa qualificação de Roberto como terapeuta passava ao largo das matérias na imprensa, que se concentravam unicamente nos livros ou, na rara exceção da *Exame*, nas palestras. Quando em novembro de 2005 a revista *Veja* publicou a reportagem "Caça aos gurus", Roberto foi apresentado como "o Hamlet da Autoajuda Brasileira", debatendo-se, como o personagem de Shakespeare, num dilema. O seu era "aceitar ou não um lugar no panteão do gênero" e se diferenciar dos concorrentes.

A essa altura, o termo autoajuda estava cristalizado como sinônimo de conteúdo superficial, de obras apressadas. Roberto queria se desvincular dessa imagem. Argumentava que o que fazia era baseado em conteúdo de qualidade, o qual gostaria que fosse classificado como pertencente ao mundo do desenvolvimento de pessoas. "Meu barato é ajudar as pessoas", confessava, de coração, numa reportagem para a revista *ISTOÉ*.

Por isso, naquela matéria de *Veja*, também criticava o gênero, procurando separar o joio do trigo. "A autoajuda é exercida por muitas pessoas sem formação que fazem psicologia barata", dizia. Questionava os livros: "Vende-se a mesma solução para todos os problemas: se você tiver garra, vai obter sucesso. É uma ilusão que só gera angústia nas pessoas".

Apesar de incluir na matéria o fato de Roberto considerar que sua formação de psiquiatra lhe conferia autoridade, e aceitar essa credencial, a revista passou um tom irônico quando comentou que Roberto argumentava que Freud também aconselhava os pacientes, sem nunca ter sido chamado de autor de autoajuda. A reportagem referia-se também a um livro mais recente: "Shinyashiki não passa uma linha sem despejar lugares-comuns do tipo *não se deixe enganar: você é importante*

TODA EMOÇÃO GERADA PELA HOSTILIDADE DO MUNDO É TAMBÉM PORTA DE APRENDIZADO DE MATURIDADE.

porque é você e *o problema das pessoas que só valorizam a aparência é que a alma não tem silicone*".

Como ele recebeu essa crítica? O irmão Eduardo conta: "Sinto que impactou, sim. Sinto que o Roberto ficou triste com essa crítica da *Veja*. Não com a crítica em si, mas com a maneira como foi feita. Acho que foi muito desrespeitosa. Desqualificou o Roberto, e não seu trabalho".

Robert Lang puxa pela memória o seu tempo da fase pioneira em que colaborou com a Editora Gente: "Quando as pessoas descobriam que eu trabalhava com Roberto Shinyashiki, eu ouvia críticas pesadas. 'Mas o cara é de autoajuda. O cara é salafrário, é uma fraude, um manipulador'. Eu e todos que trabalhávamos com ele nos sentíamos pessoalmente atingidos. Via o Roberto muito fulo com as primeiras críticas na imprensa. Eu também ficava chateado, queria defendê-lo. É essa coisa da incompreensão da mídia burra. Atingia não só a ele, mas a nós todos que conhecíamos e valorizávamos esse outro lado".

Todo ataque é também uma oportunidade para aprender a se defender. Toda emoção gerada pela hostilidade do mundo é também porta de aprendizado de maturidade.

Roberto diz em *O poder da solução*: "Alguns críticos dos meus livros são verdadeiros exemplos de dedicação ao meu trabalho. Eles têm a paciência de ler e criticar cada livro meu. Às vezes acho que são muito duros em suas críticas. Outras vezes me parecem injustos. Mas na verdade eles me valorizam muito. Têm um cuidado muito especial comigo. Poucos amigos leram do início ao fim todos os meus livros, mas alguns críticos os leram. Só posso ser grato a esses profissionais por me tratarem como uma pessoa importante. Eu sempre penso: 'Esse próximo livro eles não vão ler'. Mas algumas semanas depois do lançamento eles escrevem seus comentários críticos. Parece que o recado deles é: 'Por favor, Roberto, escreva melhor, pois sempre vou ter de ler os seus livros'. E só tenho a agradecer a eles por tanta dedicação e por me estimular a me superar a cada novo livro".

O que será que Robert Lang viu nascer no amigo, sob o bombardeio dos ataques? O que percebeu que os críticos não estavam enxergando?

"O mundo tinha se tornado e é agora muito complexo. Nas empresas gira muito dinheiro. Há muita pressão por planejamento, por liderança. E se exige muita simplificação. O Roberto é muito poderoso na linguagem. Deu certo com *A carícia essencial* por isso. Deu certo como terapeuta individual, como terapeuta de grupo, como palestrante e como palestrante de empresas. Ele pega uma situação complexa, vê um lado do tabuleiro do xadrez que talvez não esteja muito visível e consegue traduzir isso numa linguagem simples. Consegue ser curto e grosso. Tem a capacidade de simplificação da realidade, a objetividade, a clareza de linguagem. Nisso tudo é que o Roberto é tão competente."

PARE
NOW

10 O DONO DO LIVRO

O motor da vida pública de Roberto Shinyashiki – a intenção de ajudar as pessoas –, foi se materializando de diversas formas ao longo do tempo. Primeiro como médico, cirurgião, curador de corpos. Depois, levou o impulso da cura para o território mais sutil da psique, o mundo interno, emocional e psicológico das pessoas, transformando-se em psicoterapeuta de indivíduos e de grupos. Em seguida, tornou-se palestrante e escritor, abrindo duas frentes novas de ação. Ambas levam o propósito da ajuda para um novo território, o da multidão.

O meio para alcançar tantas pessoas é a comunicação. Mas a intenção que alimenta o comunicador, o motivo sutil, precisa se materializar para chegar ao mundo concreto. O comunicador necessita, como o escultor que modela o barro até transformá-lo na obra de arte, ser também o artesão da comunicação que oferece ao mundo. O criador não cria no espaço vazio e etéreo do nada. É da natureza das coisas, neste mundo, que ele se relacione com os elementos da matéria para que sua criação aconteça.

O tempo e o ritmo do ato criador, para quem escreve, têm uma dimensão própria, mesmo na frenética velocidade da tecnologia digital de hoje. Para você entrar nessa dimensão, imagine os artesãos da Idade Média que esculpiam a madeira, os sapateiros que curtem o couro para o calçado ou mesmo o alfaiate que prepara o traje sob medida para o cliente. Estamos no território de mestres de ofícios.

Aqui, agora, voltemos ao mundo desse mestre de ofício. Roberto Shinyashiki está sentado em seu escritório particular, no andar superior

"É ASSIM QUE ESCREVO. TEM UM FLUXO ENERGÉTICO QUE EU CHAMO DE 'O DONO DO LIVRO'."

do apartamento onde mora, num bairro residencial de classe média alta de São Paulo. Na rua há poucos prédios, sobrados resistem à sanha avassaladora da especulação imobiliária típica das grandes metrópoles. A quadra é pacata, não há comércio. Pertinho, uma pequena praça, árvores.

Um cenário que traduz muito do espírito desse autor. Cidadão do mundo, antenado com a história cultural da civilização globalizada contemporânea, residente no vigésimo andar de prédio moderno. Mas o entorno é recatado. Quase uma atmosfera de interior. O escritório é despojado. Um computador sobre a mesa sem papéis. Num canto, uma guitarra elétrica.

"Lá pelos meus 17 ou 18 anos, assisti a uma peça de teatro em Santos que me marcou muito. *Seis personagens à procura de um autor*, de Luigi Pirandello. Um diretor está encenando uma peça, mas no ensaio rejeita seis personagens. Mas esses personagens voltam à cena, insistem com o diretor: 'Como vai nos tirar da peça?! Precisamos de você para nos dar vida!'. Acontece um diálogo, uma discussão. O diretor vai se interessando e assim vai mudando a peça, introduzindo os personagens que querem viver."

Rápida pausa. E então a analogia: "É assim que escrevo. Tem um fluxo energético que eu chamo de 'o dono do livro'. Quando estou querendo muito escrever um livro, e minha lógica e meus sentimentos estão preparados, chega uma hora em que vem à tona essa energia. Ela vai me levando e o texto vai se revelando ali, na hora. Eu acho legal obedecer, porque isso me dá tranquilidade. Veja, eu estudo muito para escrever um livro. Mas, antes de efetivamente escrever, deixo a intuição me levar. Deixo o sentimento fluir. Assim, quando alguém me diz: 'Li seu livro e mudou minha vida', tenho serenidade. Porque sei que o livro nasce de uma inspiração maior do que eu. Começo uma obra nova com um tema. Mas, quando estou escrevendo, o tema pode mudar. Posso mudar o começo, o fim, mudar tudo. Posso reescrever dez ou doze ou quinze vezes, porque pode ser que tenha essa energia na minha cabeça, 'Não está bom, reescreva esse negócio!'".

"O dono do livro"? Energia do processo criador? Que ninguém confunda com psicografia. Com todo o respeito ao trabalho que muitos escritores espíritas produzem, o processo de Roberto é diferente. "Não é nada do tipo Zíbia Gasparetto", diz ele, com humor, referindo-se à conhecida escritora de romances espíritas psicografados, best-sellers como *O amor venceu* e *Laços eternos*. "Eu não psicografo. Mas acontece uma energia muito legal. Não adianta eu dizer, 'Vou escrever um livro, agora'. Enquanto não surge essa energia, enquanto não a sinto, a ideia do livro fica rondando a minha cabeça. Vai e volta, vai e volta. Aí tem uma hora em que eu digo para mim mesmo, 'Cara, é isso!'. Então tudo começa a fluir."

E esse "cara, é isso aí!" aparece como uma sensação, algo que se resolve de repente. "Não adianta alguém chegar para mim e dizer: 'Esse tema vai vender, escreva um livro sobre isso'. Não dá clique! Não é assim que eu funciono. Não liga uma coisa dentro de mim. É uma energia que sinto. É uma sensação mesmo. É como se algo me falasse: 'Faz isso, agora', daí eu obedeço".

É como uma lâmpada de intuição, penso alto. De repente, acende-se uma luz no interior da mente. E ilumina a consciência. Roberto concorda: "É como uma ordem que de repente fica clara. E eu obedeço, eu obedeço! A primeira vez que isso surgiu na minha vida não tinha a ver com a escrita. Foi quando eu estava em Santos e queria sair de lá, da minha família, dos meus pais. Era péssimo aluno. Mas vim para São Paulo fazer Psicologia. E depois 'ouvi': 'Você vai ser médico!'".

Imagino que seja como uma voz interna, uma mensagem telepática. Roberto explica: "Não, não é auditiva. É muito mais sinestésica. De movimento, mesmo. Sinto e faço. Como um dia me dei conta, de repente: 'Acabou minha história de terapeuta. Acabou o terapeuta'. E tudo bem. Vou em frente. Obedeço! Mudo minha vida. Faço o que tem de ser feito. Eu me entrego. Tenho o comprometimento de fazer as coisas benfeitas. Acho que sou neuroticamente comprometido com o crescimento das pessoas. Às vezes me dou mal e espero mais do que a própria pessoa. Mas sou assim. Eu obedeço".

"O dono do livro". A intuição-força-luz que dispara o processo interno de construção da obra, um instrumento do propósito-guia maior, que é ajudar os outros.

Então, se buscamos entender esse escritor, é nesse quadro dinâmico de seu motor de vida que precisamos encontrá-lo. Mas, como todo autor, tem de enfrentar o território desafiador da criação sempre que se movimenta para uma nova obra. Cada escritor enfrenta o processo do mergulho no novo a seu modo, único e particular.

Cada escritor tem sua maneira de produzir. A de Roberto é: "Gosto muito de escrever à noite. Quando estou escrevendo, durmo pouco nesse período. Em compensação, durmo fácil e por um tempinho, em qualquer outra situação. Depois do almoço, no sofá, durmo. Se estou no Instituto Gente, também durmo depois do almoço. Se estou no avião, durmo. Se estou numa palestra, em algum intervalo eu durmo. Mas, se estou escrevendo, fico invocado, como muito doce, engordo. Não adianta minha cabeça dizer: 'Eu poderia escrever um novo livro, preciso escrever'. Não adianta. Preciso que o livro tome conta de mim primeiro. E aí, quando isso acontece, fico no escritório e escrevo. Ou, se estou viajando, dando uma palestra, depois que volto para o hotel durmo um pouco e lá pelas 2 horas da manhã acordo, escrevo, depois dou uma parada. Gosto de ver o dia amanhecendo. Gosto de orar nesses momentos".

E como fica a vida familiar nesse processo de criação intensa?

"Uma das coisas mais legais de ser casado com a Cláudia é que ela não compete com o livro quando estou em processo de criação. Ela já sabe que é assim mesmo. Todo mundo quer ser o primeiro na vida de alguém. O filho quer ser o primeiro, a mulher quer ser a primeira. Quando um escritor está escrevendo um livro, tudo o mais pode ficar em segundo lugar. Isso gera muita crise conjugal. Aprendi que é bacana você dizer: 'O livro está muito forte na minha vida, mas no sábado você vai ser o primeiro lugar'. É bacana dizer para um filho: 'Olha, no sábado nós vamos jogar bola'. Eu procuro dar duas ou três horas para essa pessoa, para ela ser a dona daquele meu tempo, daquela minha energia, da minha atenção. Na minha organização afetiva procuro criar um espaço para a pessoa se sentir a mais importante da minha vida naquele tempo que eu dedico a ela."

> **"NA MINHA ORGANIZAÇÃO AFETIVA PROCURO CRIAR UM ESPAÇO PARA A PESSOA SE SENTIR A MAIS IMPORTANTE DA MINHA VIDA NAQUELE TEMPO QUE EU DEDICO A ELA."**

Se essa condição familiar favorável parece dar a impressão de que tudo é muito confortável e tranquilo, tal leitura é um engano. Porque "o dono do livro" é só o ponto de partida. "O processo de escrever é muito angustiante para mim. Lembro de uma frase do Osho em que ele mencionava Freud dizendo que achava que a mulher tem inveja do pênis. Mas Osho dizia que o homem tem inveja do útero. Dizia que a maior parte dos gênios da arte são homens, porque as mulheres concebem a maior obra de arte que existe, que é o ser humano."

Assim, escrever um livro, para Roberto: "É como parir. É um parto. Tem momentos de angústia. Eu preciso achar uma ideia importante. Sinto que o final não está legal. A parte que não está legal fica como uma mancha de molho de tomate na camisa branca durante a macarronada do domingo. Ou então é a frase do começo do livro que não está bacana. Alguém pode dizer: 'O livro está o máximo!'. Pode estar, só que tem aquela mancha da macarronada logo na primeira frase. Não está legal para mim. Então não é mesmo uma coisa tranquila. É tudo muito intenso, sofrido".

A gestação começa muito antes de a primeira linha ser escrita. Começa até mesmo muito antes de "o dono do livro" se manifestar. Começa quando as ideias passam a rondar a cabeça do escritor, fermentando possibilidades. Ideias que nascem lá dentro, em algum ponto do território oculto da fonte da criatividade humana, aquela fonte das entranhas mais profundas que habita cada um de nós.

A questão é que no caso de Roberto a água dessa fonte só começa a jorrar movida por um acontecimento externo, do mundo, esse oceano de acontecimentos múltiplos e variados onde estamos todos mergulhados na sociedade contemporânea. É daí que vem uma fagulha que pode acender uma chama no fogo interno da criação. E então, a tensão criativa do escritor dispara o processo. O pólen externo fertiliza a semente interna. E o escritor fica grávido. Não tem outro destino senão gestar. E parir.

Roberto ajuda a explicar: "Vou dar um exemplo. Estava na Espanha, dando aulas, então notei que os espanhóis estavam se preparando para invadir o Brasil, em termos de investimentos. Queriam abrir negócios aqui, aproveitar a oportunidade da economia em expansão, das privatizações, há alguns anos quando o Brasil estava indo bem, crescendo. Aí pensei em escrever *A revolução dos campeões* para ajudar os brasileiros a se prepararem para essa concorrência inesperada".

Mas um exemplo só não basta. A ideia pode ebulir até a temperatura de água fervente, que é quando "o dono do livro" a impulsiona definitivamente. Ou não. "Vi todo mundo angustiado, até depressivo, quando essa lógica liberal da competição começou. Assim, escrevi *O sucesso é ser feliz*. Os temas dos meus livros sempre nascem como respostas a um chamado do mundo. Os livros não são obras que eu quis escrever, são respostas ao que se pede. São respostas de que as pessoas estão precisando".

Zeitgeist novamente. O sentimento do mundo, do momento. A capacidade de todo artista ou realizador voltado às multidões de antecipar a realidade, antes que se manifeste no mundo objetivo. A habilidade em ler o inconsciente coletivo. Pressentir o que está surgindo de importante, no oceano de pensamentos e emoções em que estamos

ZEITGEIST: A CAPACIDADE DE TODO ARTISTA OU REALIZADOR VOLTADO ÀS MULTIDÕES DE ANTECIPAR A REALIDADE, ANTES QUE SE MANIFESTE NO MUNDO OBJETIVO.

todos inseridos como parte da coletividade humana. Conteúdos ocultos que se movimentam no interior das pessoas, tornando-as parte de um mesmo conjunto amplo de gente tocada pela mesma nova inquietude. Tribos da era pós-moderna.

"Lá pelos anos 1980, fiquei chocado com uma realidade nova na sociedade: o grande número de pessoas que passaram a viver sozinhas. Todo mundo estava falando disso, aparecia também na mídia. Já tinha todo um esquema de consumo criado para tal. As construtoras estavam felizes porque podiam construir prédios com apartamentos pequenos para gente solitária. Os fabricantes de eletrodomésticos também, porque, no lugar de um fogão e de uma geladeira para um casal, vendiam dois de cada: um fogão e uma geladeira para o homem que ia morar sozinho e um fogão e uma geladeira para a mulher que ia morar sozinha. Os casais e filhos, formando a família, já não eram mais o único grupo consumidor. Vi que as pessoas estavam indo morar sozinhas por estarem muito frustradas com a vida afetiva. Elas embarcaram na liberação sexual, só que se machucaram tanto, principalmente as mulheres, que decidiram: 'Não quero amar'. Fiquei inconformado. Para mim, isso não tinha lógica. Queria fazer alguma coisa, ajudar. Assim, escrevi *Amar pode dar certo.*"

O livro deu certo, foi sucesso de público. Mas nem sempre o mesmo processo de fermentação de uma ideia para livro dá resultado.

"Demorou muito tempo para eu me sentir escritor. No começo, com os primeiros livros, eu era um 'terapeuta por escrito'. Fazia terapia por meio dos livros. Aos poucos é que fui ganhando confiança, me soltando e me reconhecendo como escritor. E chegou o dia em que ousei mais. Escrevi o livro que mais gostei de escrever: *Angel.*"

Esse é o único livro de ficção de Roberto Shinyashiki, mas não caiu na graça do público: "O livro nasceu de um desses chamados que sinto. Estava em São Francisco, na Califórnia, num congresso de Análise Transacional, conversando com um terapeuta. Ele recebeu um telefonema. Quando terminou a ligação, comentou comigo: 'Eu não sei o porquê de um sujeito estar namorando há três meses, um namoro legal, e de repente some da vida da mulher, não atende telefone. A mulher fica louca. Não sabe o que aconteceu. Isso é muito frequente. O sujeito sai com a mulher, namora e depois desaparece sem dar notícia nem explicação'. Aí eu tive uma intuição. Disse para ele na hora: 'Preciso ajudar as mulheres a saberem o que acontece'."

Angel é a história de ficção que procura mostrar às mulheres por que o homem vai embora. Apesar de o autor gostar muito do que fez, o insucesso do livro o obrigou a rever todo o processo e aprender, admitindo: "Acho que errei muito no *Angel*. Gosto da história que está lá, mas errei na mão. Eu quis ser muito autoajuda na história. O resultado é que o livro não é nem uma história completa, nem um contexto para se discutir uma questão de comportamento".

Na maioria das obras do autor, o caminho seguido não é o de *Angel*. O maior desafio para um livro andar é definir claramente a ideia central.

"O *Problemas? Oba!* era originalmente um livro sobre superação. Mas a partir de determinado momento percebemos que o livro ia além da superação. Era uma oportunidade de negócios através de uma visão de dedicação para ajudar o cliente a resolver um problema dele."

Nessa etapa do processo, a irmã Rosely tem um papel fundamental. Ajuda na definição da ideia central, assim como no desenho da proposta editorial do livro. Comanda a coordenação dos trabalhos de produção.

PASSADAS AS ETAPAS DE DEFINIÇÃO DE TEMA E INSPIRAÇÃO, COMEÇA O PROCESSO DE CRIAÇÃO EFETIVA DO LIVRO.

Quando os originais vão ficando prontos, ela envia os textos para as pessoas que farão as leituras críticas, distribui tarefas, cobra resultados. Por vezes, ela própria assume diretamente a edição executiva do livro do irmão, no sentido de também avaliar o texto, sugerir caminhos, estruturar o conteúdo.

"A dedicação da Rosely é muito grande. Ela tem uma vantagem: conhece gente, conhece a cabeça do leitor, o negócio e a mente do autor. Ela sabe tirar o livro da cabeça do autor e fazê-lo crescer. Não só no meu caso, mas no dos outros autores da casa também."

Passadas as etapas de definição de tema e inspiração, começa o processo de criação efetiva do livro. Um trabalho que tem na solidão criativa do escritor – condição clássica em qualquer tipo de literatura, já que escrever é antes de tudo um ato solitário – apenas um dos elementos de um processo complexo, no caso de Roberto.

"Definido o problema que será o centro do livro, faço o que chamo de a estrutura da mensagem. Pesquiso os assuntos que serão importantes. Escrevo uma espécie de rascunho, um copião do livro. Mando para uns cinco amigos fazerem uma leitura crítica. Também chamo pessoas, dou um curso ou uma palestra de cortesia, aviso que vai sair uma nova palestra e um novo livro. Gravo tudo. Alguém da equipe transcreve as opiniões das pessoas. Outro alguém analisa os comentários, vê o que é pertinente. Aí reescrevo tudo duas ou três vezes. Quando os originais chegam à Editora, o pessoal começa a dar o acabamento final, mas pode acontecer de eu continuar mudando o livro. E é uma encrenca! Porque o pessoal quer me matar! Vou mudando, mudando, até que chega uma hora em que sinto uma paz e digo: 'Tudo bem, o livro é isso aí'".

O método de trabalho que prevalece, na maioria dos livros, está consolidado há tempos. A espinha dorsal é a estrutura da mensagem. Corresponde aos pontos vitais da obra. A introdução; a definição do problema que se quer resolver com o livro; a identificação do leitor com o problema; as causas do problema; o método de solução e finalmente a motivação do leitor.

A discussão das ideias para compor o livro segue uma troca intensa entre Roberto e quem está convidado a dialogar com ele durante o processo criativo.

O primeiro resultado físico do processo é um copião do livro, que pode sair em um mês. Em seguida mais pessoas são convidadas a fazer uma leitura crítica dos originais. Elas têm uns quinze dias para a análise. O material volta para um mês a um mês e meio de refinamento do texto. Num processo normal, sem obstáculos inesperados pelo caminho, os originais são entregues à Editora em três meses.

Para não esquecer nada, quando está escrevendo Roberto quase se esquece do resto do mundo. Ele próprio pontua: "É certamente o momento da minha vida em que eu mais foco numa coisa só. Nada se compara a escrever um livro. Até que chega uma hora em que estou estourando o prazo de entregar o texto para a Editora. O meu lado perfeccionista não me dá a sensação de que esteja pronto, nunca. Fico reescrevendo. Sou um sujeito meio caótico. Teve até um caso, um dia, em que a Rosely chegou para mim e disse: 'Beto, pare! Me entregue o livro! Não pense que você é mais escritor do que o que está aqui. Vai estragar tudo se você ficar mexendo mais!'".

Roberto conta que há livros na fila de espera para serem escritos. "Tenho um com umas 60 páginas prontas, comecei há uns 25 anos... Estava numa comunidade terapêutica, atendendo um sujeito milionário. Enquanto fazia a terapia dele, pensei, 'Meu Deus, quantos milionários precisam entender que o sucesso não traz felicidade!'. Primeiro escrevi num caderno, depois, uns anos adiante, passei para o computador. Acho que vou chamá-lo *O livro da felicidade para milionários*."

O horizonte de interesses múltiplos é muito vasto. Roberto se lembra de outro projeto: "Está na lista também um livro para atletas olímpicos. A estrutura da mensagem tem a ver com os atletas que amarelam, que falham na hora H. Qual é o desafio? Ajudá-los a ter um desempenho, nas Olimpíadas, igual ao que conseguem nos treinos. Qual é o método? Controle mental, blindagem contra as influências negativas, foco no momento, pensamento estratégico, relacionamentos produtivos. Acho que esse livro de preparação mental para atletas de alto rendimento vai vender bem. Porque não só os atletas de alta performance vão querer ler. Os atletas de finais de semana também".

Então por que Roberto não os escreve? Ele explica: "Olho para cada um, fico morrendo de vontade de escrever e digo a mim mesmo: 'Esse vai ser o próximo livro, esse será o próximo!'. E eles ficarão lá, na minha cabeça. Porque sei que em algum momento vai aparecer 'o dono do livro', que vai escolher e dizer: 'Escreve esse aqui, logo!'".

EU
VIVO
NOW
NOW
NOW
O
SUCESSO
EXIGE

11 DISCÍPULOS E ALIADOS NA TRILHA DO SUCESSO. E MAIS ALÉM

Roberto Shinyashiki está no centro do palco de um salão de convenções em um hotel paulista. A ocasião é o primeiro dos três dias do módulo presencial do seminário "Negócios de palestras", um programa de treinamento que anteriormente acontecia apenas on-line. O ponto culminante de todo o programa, pelo qual os participantes pagaram entre 3 mil e 4 mil reais – dependendo de como aproveitaram ou não as promoções –, é este fim de semana. Centenas de pessoas ocupam o espaço, movidas pela meta de se tornarem palestrantes profissionais.

O significado do evento transcende a data, percorre o tempo, materializa-se neste momento em que você lê. É um portal para um retrato de como Roberto, apresentado pelo discurso de marketing do Instituto Gente como "o palestrante que dá resultados", navega pelo mundo profissional envolto por uma legião de seguidores que sonham em marcar as próprias pegadas nos passos abertos por quem os precede, como mentor pioneiro de um novo território: o mercado de palestras.

Estão presentes personagens importantes que caminham as próprias jornadas, entrecruzando-as, em apoio, com as do líder que os inspira.

PALESTRA É SHOW, É EXPERIÊNCIA. NÃO DEVE SER, PORÉM, UMA PLATAFORMA DE CONTEÚDO SUPERFICIAL, VAZIO, SEM SENTIDO.

Que troca dinâmica é essa entre o herói desse reino, seus cavaleiros Artur e Merlim e suas damas desse Avalon em busca do Santo Graal do sucesso profissional e da felicidade pessoal? Que alquimia configura as transformações que vão acontecendo entre rei e súditos, guerreiros e aprendizes? O que alimenta a alma e o coração, as esperanças e a força realizadora dessas pessoas engajadas com uma nova proposta no setor produtivo da sociedade brasileira?

O espírito central de tudo, para que ninguém tenha dúvida naquele salão, a natureza-coração-alma que marca o que estão todos fazendo ali, soa em alto e bom som da voz que vem do palco: "Nós estamos no negócio de entretenimento educacional".

Ou seja, palestra não é aula. Muito menos se pensarmos no modelo clássico de um professor deitando conhecimento em monólogo estéril na frente de uma classe passiva. Palestra é show, é experiência. Não deve ser, porém, uma plataforma de conteúdo superficial, vazio, sem sentido. O segredo é aliar elementos de conteúdo de qualidade a um formato atraente e rápido. Que seja lúdico, se possível; esteticamente bem apresentado, com certeza. Que busque resolver um problema de quem não tem muito tempo para aprender a solucioná-lo, no frenético ritmo competitivo das organizações. Uma palestra não é só compartir de conteúdos e emoções. A motivação que desperta precisa estar direcionada a uma meta. Uma palestra deve conduzir à ação, produzir resultados. Daí o modelo proposto. Daí o método Shinyashiki.

"Eu me lembro de que há anos, ao participar de eventos com outros palestrantes, percebi que tinha gente boa no meio, mas também havia muito picareta incompetente fazendo palestras", comenta Roberto. "Gosto de assistir a palestras. E aí, um dia, enquanto aguardava minha vez de falar, vi que, dos outros seis palestrantes daquele evento, cinco eram péssimos. Pensei comigo, 'Meu Deus!'. Fiquei muito bravo com aquilo. E pensei: 'Vou montar um curso de palestrantes!'."

Se você vai mais fundo nessa história, porém, descobre que *Negócios de palestras* é desenhado muito antes dessa inquietação. Os primeiros sinais despontaram como sementes de uma tendência inspiradora natural que Roberto exerce há muito.

Luiz Tejon traz um novo capítulo da sua vida também ligado a Roberto: "Depois daquele festival de música em Santos, na década de 1970, o Roberto e eu fomos cada um para um lado. Quando ele ficou famoso com os livros, ouvi o nome, mas não sabia que era o meu amigo. Em 2000, minha filha Karen me deu de presente *Amar pode dar certo,* se não me engano. Li que o autor era da Vila Margarida, em São Vicente. Olhei a foto e pensei: 'Caramba! Será que é o China?'. Mandei um e-mail com parabéns pelo livro e uma dúvida: 'Sou o Tejon, por acaso você é o China, doutor Roberto?'. Umas duas horas depois, recebi a resposta: 'Sou eu mesmo!'. Eu estava trabalhando no grupo O Estado de S. Paulo e tinha um bar de rock, o Dinossauros, além de uma banda. Convidei o Roberto para nos encontrarmos lá. Pedi para levar a guitarra. Aí, dessa vez, fui eu que o fiz o subir ao palco. Porque ele não estava mais tocando música. Entusiasmado de novo, passou a fazer parte da nossa banda".

Conversa vai, conversa vem, e Tejon contou que tinha alguns livros profissionais publicados nas áreas de marketing e agronegócios. Desejava agora publicar um de vendas, porque era diretor responsável pelas listas telefônicas produzidas pelo grupo do Estadão. Sondou o interesse da Editora Gente, e a resposta de Roberto foi: "Você pode até escrever um livro sobre vendas. Mas o que tem de escrever mesmo é um sobre a sua história, que é incrível. De onde você veio, o que lhe aconteceu, aonde chegou." Pela cabeça de Tejon não passava a ideia de escrever um livro autobiográfico, mas a provocação de Roberto funcionou. Ele pensou no assunto. Em todo o enredo. A mãe solteira, fugida da Espanha. A adoção em Santos. O terrível acidente doméstico que lhe deformou o rosto. Os anos de cirurgias e hospitais. A pobreza. A luta para conquistar um lugar ao sol em São Paulo. O sucesso no mundo corporativo. A constituição de família. O livro saiu pela Editora Gente em 2002. O próprio Roberto deu o título. *O voo do cisne*, uma alusão à fábula do Patinho Feio, de Hans Christian Andersen.

"O livro é um marco na minha vida. Ampliou minha carreira. Escrevi vários outros. O mais recente, *Guerreiros não nascem prontos*, pela Editora Gente, fala muito disso também. Que nós somos seres humanos em formação constante. Temos de entender que tudo é parte de um aprendizado."

Depois do lançamento do livro autobiográfico, com a amizade entre os dois fortalecida, Roberto lhe propôs um novo projeto: "Tejon, você agora poderia começar a dar palestras". A primeira reação foi rejeitar a ideia. Tejon jamais imaginara que alguém pudesse viver de palestras. "Nas empresas em que eu trabalhara até então, fazia palestras para clientes, para vendedores. Também sou professor, dou aulas da minha especialidade. Se você é diretor de empresa, tem que fazer apresentações para estudantes, em associações de classes, em entidades públicas. Faz parte do trabalho profissional. Mas ganhar dinheiro com palestras? Isso existe?, pensei."

Roberto não só lhe garantiu que existia um mercado, como o levou para acompanhá-lo em três palestras, dessa vez para ver como é que se faz. E em outro dia, ele propôs: "Tejon, vai ter uma palestra em São Luís do Maranhão. A ideia é que você faça uma primeira, sobre vendas, e em seguida faço a minha". Profissional sério, moldado na escola tradicional dos executivos, Tejon deu o melhor de si. Uma apresentação tradicional, cheia de números e dados, racional, objetiva, nada de emoção. Quando terminou, o amigo tinha uma coisa ou duas para lhe ensinar: "Palestra não é conferência. É um espetáculo teatral. Por que não inclui na palestra coisas do seu livro?".

De novo, a provocação não foi gratuita. De São Luís os dois voaram para Belo Horizonte, onde, novamente, Tejon fez a primeira palestra, Roberto a segunda. Dessa vez, a fala de Tejon teve carga emocional. "No início, não gostei nada dessa ideia de ser palestrante... Pensava que palestra era uma coisa de enrolar as pessoas. Mas, nessas primeiras experiências com o Roberto, percebi que você cria um estado... as pessoas se engajam... você percebe que há gente que faz mudanças importantes nesses momentos, transformações mesmo! Me impressionou!"

Em outro dia, lá foi Roberto de novo propor um novo desafio a Tejon: "Nesse outro evento que agendei, você está marcado para falar das 19 às 20h30, depois há um intervalo de meia hora; e estou agendado para falar a partir das 21 horas, mas estou exausto. Então vamos fazer o seguinte: eu falo às 19 horas, você às 21". Tejon vacilou. Ia ser difícil. O Roberto faz a palestra, as pessoas voltam após o intervalo, e ele encara a plateia depois do mestre?! Que responsabilidade! "Roberto, você é o cara! É a mesma coisa que os Rolling Stones virem se apresentar e um Zezinho Pé de Chinelo qualquer, que abriria o show dos Stones, acabar tocando depois deles!"

Não teve apelo. E assim foi.

O palestrante-aprendiz foi aplaudido no final. "Mais uma vez o Roberto me expôs. Novamente me abriu um caminho."

Tejon passou a integrar uma pequena caravana de palestrantes, composta de Rodrigo Cardoso, Gustavo Cerbasi e Roberto, que saía pelo Brasil, geralmente nos finais de semana, trabalhando palestras de duas horas dentro de um produto-conceito, uma academia de líderes. A maratona durou um ano, os pedidos aumentaram e também foram solicitados eventos em dias úteis. Ficou difícil conciliar isso com a vida de executivo.

"Fiz um acerto com o Estadão, larguei meu cargo, continuando os dois anos seguintes atendendo o Grupo como consultor. Em 2009, tornei-me definitivamente um profissional liberal, afastando-me do mundo corporativo. Sigo minha vida desde então no mundo das palestras e dos livros. Sigo também como professor universitário na Escola Superior de Propaganda e Marketing (ESPM), assim como docente-convidado na Fundação Getúlio Vargas (FGV), em São Paulo."

Os dois continuam próximos, embora não se vejam muito ultimamente. O reconhecimento segue forte, simples, direto: "O Roberto é bastante impactante no meu destino, de fato", e a visão, clara: "Ele é um camarada que representa o sucesso, com toda a certeza. No trabalho, tem um poder de síntese muito grande. É um liquidificador de sinapses. Processa conhecimentos com muita velocidade, integra tudo com muita inteligência. Aprende o que quer rapidamente". Tejon continua: "É um psiquiatra das multidões, sabe lidar com elas como ninguém. Como palestrante, ninguém chega perto dele. É midiático. Se você não conhece a mídia, hoje, está fora do jogo. E tem um carisma de palco que jamais imaginei que o China desenvolveria, pois ele não era um cara de frente. Era um cara de fundo de palco, introvertido, calado, na dele com a guitarra...". E conclui:

"ACIMA DE TUDO, O ROBERTO É UMA AUTORIDADE TRANSFORMACIONAL. ELE É ASSERTIVO, NA LINGUAGEM E NO CONHECIMENTO."

"Acima de tudo, o Roberto é uma autoridade transformacional. Ele é assertivo, na linguagem e no conhecimento. Psiquiatra, também fez doutorado em Administração de Empresas. É humano, expõe-se para as pessoas. Por isso elas abrem suas defesas diante dele. Não conquista os outros pelo humor, pela verborragia. Conquista pelo profundo respeito à obra que foi construindo ao longo da vida. Continua um estudioso. E um inquieto permanente que gosta de incomodar e provocar positivamente. São muitas as pessoas para quem ele abriu portas. Ele se completa abrindo trilhas. A partir do momento em que abre uma trilha, cabe a você pegar a trilha e seguir em frente".

Luiz Tejon não está presente no seminário "Negócios de palestras". Não lhe faz falta ouvir a lição-chave que já incorporou há muito: todo palestrante precisa desenvolver uma palestra de excelência, o carro-chefe de sua linha de produtos a serem oferecidos no mercado profissional. A palestra-estrela, no método Shinyashiki. Para desenvolver as respectivas palestras, os participantes são convidados a assistir, na internet, às apresentações de gente que os precedeu, em versões anteriores do seminário. Prefiro, em vez disso, levantar pessoalmente a história de um palestrante que vai dar aula nesse seminário. Por meio dele, quero trazer a você novos conteúdos para esse retrato de Roberto se completar. Esse retrato de conteúdo de luzes e talvez de sombras, de acertos e erros. Toda vida humana, afinal, é de luta contra a imperfeição.

Quando começa a contar sua história, Alexandre Lacava – o baterista da banda que tocou no lançamento do livro de Roberto, episódio que você acompanha no capítulo 8 –, presente neste evento, abre um sorriso e expõe um jeito simpático à brasileira de estabelecer contato com o interlocutor.

As palavras jorram: "Em 2009 eu estava na Flórida, num evento do método Avatar de treinamento e expansão da consciência. Era um curso sensacional, tinha umas 4.500 pessoas presentes, sendo uns 230 brasileiros. No segundo ou terceiro dia, vi o Roberto Shinyashiki lá, fazendo o curso. Detesto tietagem, gosto de respeitar a intimidade alheia. Mas disse a mim mesmo: "Putz, meu, taí um cara que eu admiro pra caramba. Quero pelo menos cumprimentar, dizer que sou um fanzaço".

O fã estava pronto para ir embora, quando aconteceu um rápido diálogo que mudou radicalmente tudo. Roberto virou-se para Alexandre:

– Você entende alguma coisa de computador?

– Como?!

– Você entende alguma coisa de computador?

– Depende...

– Estou com um problema. Desde que cheguei, há dois dias, não consigo baixar meus e-mails. Estou mal com isso.

– Deixe eu dar uma olhada. Quem sabe consigo ajudar.

Alexandre gosta de tecnologia: "Peguei a máquina dele, mexi daqui, dali e destravei o que precisava! E o Roberto, 'Que demais, muito obrigado!'. E... 'Você vai almoçar com quem, hoje?'. Eu: 'Não tenho nada marcado'. 'Então vamos almoçar juntos'".

A amizade decola. Batem papo, vão a um jogo de basquetebol. Alexandre, que já tocara bateria, tinha uma vontade forte de voltar a tocar.

Com um amigo de São Paulo que também estava no evento, Renato Oliveira, também músico, resolveu comprar equipamentos musicais, mais baratos nos Estados Unidos. Roberto escutou a conversa e revelou que também gostava de tocar. Foram juntos às lojas numa noite. E aí...

– Você toca bateria, Alê. Você, guitarra, Renato. Eu também toco guitarra. Por que a gente não monta uma banda quando voltarmos ao Brasil?

É falar e fazer. Nasceu The Wizards, banda que passou os três primeiros meses ensaiando na casa de Alexandre, antes de os integrantes alugarem um estúdio. Nesses ensaios, além de música, rolava muita conversa. Muito papo filosófico sobre a vida, a existência, o estado do mundo. Até que se abriu uma brecha para um papo que Alexandre queria muito, mas tinha receio, pois pensava que o que tinha a dizer o amigo poderia considerar uma traição da confiança mútua. Roberto estava na porta da casa, pronto para ir embora após um ensaio. O anfitrião tomou coragem:

– Roberto, tem uma coisa me incomodando. Preciso te contar um segredo.

– O que é?

– Eu quero dizer que estou próximo de você não só pela nossa amizade. Tenho outro interesse que não estou revelando.

– Então me conta.

– É que um dos maiores sonhos da minha vida é me tornar palestrante profissional... E você é a maior referência que tenho. Estar próximo a você representa para mim um caminho para isso.

Roberto desconcertou Alexandre com uma risada solta, quase uma gargalhada, que lhe soou muito estranha.

– Que bom que está me falando! Isso vai ser fácil. Vamos transformar você em palestrante profissional. Com certeza!

Alexandre sabia que Roberto estava dando um apoio de *coaching* para pessoas que queriam ser palestrantes, que já treinara profissionais conhecidos, como Luiz Tejon e Leila Navarro. Embarcou na aventura, logo descobrindo que o amigo estava dando um passo a mais do que uma simples formação informal para uns poucos interessados. Estava estruturando um programa de treinamento de palestrantes, cuja primeira versão chegou ao mercado com o nome de "Os segredos dos palestrantes campeões". Foi aluno da primeira turma. Depois nunca mais largou o programa e, já como assistente e um dos professores, acompanhou seus futuros desdobramentos. Lançou em paralelo a própria carreira de palestrante profissional.

Muito antes do sonho tornado realidade, um pesadelo terrível. O primeiro filho de Alexandre e da esposa Andrea morreu poucas horas após o nascimento. O bebê nasceu com falência múltipla de órgãos e não resistiu às condições frágeis de saúde. A gestação tinha sido difícil, exigindo uma batalha duríssima do casal tentando concretizar o desejado sonho do primeiro filho. Alexandre precisava levar a notícia para Andrea. A explosão de revolta. O colapso. Alguém da equipe médica o avisou:

– Agora o senhor precisa providenciar isso. Precisa enterrar seu filho.

– Cara, não! Eu me recuso! Eu me recuso! Não vou enterrar meu filho! Não vou! Não posso, não!

Em meio ao tenso clima dramático, o pai de Alexandre, José Ferreira, chegou ao hospital.

"Estava muito afastado do meu pai, emocionalmente. Havia trabalhado muito com ele, na empresa da família, antes de ir para as multinacionais. Mas também brigado muito, em função de diferenças de ideais. Nesse dia, no hospital, ele chegou para mim com muita sabedoria, vendo tudo aquilo. 'Filho, eu vou cuidar disso para você'. Reconheci-me então, naquele momento, como seu filho. Ele reconheceu o meu como se fosse o dele.

Amor incondicional puro! É como se alguém chegasse para você e dissesse: 'Não precisa ir ao inferno. Não precisa morrer. Eu vou por você!'."

O tempo passou, a dor cedeu um pouco. Roberto já era então mais que um amigo. Era um irmão.

Mais um ano se passou. A caminho de um seminário de treinamento de palestrantes, de repente Roberto se volta para Alexandre:

– Você teria coragem de contar aquela história?

– Que história, Roberto?

– Aquela entre você, seu filho e seu pai.

– Ah, lógico! Claro que sim.

– Quero que conte. Preciso ensinar às pessoas como contar uma história emocionante através do método da Jornada do Herói, do Joseph Campbell. Quero muito sua ajuda.

Estavam na sala umas cinquenta ou sessenta pessoas. Um grupo seleto da formação de palestrantes, agora já um programa estruturado do Instituto Gente. Alexandre pensava que estava pronto. Mas...

"Contei a história. A emoção veio na hora. Percebi que tinha algo muito especial ali. Quando terminei, as pessoas choravam. Algumas aos prantos. O Roberto deixou um irmão dele cuidando dos alunos e me levou para outra sala. Ele disse: 'Você entende a força que isso tem?'."

Fora uma catarse.

Passaram-se alguns meses, e Roberto trouxe o assunto à tona:

– Vamos colocar isso num livro? Vamos homenagear todos os pais?

– Isso para mim será uma redenção. A redenção da história que tive com meu pai.

Lançado em 2012, *Pai, você é o cara* é o primeiro livro de Alexandre.

E qual é a visão que Alexandre tem de Roberto? Um sujeito generoso, sim. Um gênio talentoso, sim. Mas também um ser humano com arestas a aparar, leves e pesadas. Uma leve: "Dou muita atenção à minha apresentação física como palestrante. Mas o Roberto é desencanado com isso. De vez em quando ele coloca umas roupas que eu falo: 'Como é que você vai sair assim?!'. Por exemplo, uma camisa Polo muito justa – ele já tem uma barriguinha aparecendo, não é legal. Tem combinações de roupas e cores que eu digo: 'Não dá!'. Está certo, isso não arruína a capacidade de fazer o que faz em público. Ele supera tudo isso. Mas também não joga a favor. Tenho que falar para ele: 'Gravata é assim: quando você usa uma estampada ou listrada, a camisa tem que ser branca'. Porque ele põe gravata listrada com camisa xadrez... uns blazers de umas cores... 'Joga fora, não faça isso!'".

O Roberto administrador pode ter lá suas falhas, suas incoerências. Mas e o Roberto mentor? "É sensacional. Vou dar um exemplo. Durante a minha formação como palestrante, ele perguntou qual tema eu trabalharia nas palestras. Orgulhoso, maravilhado com minha ideia, respondi:

– Expansão da consciência! Quero falar sobre a capacidade de aumentarmos a consciência sobre nós mesmos, sobre a vida!

– Não vai vender.

– Como assim?

– Você foi executivo muitos anos. Como gerente e diretor financeiro, quantas vezes viu sua empresa contratar uma palestra de expansão de consciência?

– É mesmo! Mas não interessa, é o meu sonho. Aprendi com você. A gente não deve desistir dos sonhos. Você não tem o direito de matar o meu sonho.

UM SUJEITO GENEROSO, SIM. UM GÊNIO TALENTOSO, SIM. MAS TAMBÉM UM SER HUMANO COM ARESTAS A APARAR, LEVES E PESADAS.

– Não quero matar o seu sonho. Mas, como adoro você, quero passar o que aprendi. Quero que você se dê bem.

Alexandre foi em frente. "Comecei a batalhar e montei a palestra. Ele arrumou um jeito de eu dar a palestra de graça, para divulgar e atrair compradores. Passaram-se seis meses, o telefone não tocou nenhuma vez. Zero comprador!"

Nesse meio-tempo, Alexandre trabalhava com treinamento e *coaching* em vendas e negociação. Roberto o convidou para treinar a equipe de vendas do Instituto Gente, em troca pela mentoria em palestras. Mas a angústia de Alexandre quanto às suas palestras continuava. O mentor interveio:

– Você tem que falar de vendas. Tem que ensinar as pessoas a venderem melhor.

– Roberto, estou chocado por você me dizer isso! Venda é um tema muito pequeno comparado com a expansão da consciência.

– Deixe eu lhe dizer uma coisa. Você é meu amigo, mas é muito egoísta. Você não quer falar sobre o que as pessoas precisam que você fale. Quer falar do que lhe interessa, sem se importar se está ajudando as pessoas com isso.

– Não é bem assim.

– Você pode ajudar muita gente com tudo o que sabe sobre vendas e com as técnicas de palestras que estou ensinando. Mas continua insistindo nessa sua ideia.

De sangue italiano de boa cepa, teimoso, Alexandre ficou mais uns dois meses remoendo sua vontade, resistindo à orientação do mentor. Até decidir ir em frente, testar as palestras em vendas.

Agora, ele conta: "O mais incrível é que nas minhas palestras eu falo de vendas ou negociação 70% do tempo, e o restante... de expansão da consciência! Isso nasceu espontaneamente, está implícito no meu método, mas é o que verdadeiramente encanta as pessoas. Elas chegam, 'Adorei sua palestra, você tirou a gente da zona de conforto, fez refletir, deu coragem para mudarmos os modelos mentais e tocar a nossa própria alma!'". E agradece ao mentor por isso: "O Roberto teve paciência e humildade comigo. Poderia dizer: 'Não me enche mais o saco, não me procure mais'. Mas, não. Ele me deixou ir lá, dar minhas cabeçadas, experimentar".

Ou seja, deixar a vida costurar criativamente o caminho que nem sempre está visível no início da jornada.

O contexto disso tudo tem a ver com as mudanças culturais importantes a partir dos anos 1960, especialmente nos Estados Unidos. Os movimentos de vanguarda da psicoterapia. A febre da busca do autoconhecimento, e agora não mais somente por meio dos movimentos místicos, esotéricos ou religiosos. Os jovens ocidentais inquietos já não precisam necessariamente ir à Índia em busca de iluminação. As propostas batem à porta aqui mesmo, nas Américas e na Europa. Tem gente que descobre o Caminho de Santiago, que vai atrás de xamãs mexicanos.

O programa Avatar de autodesenvolvimento do qual Alexandre participou é fruto disso, uma versão atual dessas iniciativas que já não causam tanta estranheza no mundo corporativo. A também mencionada Jornada do Herói é um método de estruturação de narrativas. Nasceu de uma combinação entre estudos de Carl Gustav Jung, na Psicologia, e de Joseph Campbell, na Mitologia. O método é usado no cinema, na publicidade, na comunicação digital. Elementos da Jornada são empregados também neste livro, para contar a história de Roberto Shinyashiki.

No meio do palco, microfone *headset*, braços levantados sobre a cabeça em movimento de união das mãos no alto, como num aplauso vertical,

Ronan Mairesse mexe-se de um lado para o outro. A voz está em alto volume, tentando combater o burburinho da plateia dispersa. Ronan tem a árdua tarefa de aquecer o público, prepará-lo para a vivência do resto do dia.

Não é do tipo atlético. Está mais para o time dos pesadinhos simpáticos. São 99 quilos em 1,72 metro de altura. O que não o impede de mostrar agilidade, ânimo, capacidade de capturar aos poucos o interesse da plateia. Não, ele não selou proximidade com Roberto Shinyashiki porque toca algum instrumento musical. A história é outra.

Ronan trabalha como voluntário nos seminários. Em troca, Roberto lhe abre oportunidades, indica-o para possíveis clientes. Acontece, às vezes, de Roberto receber demandas para orientar atletas profissionais. Pode acontecer de repassar alguns, principalmente iniciantes, para Ronan, o assistente em quem ele confia nesse campo. Um desses casos é a jovem promessa de futebol Matheus Amâncio, jogador em uma universidade norte-americana quando este original estava sendo escrito. Ronan mora no Rio Grande do Sul. Sua trajetória de vida é um caso de superação social notável, num entrelaçamento raro com o trabalho de Roberto Shinyashiki.

Em 2003, aos 22 anos, Ronan estava morando em Canoas, região metropolitana de Porto Alegre. Filho de um motorista e de uma dona de casa, não tinha recursos para uma educação formal de qualidade nem para chegar ao nível superior. Saiu à luta logo cedo, meteu-se no mercado de trabalho. Tornou-se gerente de uma escola de informática.

Interessado em se capacitar como líder, para gerenciar melhor, descobriu Roberto Shinyashiki. Ficou interessadíssimo, começou a ler todos os artigos que pudesse. Na primeira oportunidade de uma palestra de Roberto em Porto Alegre, estava sentado na primeira fila. Quando o palestrante provocou a plateia com uma pergunta, ele estava pronto. Porque havia lido os artigos.

– A economia este ano vai crescer 1,8%. Significa que muitas empresas vão surgir, muitas se manterão e muitas quebrarão. O que você tem que fazer para manter sua empresa saudável?

– Fluxo de caixa!

– Quem falou isso?

– Eu falei, eu falei!

– Ah, você gosta de ler Roberto Shinyashiki, não é?

– Não, eu não gosto de Roberto Shinyashiki. Eu amo Roberto Shinyashiki!

– Venha cá, rapaz. Venha aqui no palco. Qual é seu nome?

– Ronan Mairesse.

– Gente, uma das provas de reconhecimento de um homem por outro é dar-lhe a gravata. Ronan, eu quero que você aceite a minha gravata!

A gravata que o rapaz ganha é bordô, de seda italiana. Ele jamais se esquece, recusa a oferta de 500 reais de alguém da plateia pelo troféu. E decide ali, na hora: "Um dia eu vou ser igual ao Roberto Shinyashiki".

Passou a ler absolutamente todos os livros do ídolo. Num deles, *Os segredos dos campeões*, descobriu a lição de que você precisa ter um objetivo, uma estratégia, consistência e competência para realizar seus sonhos. Precisa ter um modelo de profissional que você quer ser e encontrar uma forma de trabalhar com esse modelo. O problema, pensava Ronan, era "Como vou chegar perto de Roberto Shinyashiki? É complicado".

"Em 2009 ainda estava trabalhando numa rede de escolas. Mas sentia que a empresa gerenciava muito mal as pessoas. O clima estava complicado. Ganhava pouco e ainda reduziram 70% do meu salário comissionado de vendas. Eu precisava de dinheiro emprestado para pagar as contas. Estava em depressão, tomando remédios. Os caras diziam que eu era incompetente. Aí li *A coragem de confiar*, do professor. O livro diz: confie em si mesmo, confie no outro, tenha fé. Acrescentei por minha conta, tenha competência. Tomei coragem. Pedi demissão."

Arriscou trabalhar por conta própria, vendendo cursos técnicos e de inglês, oferecendo consultoria de gestão de escolas. Quando chegou em Marau, no interior do Rio Grande do Sul, para atender um de seus clientes, o dono da escola, Giovanni Canfi, alertou:

– Aqui eles não deixam entrar nas salas de aula para divulgar cursos. A única maneira de chegar aos alunos é fazendo palestras.

– Mas eu nunca fiz palestra.

– Tu tens conhecimento. Faça a palestra.

Ronan se apegou ao livro, para se inspirar. Saiu à luta. A meta era conseguir 100 matrículas em duas semanas. Conseguiu 286 na primeira. E o dono:

– Tu és bom nisso! Vá estudar! Olhe só esse curso do Roberto Shinyashiki em São Paulo. Vá ser palestrante!

Sustentado pela generosa comissão de vendas do extraordinário sucesso em Marau, que lhe permitiu sair do sufoco financeiro, Ronan viajou para um dos primeiros seminários de formação de palestrantes do Instituto Gente.

O jovem gaúcho sonhador chegou a São Paulo para o seminário disposto a ganhar uma segunda gravata do ídolo. O seminário era bem maior do que o evento de anos antes. Umas trezentas e tantas pessoas. Na primeira oportunidade, ele disse:

– O senhor se lembra de que em 2003 deu uma gravata para alguém em Porto Alegre?

– Lembro, sim.

– Sou eu!

– Nossa, e você aqui, no seminário!

Ronan estava sentado na primeira fila. Achava que sabia tudo de Roberto. Afinal, já tinha lido tanta coisa!

"Ele começava a dizer uma frase, 'Gente, tem cliente que...', eu falava alto, atropelava, completava: '... que não vale a pena!'."

A coisa seguiu mais um pouco nessa toada, até que: "O professor deu uma pausa, ficou uns quatro minutos me espinafrando duro na frente de todo mundo. 'Você está desde o início atrapalhando o seminário! Você não é mais importante do que ninguém aqui dentro!'. Ainda não tinha visto meu nome, olhou o crachá. 'Ronan, acredito que você é muito melhor do que isso'. Estava com um blusão vermelho, todo mundo olhou para mim, fiquei marcado. Um amigo me cutucou a perna: 'Não fale nada!'. E pediu para eu tirar o blusão".

O fã de carteirinha, agora inconsolado, foi ao banheiro sem ser reconhecido, já sem o blusão, a conversa da hora rolando por ali. "Você viu a bronca que ele deu no cara?!". Ronan pensou: "Meu ídolo! Tenho de digerir, tenho de digerir tudo isso! Me dá uma pancada forte dessas! Li no livro dele que ele não chama a atenção de ninguém em público. Não vale a pena. Se chamou a minha, é porque viu que valia a pena. Viu que tenho talento, alguma coisa, sei lá! Tenho de digerir, tenho de digerir! O que faço? O que faço?".

Para assimilar o golpe, o que Ronan finalmente decidiu fazer foi caminhar até o local onde estavam expostos os livros de Roberto. É praxe nos seminários a Editora Gente colocar um estande de vendas.

"Percebi que alguns dos vendedores eram voluntários do Instituto, não eram funcionários da Editora. Não conheciam os livros tão bem. Pedi ao encarregado para que me deixasse ajudar a explicar os livros para os interessados."

Então ocorreram diálogos desse tipo:

– Fulano, o que está buscando, de leitura?

– Quero um livro sobre empresas.

– Então, aqui. O melhor livro do professor Roberto Shinyashiki sobre isso: *Você: a alma do negócio*. Dá uma visão clara de que sua carreira, assim como sua empresa, é um negócio. Tem uma frase na página 94 que diz o seguinte: "Quando você é motivado pelo que faz, não espera o relógio despertar".

O encarregado das vendas, Décio, percebeu logo a habilidade de Ronan para atender as pessoas e vender os livros. Chamou outro rapaz, e ambos ficaram observando o gaúcho.

– Nossa, você conhece o Roberto Shinyashiki mesmo, hein? Nunca vi ninguém se fixar e ler tanto ele.

– Conheço sim, leio tudo.

– Então vou lhe apresentar o Roberto Shinyashiki.

Ronan riu.

– Poxa, acho que ele não vai querer falar comigo, não... depois do que aconteceu...

– Ah, então você é o cara que levou a bordoada dele que todo mundo está comentando...

– É, sou eu.

– Calma. O pai é assim mesmo. Hoje de manhã ele me pegou, me deu uma pancada forte, exigiu que eu melhorasse.

– Quem é você, o Ricardo ou o Arthur?

– Eu sou o Arthur. Mas, puxa, você sabe até o nome da gente?

– Sim, tem um livro dele, acho que é *Sem medo de vencer*, em que ele faz um agradecimento a vocês.

Arthur não se conteve. Foi avisar o pai: "Encontrei um diamante".

"A melhor coisa que me aconteceu na vida foi, primeiro, ter ganhado a gravata e, depois, falado como papagaio de pirata no seminário e ter levado aquela pancada. Foi aí que o Roberto soube de mim. E já me convidou para encontrá-lo num evento em Porto Alegre, logo em seguida. Tinha muita gente no local, ele estava rouco, eu o protegi e o ajudei, preservando-o da tietagem das pessoas."

O rapaz foi tocando a vida, já se sentindo palestrante, quando um pouco mais adiante abriu outra tática para continuar a se aproximar de Roberto, seguindo um ensinamento do próprio: se você quer trabalhar com seu modelo, uma boa dica é arrumar um jeito de ajudá-lo a ganhar dinheiro. O Facebook estava começando a bombar, então Ronan passou a divulgar, na sua página, todos os cursos do Instituto. E a marcar as pessoas e o Instituto, para que o notassem.

Em certo momento surgiu uma promoção tentadora para um novo evento do Instituto em São Paulo. Qualquer pessoa que conseguisse que 150 amigos enviassem um e-mail dizendo "Quero que fulano participe", receberia, de graça, a participação no evento. Ronan viu o lançamento da campanha cedo e lá pelas 15 horas já eram mais de quinhentos os amigos que enviaram mensagens. Ganhou duas inscrições e levou um amigo junto! A surpresa extra é que Roberto também o adicionou como amigo no Facebook. Postou uma mensagem de parabéns. Ronan traduz o significado formidável daquilo tudo:

"Quando o Roberto viu que eu havia mobilizado um grupo de amigos para me ajudar, a relação entre nós ficou mais próxima. Porque percebeu, 'Esse rapaz tem aliados poderosos'. É o que ele fala: quando você tem um projeto para tocar, precisa ter pessoas que possam ajudá-lo. Precisa pensar nisso, descobrir os que vão lhe ajudar. Os aliados poderosos, que ele chama de cavalos. Os cavalos que nos ajudam a alcançar o objetivo."

Foi então que Ronan ganhou a segunda gravata do ídolo. Ganhou também o convite para estagiar e se tornar membro da equipe do Instituto.

Já são oito as gravatas recebidas, como presentes de reconhecimento. Mas o maior símbolo de vitória e superação veio em 2013. "A comunidade brasileira do Japão convidou o professor para viajar até o país e dar umas palestras de temas diferentes para públicos de perfis os mais variados. Havia escola, associações etc. Ele disse: 'Não posso ir. Mas posso arrumar um palestrante que tem o mesmo pique que o meu'. E me mandou para o Japão. Aí me senti um palestrante polivalente, de verdade. Um palestrante para qualquer negócio".

Enquanto Ronan retorna para suas tarefas no evento, aproximo-me de outra pessoa da equipe de apoio. Quero conhecer sua história. Priscilla de Sá. Moça bonita de traços finos, expressivos olhos grandes, é assertiva e direta. Parece ser mais alta do que o seu 1,63 metro de altura. "O tema liderança feminina é a minha causa. O meu trabalho é um tripé. Palestras, *coaching*, produção de conteúdo. Dou palestras em grandes empresas, como Bradesco e Procter & Gamble do Brasil. Inauguro comitês de mulheres que dão mentoria entre elas, em empresas que já reconhecem a importância da liderança feminina e o valor da minha palestra".

Reconhecem, mas mesmo assim Priscilla considera que o mercado de palestras é bem masculino, machista, até. "Durante muito tempo a mulher só entrava nos eventos para decorar o ambiente ou servir de apoio. Mas, na hora de apresentação de conteúdo, era sempre um homem o porta-voz. O Roberto tem sido fundamental para mudar essa realidade de duas

"QUANDO VOCÊ TEM UM PROJETO PARA TOCAR, PRECISA TER PESSOAS QUE POSSAM AJUDÁ-LO."

maneiras. Primeiro, colocando-me no time de palestrantes, sempre fazendo questão de me fazer subir no palco para dar a minha aula nas formações que ele promove. Segundo, empoderando muito as alunas dos seminários de palestrantes – as mulheres são de 50% a 60% dos participantes –, passando a elas uma visão de negócio. Ele sempre levanta muito a minha bola e a bola das palestrantes mulheres, porque tem a visão de que podemos ajudar muito as organizações a promoverem mudanças."

"Vi uma propaganda do curso em 2010 e não pensei duas vezes. Já tinha lido *A carícia essencial* aos 15 anos, leitura fundamental para eu entender por que meu pai tinha sido uma droga de pai e minha mãe, uma droga de mãe... Já tinha lido artigos dele na revista *Nova*. Para mim, ele era um psiquiatra que escrevia. Quando descobri essa sua faceta do mundo dos negócios, pensei, 'bacana!'. Porque ele tem uma origem parecida com a minha. Vem da psicoterapia e conseguiu se transformar em homem de negócios. Essa é a pegada que preciso!"

Confessa, porém, que sentiu certo preconceito no início: "Achei a campanha de divulgação do curso de palestrantes muito marqueteira, 'coisa de americano', à primeira vista. Mas depois pensei, 'Gente, se não fosse assim, eu não teria sabido que o curso existe'. E o que tem de mais em divulgar se a coisa que entregam tem qualidade?".

Priscilla não é de sentar na primeira fila nem gosta de se passar por fã ou "macaca de auditório", como ela própria diz. Acontece que Roberto estava escrevendo, naquela ocasião, *Problemas? Oba!* e decidiu enviar por e-mail o esboço do livro para todos os participantes do seminário, pedindo, "Pessoal, critiquem, por favor!".

Ela não acreditou quando ouviu isso dele: "Não é possível que ele esteja pedindo críticas! São umas duzentas pessoas aqui! Mostrar o que você está escrevendo para alguém é sempre complicado. Imagine mostrar para duzentas que adoram você! É muita exposição, é muita coragem para tomar pedrada! Não deve ser isso... esse cara deve estar querendo elogio...".

A aprendiz resolveu pegar no pé do mestre: "Peguei todo o material, descasquei tudo... Procurei tanto defeito naquelas dez páginas... Fui tão cruel, tão má... Achei ruim a estrutura, achei ruins os exemplos, encontrei incoerências...".

Mas a resposta do professor a surpreendeu:

– Maravilha! Você me ajudou muito! Posso mandar mais?

– Manda!

A ficha caiu aos poucos: "Fui entendendo que esse não é um trabalho de eco. O Roberto poderia até ser vaidoso, como todo mundo que sobe em um palco, mas aguentava pedrada porque é óbvio que é muito melhor você receber uma pedrada numa fase dessas e trabalhar seu livro do que você ser um fracasso esculpido em bronze editorial que todo mundo vê".

Quando terminou a última leitura crítica, um convite inesperado, por e-mail: "Você foi a pessoa que mais me ajudou na construção deste livro. Quero lhe dar uma sessão de *coaching* para lhe ajudar na carreira de palestrante!".

Nesse primeiro encontro pessoal, face a face, um embate com o mestre:

– Qual é seu posicionamento como palestrante, Priscilla?

– Quero trabalhar com liderança feminina. Quero ajudar as mulheres a se fortalecerem para exercer todo o seu potencial. Quero fazer isso nas organizações, porque obviamente o mercado corporativo paga melhor.

– Liderança feminina? Isso vende?

– Não sei, mas, quando vender, quero que o nome que o mercado pense imediatamente seja o meu...

Roberto assumiu o papel de mentor de Priscilla, tentando convencê-la a falar de liderança mista. Parecia ter razão, mas a aluna foi insistente: "Fiz a assinatura do Google para receber as notificações da expressão "liderança feminina". Nos primeiros anos, o que apareceu foi coisa do tipo, "vôlei feminino do Osasco atinge a liderança"... Uma decepção! Os alertas do Google que recebo agora falam da mulher chegando a cargos de responsabilidade, fazendo diferença no mundo como grandes gestoras, grandes líderes... Fico muito feliz de estar nisso tudo, agora que se fala em empoderamento feminino e de uma nova geração de feministas causando incômodo, mas num tom legal...".

Ela entende o mentor. E reconhece seu valor: "Ao pensar no meu posicionamento no mercado, a preocupação dele foi como eu pagaria as contas trabalhando um tema que não vende... Mas quando finquei pé, dizendo que não precisava ganhar dinheiro de imediato com palestras, pois o *coaching* estava me segurando, ele disse: 'Então está bem, vou apoiar você no seu tema'. Quer dizer, ele foi mentor naquilo que precisei, e não naquilo que talvez ele gostasse de ser". Ele disse: 'A gente vai fazer você arrebentar como palestrante mulher e nesse tema de liderança feminina'. Aí olhou minha rede social, meu site na internet, e disse: 'Não está legal, está tudo muito pessoal. Precisa postar conteúdos profissionais'. Então ele fez uma coisa superbacana e marcante, para mim. Ele tirou uma foto comigo, postou no Facebook dele e me marcou como a maior especialista em liderança feminina no Brasil. Ele ajudou a reafirmar o meu posicionamento. Teve a delicadeza de não escolher por mim o meu caminho, mas de me ajudar dentro do caminho que escolhi".

O mentor estava jogando sua reputação a favor da discípula. Fazia isso porque via seu potencial, confiava nela. Só que precisava ajudá-la a ter mais confiança em si. Afinal, estava entrando num mercado dominado por homens.

Há um precedente feminino no universo das palestras profissionais. Muito antes de Priscilla, Leila Navarro – por um período também aluna de Shinyashiki – conquistou fama como palestrante motivacional. Seria um modelo inspirador para Priscilla, porém. "Nada contra, mas não seria natural eu ter a Leila como modelo. Não é meu estilo de palestrante. A Leila Navarro é uma *show woman*. Eu tenho uma pegada diferente. Como não seguro dar show, foco em conteúdo. Tem gente que sabe contar piada, tem gente que não. Eu sou do tipo que, se conto piada, as pessoas pensam que estou falando sério... não riem. Então não vai rolar de eu ser uma 'míni' Leila Navarro".

Roberto insistiu num ponto: "Pense em Leila Navarro quando você subir no palco. Vocês têm estilos diferentes, mas vai ser importante colocar um tempero da Leila na sua palestra".

Priscilla foi adquirindo confiança também em outro item fundamental: "Quando cheguei aqui, ao mundo das palestras, tinha o maior preconceito em vender. Muita gente chega neste mercado sem saber lidar bem com vendas. Mas aprendi com o Roberto. Ele é vendedor, vende o tempo todo. Graças a Deus que aprendi, porque, se você tem algo bom para

"ELE FOI MENTOR NAQUILO QUE PRECISEI, E NÃO NAQUILO QUE TALVEZ ELE GOSTASSE DE SER."

entregar ao mundo vendendo e faz isso, é sinal de inteligência e de amor. Hoje vivo sem vínculo empregatício algum. O que ganho para viver vem do que eu produzo e consigo vender".

Em um passo mais adiante e mais profundo, ela reconhece: "O Roberto é uma referência, para mim, de profissional, de visão de negócios, de pessoa. Tem exercido uma função um pouco paternal na minha vida, que começou, sem ele saber, quando eu tinha 15 anos. Já tinha perdido meu pai e li o livro dele. Agora ele me ajuda porque cresci, virei gente grande. Ele me ajudou a integrar a energia masculina e feminina em mim, porque ele é um homem completo, também feminino. Da mesma maneira como o lado feminino dele conversa com o meu feminino, o lado masculino dele me ensinou coisas para eu integrar a minha energia masculina. A energia dos negócios. A energia de dizer não. A energia da autoridade para subir no palco. A energia de não precisar agradar tanto as pessoas".

A energia para subir no palco da vida. E a serenidade para não se perder em nenhum dos caminhos paralelos que devemos trilhar. Simultaneamente.

Precisamos disso. Encontrar o equilíbrio dinâmico entre as demandas múltiplas da existência. Dançar o ritmo da vida, mudar o passo na hora certa. Mas podemos precisar de ajuda.

Leo Chaves, da dupla Victor & Leo. Cantor, empresário, palestrante, escritor. Em seu livro *No colo dos anjos*, conta a história ficcional de um jovem astro da música que rapidamente sobe ao céu da fama, mas como meteoro cai desgovernado no inferno da ilusão e do ego que ronda o mundo das celebridades. Quem o salva? Um mentor.

Comenta: "Acredito em mentores. Acredito que o mentor não faz nada, mas nos aponta a direção. O Roberto em alguns momentos foi essa pessoa para mim. Já conhecia os livros dele quando em turnê há uns anos, a gente já fazendo sucesso no Brasil inteiro, tive a oportunidade de conhecê-lo pessoalmente. Conversamos, trocamos os números de telefones, ele foi superatencioso comigo. Depois foi a um show nosso em São Paulo e aí percebi como ele é um sujeito aberto. Embora tenha conquistado todo sucesso, fama e reconhecimento, é uma pessoa simples, trafega no meio de todo o mundo, com tranquilidade. Isso deu abertura para ficarmos amigos. Mais tarde, diante do sucesso e da fama que eu tinha atingido, sentei com ele para conversar sobre filhos. O livro *O sucesso é ser feliz* já falava sobre isso, já tinha mexido comigo no passado. Mas quando conversei com ele, voltei-me um pouco mais para a família e para os filhos. Hoje tenho três filhos e entendo quando o Roberto diz que o pai precisa oferecer o que o filho quer. Se o seu filho está na fase de molecagem, seja um moleque. Se está na fase de brincadeira, seja um palhaço".

O mentor não faz por você. Não é sua função. Leo está certo.

O mentor inspira: "No início da carreira eu era muito tímido. A timidez nada mais é do que a expectativa do que você vai receber de retorno das pessoas. A expectativa do aplauso, a expectativa do agradar. Quando você consegue bloquear a expectativa, quebra a timidez. Eu ainda tenho alguns monstros daquela timidez. Mas aí, quando encontro o Roberto, esses monstros se afastam um pouco, porque ele é um cara tão desencanado que nos inspira a pensar no agora, a oferecer nosso melhor sem esperar nada em troca, a nos conectarmos com o nosso melhor. Todas as vezes em que o vejo se apresentar ou mesmo quando assisto aos vídeos dele, me pergunto: 'Como esse cara consegue ser tão leve, tão natural, falando ali como se não houvesse

"ACREDITO EM MENTORES. ACREDITO QUE O MENTOR NÃO FAZ NADA, MAS NOS APONTA A DIREÇÃO. O ROBERTO EM ALGUNS MOMENTOS FOI ESSA PESSOA PARA MIM."

ninguém na frente dele?' E olha que já tenho 25 anos de palco! Estou sempre aprendendo com ele".

Aprendendo a viver. Aprendendo a vencer.

Leo: "Por ter sido o mentor de grandes atletas e de pessoas de expressão na mídia, o Roberto sabe como é essa coisa de ser campeão, de enfrentar os obstáculos que fazem parte da jornada, de superação. Isso é resiliência, uma qualidade que se você não tem, não chega lá. Hoje, quem erra menos e supera mais é quem chega. Não dá para você acertar tudo. Mas pode se preparar. Para atingir o crescimento, você precisa ouvir aquilo que não quer ouvir. Esse é o papel do mentor: falar não para agradar, mas porque é necessário. Mas é importante também que o mentor saiba como falar os "nãos". Ele tem que saber dizer aquilo que você não quer ouvir, pois você só evolui dessa forma. Certa vez, depois de uma palestra que dei em São Paulo, o Roberto sentou comigo e me deu umas porradinhas do jeito certo. Ele faz isso com maestria".

Enquanto trabalho a versão final deste livro, dou-me conta que esse evento no hotel de São Paulo é como uma câmara de eco que faz reverberar outras histórias que ajudam a amplificar o entendimento da história central desta narrativa. Histórias de pessoas que nem estão lá esse dia, como Leo Chaves. Mas o tempo e o espaço dessas histórias e seus protagonistas fazem parte de uma mesma realidade integrada, pulsante, viva. Como a história de outro ilustre mentorado.

Paulo Vieira é dos *master coaches* mais conceituados do Brasil. Criador da metodologia de vanguarda Coaching Integral Sistêmico (CIS), que já atendeu mais de 300 mil pessoas. Prestou consultoria a cerca de 500 empresas. Comanda da sede em Fortaleza sua organização Febracis, com atuação em todo o Brasil, Estados Unidos e Angola. O primeiro livro que publicou em escala nacional, *O poder da ação*, já está há três anos na lista de best-sellers, com quase 400 mil exemplares vendidos. A cada final de semana Vieira faz seu curso principal, o Método CIS, em uma cidade do Brasil para 4 mil pessoas.

Conta Paulo: "Aos 29 anos entrei num momento crítico da minha vida. Acreditava ter chegado ao fundo do poço, não tinha mais emprego, fui abandonado pela minha mulher, morava de favor. Minha realidade era caótica, mas, num lapso de realidade, entrei num mundo paralelo como se tudo estivesse bem. Fui para um shopping e, ao entrar em uma livraria, vi *Sem medo de vencer.* Fiquei ali, folheei bastante. Lendo sobre a metáfora de Sísifo, que Roberto Shinyashiki conta nesse seu livro, reconheci que eu era o problema na minha vida. Eu era o meu lobo, o meu sabotador. Entendi que eu era o único responsável por aquela vida miserável que estava vivendo. Não era o governo, não era Deus, não eram os outros: fui eu que me coloquei, por ação e omissão, naquela vida. Foi um momento muito duro, mas também muito revelador e transformador. Aquele livro deu o primeiro impulso de mudança à minha vida. Em um ano eu já era noivo da minha esposa, a Camila, e já tinha um negócio, um apartamento pequeno para chamar de meu, era outra pessoa. Por isso toda a minha gratidão e o meu respeito ao Roberto".

Mentor indireto, pelo livro. Mentor direto, em pessoa.

Continua: "Em 2014 convidei o Roberto para fazer uma palestra comigo. Viu-me palestrando sobre liderança e então me disse:

'Você tem que publicar isso em livro'. Respondi, 'ah, mas já publico meus livros por aqui, de modo independente'. Então ele retrucou: 'Você está sendo egoísta. Você não diz que sua missão é contribuir com o mundo? Como é que vai fazer isso se só contribui com quem se torna seu aluno?' Convenceu-me a escrever para o público em geral e então publiquei *O poder da ação*. Essa mentoria foi algo extraordinário. Ele foi meu padrinho, foi meu motivador. Posso dizer até que me espelho nele, utilizando-o como modelo sistematicamente. A missão, a integridade, a forma pacífica de olhar as coisas, a disposição de se reinventar, tudo isso para mim é algo tremendo. Ele é um mentor, sim, é um parceiro, é um amigo, é uma luz num mundo de vaidade e de arrogância. É alguém que conseguiu trilhar esse caminho e se manter incólume".

De volta ao evento. Último dia do encontro. Encerramento do programa. Pessoas inspiradas pela figura de Roberto Shinyashiki estão ali como que se abastecendo com uma dose extra de energia. Ele e seus líderes trazem o combustível. Trata-se de uma base espacial, uma rampa de lançamento de foguete. A nave de cada um tem o desenho e o alcance potencial que cada astronauta ousa imaginar, motivado pelo navegador-mor, se nele confia.

Há de tudo. Profissionais em meio de carreira, procurando um novo rumo para a vida profissional; aposentados desejando renascer numa nova chance; executivos buscando otimizar possibilidades; profissionais liberais querendo apenas aperfeiçoar suas apresentações; paraquedistas curiosos ainda sem rota; e muitos ousando projetar seus futuros como palestrantes profissionais de verdade. Pensando, quem sabe, em se tornar futuros Tejon, futuras Priscilla, futuros Alexandre. Futuros Ronan. Talvez futuros Leo Chaves. Talvez Paulo Vieira.

Os mais conscientes já têm seus propósitos, seus sonhos traduzidos em estratégias, suas missões definidas. Volto-me, porém, para o mentor de todos eles. Qual é seu combustível, ali? A resposta está no principal documento informativo distribuído aos participantes. Uma declaração do homem que movimenta tudo isso. Exagero? Você decide.

"Minha missão é ajudar o Brasil e os brasileiros a serem campeões por meio de eventos que incentivem a vontade permanente de querer desenvolver-se e evoluir."

Uma lição decisiva parece saltar desse encontro: se você quer ir longe e descobrir do que é capaz, tem de pensar alto. Se quiser marcar sua passagem pela história em grande estilo, seu foco tem de estar centrado num horizonte aberto de amplo espectro. Se quiser se encontrar, tem de saber qual é sua tribo, quais são os adversários, a quem pode ajudar, que bem fará no mundo. Guerreiros não lutam sozinhos.

> **"A MISSÃO, A INTEGRIDADE, A FORMA PACÍFICA DE OLHAR AS COISAS, A DISPOSIÇÃO DE SE REINVENTAR, TUDO ISSO PARA MIM É ALGO TREMENDO. ELE É UM MENTOR, SIM, É UM PARCEIRO, É UM AMIGO, É UMA LUZ NUM MUNDO DE VAIDADE E DE ARROGÂNCIA. É ALGUÉM QUE CONSEGUIU TRILHAR ESSE CAMINHO E SE MANTER INCÓLUME".**

12 PISANDO EM BRASAS

Viajando comigo na história de Roberto Shinyashiki apresentada neste livro, você chega a quando estou completando a produção dos originais, em 2017. Então você vê que Roberto, adaptado aos novos tempos de mídia social, vale-se dos novos meios para manter contato estreito com o público. Tem um canal próprio no YouTube no qual posta um vídeo novo todo domingo. Mantém uma página oficial no Facebook atualizada. E assim por diante.

Nesses meios, é de esperar que um "superguru motivacional" do seu porte apresente comentários de temas nos quais o público o identifica como autoridade. No caso de Roberto, um desses temas é o do sucesso e como, de fato, alcançá-lo.

No YouTube, você encontra conteúdos do tipo como cultivar a mente de campeão para ser vencedor, como se tornar mais produtivo, como pensar como empresário para sua carreira dar certo, como ser líder de verdade, como alcançar o sucesso (para as mulheres), como atingir alta performance (para ter sucesso), como acelerar a carreira, como mostrar competência, como ter cabeça de vendedor, como ter foco, como vencer a insegurança.

Outro trema frequente é a busca da felicidade, que remete necessariamente ao mundo interno – valores, pensamentos e emoções – dos indivíduos e às relações humanas. Coisas como celebre o pai (e a mãe) no dia deles, tome o comando de sua vida nas mãos, enfrente o medo de amar, transforme sua vida (pois melhorar apenas é pouco), entenda o ciclo da desistência e a psicologia da superação, compreenda a diferença entre amor e possessividade, não abandone seus sonhos, cultive as belezas da vida, dilua os medos, não se apegue ao passado. Viva a vida!

O que não se esperaria, talvez, é que assumisse publicamente posições sobre temas delicados, sujeitos a polêmicas, como o empoderamento das mulheres.

Quando a cantora Madonna foi eleita a mulher do ano na música pela prestigiosa revista americana *Billboard*, seu discurso de recepção do troféu, em 9 de dezembro de 2016, quebrou os padrões costumeiros, em que geralmente a vencedora tem uma fala bem-comportada agradecendo a Deus e a todo mundo, passando uma visão rósea da realidade.

Transcendendo o território da música, porém, nesse dia Madonna assumiu um papel de porta-voz de um novo movimento feminino em favor do empoderamento das mulheres – sem ódio ao homem nem resistência ao amor e ao sexo –, num tom absolutamente franco, emotivo e pessoal, revelando dramas dos quais foi vítima por ser mulher e por ter sucesso, quebrando as regras não declaradas de que no *show business* a mulher pode ser linda, simpática e sexy, mas não pode ser inteligente demais nem ter opiniões próprias. Na sociedade, disse a estrela, as mulheres têm de ser o que os homens querem que elas sejam, e que elas, ao contrário deles, não podem jamais revelar suas fantasias sexuais.

Mas Madonna revela. No álbum *Erotica*, no livro *Sex*, nos shows. Ela diz: "Fui chamada de puta e vadia, uma manchete de jornal me comparou a Satã". E o que ela propõe? "As mulheres foram oprimidas por tanto tempo que acreditam no que os homens falam delas. Acreditam que têm que apoiar o homem para ele ter sucesso. Há, na verdade, muitos homens ótimos que merecem ser apoiados, mas não porque são homens – porque são merecedores. Como mulheres, temos que começar a reconhecer nosso próprio valor e o valor umas das outras".

Roberto reproduziu o vídeo do discurso da cantora na sua página de Facebook. A grande maioria das reações foi positiva, mas houve uma ou outra seguidora que se manifestou em linguagem hostil e grosseira, referindo-se a Madonna no mesmo tom em que ela foi tratada ao longo da carreira. A reação de Roberto?

Ao responder diretamente a uma dessas seguidoras que se identificou como psicóloga, Roberto escreveu: "Sua maneira de falar não mostra respeito com a opinião alheia. É assim que você conversa com seus filhos? Com seu marido? A opinião alheia deve ser respeitada. Respeito a sua opinião, mas não respeito sua maneira de conversar. Acho que você deve um pedido de desculpas à nossa comunidade".

Mas ter a ousadia de tomar partido, não ficar em cima do muro e se manifestar compromissado com o quc entende como o melhor para com os que nele confiam, mulheres e homens, vai além do espinhoso campo temático dos gêneros. Entra no âmago de um dos seus trunfos, que é a orientação de carreira. Em vídeo gravado no campus da Universidade Butler, em Indianápolis, Estados Unidos, para o seu canal do YouTube, adverte: "Como é perigoso a gente confiar nas faculdades de Administração". Não só nas do Brasil, mas todas. "Tenho a oportunidade de visitar faculdades de Administração de todo o mundo, conversar com professores, alunos". Confiar é preocupante, mas por quê?

"Porque a maioria dos professores cuida do seu nicho de conhecimento como uma reserva de mercado, como se fosse um gueto. Muitos têm negócios paralelos e estão mais interessados na manutenção desses do que na atualização de conhecimento e no interesse do aluno", responde Roberto. Vários professores não gostam de estar em aula e passam a bola para monitores. Compara com o problema da indústria de armas nos Estados Unidos: os fabricantes querem vender, não estão interessados no que é o melhor para a sociedade.

Outro ponto "catastrófico", para Roberto, é que a faculdade fica muito distante do mundo real. Mesmo nos Estados Unidos, os temas que muitos professores – salvo as boas exceções – trabalham estão ultrapassados, "temas de cinco anos atrás. O pessoal não vai discutir a lógica de negócios da Uber, do Airbnb, das novas *startups*, porque não faz parte do mundo desses professores".

– Então você não recomenda fazer faculdade, Roberto? – provoco.

– Ao contrário, a resposta é sim, recomendo; caso você esteja fazendo e queira fazer. – Cita os casos de dois de seus filhos, Ricardo e Arthur, que fizeram, e de um terceiro, André, que faz agora. Mas sugere que é importante demais, em paralelo, acompanhar o que surge de ponta no novo mundo dos negócios digitais, por exemplo.

"Você tem de procurar ter mentores fora da universidade. De preferência, se você tem 50 anos, 60 ou 70 anos, arrume um mentor de 25 que vai lhe mostrar um novo modo de ver o mundo. Se você é molecão, garotona, arrume um sujeito de mais idade para lhe passar um jeito mais sábio de enfrentar os dramas da carreira."

Quando conversa com muitos jovens que se apresentam como portadores de títulos de MBA, vê que o que receberam foi muita quantidade de informação, só. Nada sobre atitude, nada sobre qualidade da informação, que é o importante. "Arrume um mentor que tenha sucesso, não o que seja bom de marketing. Saia de detrás do computador, passe pelo ciclo da frustração que leva à mudança. A universidade, na maioria das vezes, somente protege os alunos dos desafios reais da vida."

E "se você é um professor e está bravo comigo por causa deste vídeo, vá conversar com a molecada de 23 anos que está empreendendo. Vá ver o pessoal de projetos sociais. Não precisa confiar em mim. Vá ver o mundo com seus próprios olhos". E "não é porque você não vê que não existe. E não é porque você vê que é somente o que existe".

E isso é importante porque as pessoas têm que mudar. O mundo de hoje é de ruptura. Mas a ruptura muitas vezes exige um rompimento com padrões e crenças muito arraigados, que cegam. O olhar para dentro de si pode ser muito doloroso. Ninguém quer sofrer. Pode acontecer, também, de em certos momentos o indivíduo receber o desafio de colocar à prova seus valores. O que nem sempre precisa é expor publicamente o seu enfrentamento do desafio. Sobretudo se você é uma figura pública e tem uma imagem, um personagem que o representa, pela qual as pessoas o reconhecem na sociedade e na qual, por meio de comunicação em massa, elas o tentam escravizar.

E qual o resultado de se expor com franqueza? Gente que aplaude, pela coragem e pelo civismo. E gente que critica, combate e tenta aviltar. Eis a explicação que Priscilla de Sá oferece para isso: "Tem gente que só vê o marqueteiro. A mídia não enxerga o vanguardista. O Roberto está sempre na frente. Mas ele paga o preço por estar à

O MUNDO DE HOJE É DE RUPTURA. MAS A RUPTURA MUITAS VEZES EXIGE UM ROMPIMENTO COM PADRÕES E CRENÇAS MUITO ARRAIGADOS, QUE CEGAM.

frente. O preço da incompreensão, da estranheza. O preço do preconceito, do estereótipo, do clichê".

Pode ser também o preço do erro. De um passo em falso. De um aprendizado doloroso.

A questão vai além das polêmicas. O que nos interessa aqui, a você e a mim, é como o protagonista desta história vive essas situações, como reage a elas, que lição tira.

O mais controverso caso público da história de Roberto Shinyashiki exige que viajemos no tempo, para 1999. Ele próprio conta: "Fui pioneiro em cuidar da cabeça de atletas, e isso foi grande. Mas me levou a uma encrenca... E, quando você é pioneiro, você vai ser criticado".

A encrenca começou assim: "Já trabalhava com atletas profissionais quando fui fazer uma palestra em Franca, no interior de São Paulo. Lá, cruzei com um sujeito que admiro muito, o Hélio Rubens. Ele era o técnico da seleção brasileira masculina de basquetebol. O Hélio me disse: 'Adoraria que você fosse ajudar a gente na seleção de basquete'. Fiquei com vontade de ajudar, mas estava com uma agenda brava, aquela loucura. Fui para os Estados Unidos, voltei. Viajei de novo, voltei. Dei um jeito na agenda, avisei ao Hélio: 'Tô a fim!'. Ele me disse: 'A gente não tem grana...', e eu: 'Não tem problema, ganho dinheiro noutro lugar'".

Roberto passou um fim de semana com a delegação brasileira no Rio de Janeiro, trabalhando a motivação e o estado mental dos atletas. O time estava indo para o Pré-Olímpico de Sydney, que acontecia em San Juan de Porto Rico, e logo em seguida, naquele mesmo mês de julho, para os Jogos Panamericanos de Winnipeg, no Canadá. Era um time em renovação. Hélio declarara à imprensa que as chances de conseguir uma vaga para as Olimpíadas do ano 2000 eram de apenas 11%. De fato, o time não conquistou a vaga.

Antes do embarque no Brasil, uma vontade que ficou no sonho: "O Hélio comentou: 'Seria o máximo se você pudesse estar conosco no Panamericano, mas a gente não consegue te levar'. Fiquei com aquilo no coração, 'Puxa, teria sido legal!'". O extraordinário é que no Panamericano a seleção brasileira conquistou a medalha de ouro, jogando a partida final contra os Estados Unidos. Hélio ligou agradecendo a Roberto.

Umas semanas depois, quando foi correr num final de semana com os filhos Arthur e Ricardo no Parque Villa-Lobos, em São Paulo, Roberto deparou com os jogadores dessa seleção brasileira participando de um jogo-brincadeira, numa iniciativa da Rede Bandeirantes de Televisão, que transmitia ao vivo. Ao verem Roberto, os jogadores interromperam o jogo. Correram para ele, fizeram uma divertida algazarra, reconhecendo a contribuição que dera para a vitória no Canadá.

ROBERTO NAS OLIMPÍADAS DE SIDNEY, AUSTRÁLIA, COM INTEGRANTES DA COMISSÃO TÉCNICA (2000).

Essa exposição inesperada e mais uma conversa que Roberto presume que Hélio tenha tido no Comitê Olímpico Brasileiro (COB), falando bem do seu trabalho com o basquete, devem ter sido fatores-chave para diretores do Comitê o convidarem para uma conversa no Rio de Janeiro. Pela primeira vez, o COB estava pensando em levar para uma Olimpíada um profissional que cuidasse da cabeça dos atletas, ciente de que muitas vezes, sob pressão, o estado emocional é o fator decisivo da vitória ou da derrota.

Da conversa resultou a participação de Roberto no seminário "Transformando sonhos em medalhas", encerrando um curso que no final de janeiro de 2000 preparou técnicos, professores de educação física, dirigentes e administradores para o evento da Austrália, dali a um pouco mais de oito meses. O seminário terminou com uma atividade motivacional ainda pouco conhecida no esporte brasileiro, mas que entusiasmou os cerca de 250 participantes, ao ponto de o presidente do COB, Carlos Arthur Nuzman, convidar Roberto a integrar a delegação brasileira para Sydney.

Roberto já fizera o time de futebol do Grêmio e seus dirigentes caminharem sobre brasas, no estádio Olímpico de Porto Alegre, em meio a um esforço para escapar do rebaixamento, no campeonato brasileiro de 1999. O time se salvou, terminando o torneio em 18º lugar, entre 22 participantes. O andar nas brasas chegava ao COB com uma história sólida por trás, um propósito, o entusiasmo dos dirigentes, mas reticências e ceticismo fora dali.

Tendo origem em culturas milenares como na Índia e no Nepal, e em povos nativos de várias partes do mundo, a prática das brasas tornou-se popular nos Estados Unidos a partir do trabalho pioneiro de Tolly Burkan, um instrutor na linha do desenvolvimento humano que estava em voga nessa ocasião. Na década de 1990, já era adotada em seminários corporativos de gigantes como a Microsoft, a Coca-Cola, a American Express e a Pricewaterhouse, como forma de despertar a criatividade e abrir horizontes.

Roberto, que já usava a prática em eventos corporativos, a adaptou para estimular os atletas a atingirem e sustentarem um estado psicológico de alta performance, inspirando-os a se superarem diante de desafios gigantes. São fundamentais autoestima em alta, foco, sintonia com um propósito maior do que simplesmente a carreira – no caso de uma Olimpíada, representar toda uma nação.

ROBERTO, QUE JÁ USAVA A PRÁTICA EM EVENTOS CORPORATIVOS, A ADAPTOU PARA ESTIMULAR OS ATLETAS A ATINGIREM E SUSTENTAREM UM ESTADO PSICOLÓGICO DE ALTA PERFORMANCE.

A prática, aliada a outras técnicas motivacionais, foi apresentada a cerca de 50 atletas e 40 dirigentes da delegação brasileira pouco antes do embarque para Sydney. Na Escola Naval, no Rio de Janeiro, atletas importantes como Tande, do vôlei, Marta, do basquete, e Edinanci Silva, do judô, atravessaram de pés descalços uma trilha de 5 metros em brasa. Roberto foi para a Austrália com a missão de auxiliar todos os atletas – exceto os de futebol masculino, que eram atendidos pela psicóloga esportiva Suzy Fleury – a se manter em alto nível mental para alcançar o objetivo que o COB estabeleceu: o Brasil conquistar quinze medalhas – das quais três de ouro –, como nas Olimpíadas anteriores, em Atlanta.

O problema é que, diante dessa meta quantificada, o Brasil fracassou. Conseguiu apenas doze medalhas, nenhuma delas de ouro. Em modalidades nas quais teria chances, como no vôlei de quadra masculino e feminino, no vôlei de praia feminino, sucumbiu sob a pressão de uma final, ou caiu precocemente antes mesmo disso. O futebol também deu vexame diante da expectativa ambiciosa dos torcedores, ávidos por uma medalha de ouro que o país só conquistaria no Rio de Janeiro em 2016, na era Neymar.

O culpado pelas expectativas frustradas, de acordo com a mídia?

"O caminho da felicidade à moda Roberto Shinyashiki pode até passar por cima do fogo em brasa, mas o da vitória em uma competição olímpica está mil anos-luz além dos conceitos de um camelô de ilusões", comenta um colunista de *O Povo*, de Fortaleza. "Shinyashiki, o motivador que não motivou", grita a manchete da *Zero Hora*, em Porto Alegre. "Os técnicos não prometem vitórias, os *deslumbrados* vão longe, prometem pescoços curvados de medalhas. Foi o que fez o *psiquiatra dos caminhos sobre brasas*, senhor Shinyashiki, o guru dos desavisados", pega mais pesado ainda o *Diário Catarinense*, em Florianópolis. A *Gazeta Esportiva*, de São Paulo, é menos sórdida nas palavras, mas igualmente desabonadora na manchete: "Para explicar o óbvio: psiquiatra da delegação brasileira em Sydney não tem argumentos para derrotas em várias modalidades".

A resistência já existia, na verdade, desde antes do embarque, quando o Conselho Federal de Psicologia (CFP) enviou carta ao COB criticando o método de Shinyashiki e o fato de não ser psicólogo.

Durante a competição, aliviando parcialmente o peso sobre Roberto, apareceu uma crítica menos ácida, mais centrada no método de trabalho imposto pelo COB, do que propriamente dirigida ao profissional. Bernardinho, então técnico do vôlei feminino, declarou após a desclassificação das meninas brasileiras pelas cubanas, três sets a dois, que não havia permitido o trabalho de Roberto com o elenco porque acreditava que um apoio psicológico só funcionaria se fosse de longa duração.

Essa linha de raciocínio foi também seguida por profissionais de psicologia após os Jogos, mas alfinetando o que consideraram o "folclore" de Shinyashiki. O esquema de trabalho, Roberto visitando e conversando com os atletas e técnicos que pediam apoio psicológico, foi considerado pouco eficaz. Um profissional só para tanta gente. E na última hora, muitas vezes, na hora do sufoco. Como o atleta vai se abrir para um terapeuta que conheceu há pouco? Não vai dar liga, argumentam os críticos.

A revista *Exame*, numa rara matéria distante dos ânimos apressadamente condenatórios da maior parte da imprensa, assumiu uma postura equilibrada. Disse o autor David Cohen, referindo-se a Shinyashiki, que cobrar "dele as medalhas que não foram conquistadas é uma aberração tão grande quanto atribuir-lhe mérito pelas que foram ganhas". Mas que "mal ele não fez", citando casos de atletas e técnicos que reconheceram a ajuda do preparador mental: a ginasta artística Daniele Hypólito – a mais bem colocada brasileira em Olimpíadas nessa modalidade, até então; o nadador Fernando Scherer, bronze no revezamento quatro por cem; o iatista Robert Scheidt, prata na classe *laser.* O técnico Radamés Lattari, do vôlei masculino, elogiou a ajuda de Roberto em quatro ocasiões em que os atletas do time estavam inseguros. Jayme Netto Jr., técnico do velocista Claudinei Quirino, atestou que Roberto o ajudou a aliviar a pressão, o que contribuiu para o atleta participar na conquista decisiva da prata no revezamento quatro por cem do atletismo.

Cohen foi parcimonioso também na análise do trabalho nas Olimpíadas, ao pontuar que o "achincalhamento de Shinyashiki não leva em conta a relação custo/benefício de tê-lo levado. Como os outros médicos da delegação brasileira, Shinyashiki não cobrou nada pelo seu trabalho".

Quase duas décadas depois, Roberto faz o balanço: "Do ponto de vista de imagem, foi péssimo. Bateram muito, pegaram no meu pé. Acho que foi injusto. Sentia que algo estava errado desde o começo das Olimpíadas. Em lugar dos atletas, a imprensa me procurava. Não estava certo isso. Preparador mais famoso que atleta? Você tem treinador, dirigente, preparador físico, atleta, mas no final das contas é o psiquiatra que pega essa responsabilidade? Sydney foi talvez o maior momento da minha vida em que tive que segurar meus valores. Óbvio que alguns atletas amarelaram. Mas sou psiquiatra, tenho que manter o sigilo. Por que o atleta X teve um desempenho ruim? Porque a mulher dele teve uma relação afetiva com outro cara e ele descobriu três dias antes das Olimpíadas. Tive que segurar esse rojão. Um time teve uma desavença interna, quebrou o maior pau no vestiário. Tive que segurar esse rojão. Os atletas são pessoas, são seres humanos. É melhor ter um único psiquiatra nas Olimpíadas para segurar esses rojões do que não ter nenhum. Mas não é mesmo em cima da hora que se resolvem as coisas".

A pista para a explicação de por que tanta animosidade está na própria matéria da revista *Exame*. Cohen sugere que "humildade não é exatamente o melhor termo para descrever a maneira como ele alardeia seu trabalho. Antes de ir para a Austrália, o guru previa uma chuva de medalhas".

Eduardo Shinyashiki, o irmão, reconhece que a imagem pública poderosa gera resistências. É o caso das Olimpíadas, mas também de outros momentos: "Se você gera polêmica, na mídia, você fica em evidência. As pessoas criam resistências não pelas ideias do Roberto, que são propostas de soluções com muito embasamento. Quem tiver resistência às ideias do Roberto é uma pessoa burra... Nunca o vi propor coisas superficiais, ridículas, idiotas. É como se ele criasse resistências de maneira desnecessária por sua imagem, pela abordagem de comunicação pública que ele escolheu. Essa abordagem acaba criando espaço para gerarem resistência à figura dele. São pessoas que tiveram um contato muito superficial com as ideias do Roberto, mas se apegam à parte 'não gostei do jeito dele'".

O amigo Roberto Lang lembra-se das Olimpíadas de Sydney como o marco de uma grande lição que o xará recebeu da vida: "A impressão que tive é que ele entrou na coisa toda com ingenuidade. Ele não sacou que ali havia muita política envolvida, vários interesses em jogo. Fui à casa dele quando recebeu o kit do uniforme da delegação brasileira, que vestiria em Sydney. Lembro-me de uma coisa tipo agasalho esportivo, uma mistura de azul e verde, um Brasilzão escrito atrás. O Roberto estava eufórico de participar dessa história. Estava parecendo criança se vestindo de super-homem. Subiu na cama, sem sapatos, como um boxeador subindo no ringue. Como num desfile, botou roupa, trocou roupa desse kit das Olimpíadas. Não me lembro de vê-lo mais feliz da vida do que naquele dia".

Qual foi o sentido disso tudo na opinião de Lang? "As Olimpíadas foram o auge do sucesso do Roberto como terapeuta. Tem atletas daquela época que até hoje o procuram, valorizam o que aconteceu. Acho que ele fez lá o trabalho mais dedicado possível. Ele se sentiu no topo, chamado para auxiliar o Comitê Olímpico Brasileiro. O ego deu uma inflada. Mas aí ele foi criticado, tomou pau por todos os lados. Foi um momento também de baixa na imagem dele como terapeuta. As porradas doeram, ele sentiu muito. Foi o período da vida em que teve mais dificuldade em lidar com as críticas."

E a lição para Roberto foi aprender a lidar melhor com as críticas, não se assustar com elas, muito menos desabar por causa delas. Ele mesmo conta: "Isso não era mais novidade na minha vida. Ia dar palestra de duas horas, para 2 mil pessoas, e ainda tinha gente que dizia: 'É só enganação!'. Estava lá na Austrália, a crítica malhando por causa do andar na brasa, 'que é uma encenação, porque tem uma cobertura de cinza sobre o carvão', sem se dar conta de que sem concentração e fé a pessoa podia se queimar, mesmo com camada de cinza no pé, e que o perigo de se queimar, antes das Olimpíadas, era um estímulo formidável para o sujeito se superar. E aí a tevê mostra um vídeo da dupla australiana que ganhou das brasileiras Adriana e Shelda, na final de vôlei de praia, caminhando sobre brasas, no trabalho de preparação psicológica delas. Esse é um recurso de estímulo de alta performance bem importante, até o tenista André Agassi, um dos maiores da história, o praticava".

Então, "Se você está na vanguarda, vai tomar pancada. Não dá para pensar que o pessoal vai achar a vanguarda algo normal...". E a respeito do lance de caminhar sobre brasas, Roberto constata: "Depois de fazer por dez anos, tem uma hora que você tem que mudar as coisas, da mesma forma que abandonei ser terapeuta. Minha última vez foi numa convenção internacional da Nokia, um negócio sofisticado, enorme, com tradutores para treze línguas. Fiz todo mundo andar. Depois, foi hora de mudar".

Tudo na vida tem hora de semear e hora de colher; hora de plantar e hora de desfrutar. Também existe a hora de mudar e de refletir sobre os erros. "Essas encrencas da vida... Lembro-me de uma vez em que errei a mão na Editora Gente. Errei feio. Tínhamos um novo colaborador, um senhor, e ele propôs que a gente investisse em livros de corrida, de finanças pessoais e de responsabilidade social; temas, então, muito na moda. Ele dizia que livros de autoajuda não eram mais competitivos. Eu apoiei, a gente investiu, a gente apostou. Só que não pesquisamos o mercado. Levantamos no mundo os vinte melhores livros de corrida, *Como evitar lesões*, *Como fazer aquecimento*, *Nutrição para corrida*, essas coisas. E, quando lançamos a coleção, não vendemos nada... Só que já tínhamos pago adiantados os direitos autorais das edições brasileiras. Quando você tem contrato, precisa imprimir os livros... Então buscamos uma alternativa."

Lá atrás, na década de 1990, Roberto relembra outro erro. Uma falha de *timing* talvez, de leitura equivocada do tempo do mercado. "Surgiu nessa época uma lógica aparente de uma nova situação na sociedade: a população da terceira idade estava aumentando. Então compramos os direitos de um monte de livros para a terceira idade. Abrimos um novo selo editorial com esse posicionamento. Descobrimos então que o pessoal da terceira idade não queria livros de beleza direcionados à terceira idade... Não queria livros de ginástica especializados... Deu tudo totalmente errado!".

Roberto reconhece os erros: "Esses são dois casos de situações as mais estúpidas em que me meti. Na última, foram quatro anos catastróficos de perda financeira gravíssima. Mais um pouco, e quebraríamos... Só não quebramos porque aprendi, quando fiz MBA na Faculdade de Economia e Administração (FEA), na USP, que você tem de guardar um dinheiro para uma emergência. Então, graças à minha economia consegui segurar. Nesse momento a Rosely estava voltando para o comando da Editora depois de quatro anos ocupando a presidência da Câmara Brasileira (CBL). E quem trabalhou com a Rosely para tirar a

Editora do caos foi o Ricardo, meu filho, que assumiu inovando, saindo dos hábitos do mercado".

A lição disso é que antes de apostar em outro segmento é preciso fazer pesquisa: "E, olhe, eu já era doutor em Administração de Empresas nessa época! Sabia da necessidade de fazer pesquisa, mas para mim parecia tão óbvio que o mercado queria os livros que íamos oferecer... Parecia óbvio que iríamos dominar o mercado de livros de corrida... E a gente descobriu que as pessoas gostam é de correr, não de ler livros de corrida. As coisas aparentemente óbvias nem sempre são óbvias, é preciso fazer pesquisa. Outra coisa importante é deixar sempre um espaço para o erro, para poder ter segurança de consertar".

– E no lado pessoal das coisas, Roberto? O que aprender disso? – quero saber.

– O sucesso traz uma arrogância. Eu sou um cara de muito acerto no passado, mas nesses quatro anos... A gente fez uma série, deu errado, fez outra série de livros, deu errado... Passamos quatro anos errando o alvo. As pessoas próximas ficaram pensando que tudo o que eu fazia dava errado... Um dia eu estava tão angustiado que chamei minha amiga, a publicitária Magy Imoberdorf, na editora. Chorei e desabafei: "Não é possível eu errar tanto, uma vez atrás da outra!".

13 MULHERES NO CORAÇÃO

Quando Eduardo Ribeiro, vice-presidente de vendas da Avon, chama ao palco Roberto Shinyashiki numa convenção nacional da empresa com mais de 900 gerentes presentes, a maioria mulheres, a plateia vem abaixo em aplausos acompanhados de gritos de aprovação. O executivo acabara de anunciar que está sendo escrito um livro, encomendado pela multinacional de cosméticos ao palestrante, direcionado a elas, para ajudá-las a liderar a legião de mais de 1 milhão de revendedoras autônomas no país.

A companhia, que se define como promotora do empoderamento das mulheres desde o início de sua história nos Estados Unidos, em 1886, parece acertar na mosca com sua escolha pela reação entusiasmada dos participantes. De terno azul-escuro, camisa azul-clara, gravata vermelha, paira sobre Roberto a aura glamourosa de astro das palestras. Mas ele responde à calorosa recepção de um jeito próximo que o faz parecer o vizinho do outro lado da rua.

– Gente, bom dia!

– Bom diaaaa!

– Maravilha estar com vocês, um orgulho, uma honra especial! Quando a Avon e a Editora Gente me convidaram para escrever esse livro, Rosely Boschini, que é a diretora-geral da editora, me apresentou uma pesquisa. Nessa pesquisa se descobriu que, quando uma mulher sobe na vida, 70% delas ajudam alguém. Um pai, um irmão, um amigo.

Mas só 19% dos homens ajudam a família. Eles fazem uma viagem, compram um carro, vão tomar cerveja. Só depois vem a família. Quando vi essa pesquisa, falei: "Preciso escrever esse livro!".

Negócio de mulher: seja dona de sua vida sai um tempo depois, com prefácio de Luiza Helena Trajano, presidente da rede Magazine Luiza, com o autor declarando de cara sua admiração pelas mulheres, o reconhecimento pelo papel transformador que têm na sociedade e sua profunda gratidão por elas. Quer ajudá-las a ganhar autoconfiança, a empoderarem-se e a vencer na vida, impulsionadas pelo método que apresenta, inspirado pelas histórias empreendedoras de três colaboradoras da própria Avon. Em especial, agradece o papel fundamental de três mulheres guerreiras em sua vida: a mãe, dona Benedita, a terapeuta Muriel James – de quem você saberá mais no capítulo 14 – e a irmã.

Rosely, compartilhando com este escritor sua participação na história do irmão, desenha o alcance do seu papel de aliada. Vamos descobrir a causa de tanta admiração manifestada em público.

"Quando assumi a Editora, há alguns anos, comecei a fazer as coisas darem certo. A ideia inicial era: o Roberto sabe avaliar texto, escreve, conhece muita gente que pode convidar para publicar aqui, e eu vou cuidar do restante. Nasce, assim, uma ótima dobradinha. Primeiro, eu cuidava da parte comercial. Depois fui estudar muito a parte administrativa e financeira, para entender melhor esses assuntos. E então passei a me dedicar também à área editorial."

A essa altura, em que Rosely já havia abandonado a arquitetura e a Editora Gente já publicava outros autores além de Roberto e de seus antigos mentores das psicoterapias, o desafio editorial exigia mais profissionalismo do que a empolgação amadora do começo. A Editora iria acabar assumindo um papel pioneiro de extrema relevância na expansão e consolidação do mercado de livros de autoajuda e desenvolvimento pessoal no Brasil. Era preciso garra, visão, habilidade profissional.

A EDITORA IRIA ACABAR ASSUMINDO UM PAPEL PIONEIRO DE EXTREMA RELEVÂNCIA NA EXPANSÃO E CONSOLIDAÇÃO DO MERCADO DE LIVROS DE AUTOAJUDA E DESENVOLVIMENTO PESSOAL NO BRASIL.

Rosely resgata a história: "Comecei a ver que muitas propostas que os autores traziam não eram o melhor para o mercado. Havia muitos outros temas e oportunidades mais interessantes que os escritores não estavam vendo. Eu queria contribuir com os leitores, entregar a eles conteúdos que resolvessem problemas contundentes. Por exemplo, o primeiro livro de Gustavo Cerbasi, *Dinheiro: os segredos de quem tem*, foi um livro bonito, importante, de gestão de finanças pessoais. Depois, fizemos uma pesquisa e detectamos que muitos casais tinham um problema sério com dinheiro e que até separações decorriam dessa dificuldade. Sugeri ao Gustavo que ele pensasse num livro com uma solução para isso. Ele gostou da ideia, mas não se sentia à vontade para abordar o aspecto comportamental que o tema exigia. Então colocamos uma psicóloga para ajudá-lo com assuntos mais específicos. O livro foi um sucesso: *Casais inteligentes enriquecem juntos* vendeu mais de 1 milhão de exemplares e até inspirou o filme *Até que a sorte nos separe*, uma comédia contendo uma ou outra dica do consultor especialista em finanças".

Lembra-se de outro caso parecido: "Eu trouxe de uma feira internacional de livros uma série que tratava do problema da disciplina, da educação dos filhos em casa, da relação das famílias com as escolas, mas o conteúdo era um tanto distante da realidade brasileira. Quando conheci o Içami Tiba, vi que ele tinha potencial para trabalhar essa linha e escrever um livro sobre o tema".

Os livros de Içami tornaram-se best-sellers nesse segmento. Mesmo que ele e Gustavo depois tenham se afastado da Editora Gente, o período inicial foi proveitoso para a casa editorial, assim como para os autores.

O talento de Rosely não está apenas no faro comercial, na capacidade de negociar distribuição, no olhar atento ao lado administrativo e financeiro. Está também na função de editora. Editora no sentido clássico. O sentido do profissional que ajuda o autor a construir sua obra, quase um coautor.

"Decidi fazer um curso de roteiro, incluindo um com a cineasta Tizuka Yamasaki. Desde menina me interesso muito por cinema, e passei a entender que o livro tem de ter a dinâmica e a velocidade de um bom filme. Comecei a montar roteiros para os autores, planejar os livros com eles. Fiz isso para o livro *Disciplina: limite na medida certa* e para *Quem ama, educa!*, ambos do Içami, que consagraram essa prática conosco."

Quando Roberto decidiu encerrar as terapias de grupo, liberando mais espaço para a Editora Gente no local que na época abrigava o seu trabalho terapêutico, o negócio editorial já estava indo muito bem. A Editora era referência em livros de recursos humanos e contava com um bom catálogo de títulos sobre carreira profissional. Com o tempo, seria vencedora do Top of Mind por cinco anos seguidos, o

"O LIVRO TEM DE TER A DINÂMICA E A VELOCIDADE DE UM BOM FILME."

prêmio do jornal *Folha de S.Paulo* que reconhece as marcas mais lembradas pelo consumidor brasileiro em diversas categorias de serviços e produtos.

No livro para a Avon, Roberto reconhece:

> O que seria de minha vida se não fossem as mulheres? Sou grato à vida pela oportunidade de ter ao meu lado mulheres tão dedicadas.
>
> Na minha equipe, a maioria dos colaboradores são mulheres. E posso dizer com orgulho que sou um privilegiado: estou rodeado de profissionais competentes e admiráveis. Observo de perto o trabalho de cada uma delas, seu empenho para se tornarem melhores profissionais a cada dia e a paixão com que se dedicam ao que fazem.
>
> [...]
>
> Pela admiração e pela gratidão que sinto pelas mulheres, tornei-me um estudioso da alma e do comportamento feminino – elas são minhas maiores leitoras e também minhas fontes de ideias.

A pergunta que agora vem à mente é como Roberto corresponde a essa admiração das mulheres? Como manifesta, em reciprocidade, a gratidão que sente?

Uma das respostas possíveis é que ele procura usar sua habilidade como motivador para lhes dar autoconfiança e compartilhar com elas sua experiência e seu *know-how* do caminho do sucesso e da felicidade com o intuito de empoderá-las. Mesmo porque, declara no livro, seu objetivo de ajudar o Brasil a se transformar num país de campeões *só vai acontecer quando as mulheres tiverem sucesso.*

Ah, o papel dos mentores no mundo...

Na Jornada do Herói, esse arquétipo é o que dá um presente, um ensinamento, um instrumento de ação que capacita o protagonista de uma história a viver sua aventura. O mentor sabe algo que o outro não sabe ainda ou não domina. A relação entre ambos tem a ver com transmissão de conhecimento. Na vida real, não é a informação ou o conhecimento intelectual que verdadeiramente sela a interação alquímica entre o mentor e seu protegido. O que faz a diferença, de fato, é a emoção. A troca energética sutil entre ambos.

O mentor tem a intenção de ajudar. Há um quê de fraternidade na sua ação. O protegido precisa ser visto, reconhecido e cuidado. O mundo precisa saber que ele existe. Ele tem necessidade de sentir que é importante para o outro, que o mentor vislumbra a luz do seu potencial, frequentemente oculta para si mesmo.

Esse cuidar tem uma dose de afeto humano. É um *quantum* de energia.

Pode ousar. Pode pensar comigo. Não se assuste. Tem um nome. Pode chamá-lo de amor.

A palestra está chegando ao fim no hotel da convenção da Avon, em Atibaia.

Colocar-se num rumo de transformação para melhor, no desempenho profissional e como pessoa, é o que Roberto procura motivar sua plateia a fazer nesse dia. Compartilha um método: ter uma atitude vencedora e determinada, a mente de campeão; pensar no trabalho como um negócio, não como um emprego; ajudar os outros a atingir seus objetivos, para atingir os próprios; pensar grande, com horizontes abertos; ter uma missão na vida alinhada com Deus, não importando – citando um poema de Mário Quintana – se você acredita n'Ele, pois o que importa mesmo é se Ele acredita em você, e, lembrando uma frase da mãe, dona Benedita: "O pouco com Deus é muito, o muito sem Deus é nada".

Mais do que ter um objetivo puramente profissional, o importante é buscar ser feliz. "Sucesso sem felicidade, para mim, é uma forma de fracasso", diz Roberto. Para ser feliz, é melhor amar, dizer "eu te amo" para a esposa, para o marido, para o filho. Amar não é coisa de covarde.

O maior segredo para ser feliz? Saber agradecer. Agradecer quem o ajuda a ter sucesso. Agradecer pela pessoa deixar você ajudá-la a ter sucesso.

"Então eu quero falar uma coisa para vocês. Quero que você fique em pé, procure três ou quatro pessoas do seu grupo, dê um abraço e diga 'obrigado!'. Aquele abraço de irmão, de irmã! Aquele abraço de amigo! Agradeça muito às pessoas que têm ajudado você!."

A reação sonora espontânea ecoa pelo salão num júbilo coletivo, vozes femininas se sobressaindo, disparadas no meio do oceano de alegria. Dois minutos e três segundos de uma vibração digna de crianças de escola saindo para o recreio. E o palestrante, dirigindo-se especialmente às mulheres, fazendo-se ouvir por cima de tudo, já um pouco preocupado com o rumo que a coisa está tomando, diz: "Gente, quero pedir uma salva de palmas para vocês!".

Aplausos.

E continua: "Essa energia abraçativa, amorosa, de vocês, mostra quanto são poderosas. Mas deixe eu pedir para vocês. Diga para o colega: 'Abrace em silêncio, por favor!'. 1, 2, 3, já!".

Todos, em coro, então dizem: "Abrace em silêncio, por favor!".

MAIS DO QUE TER UM OBJETIVO PURAMENTE PROFISSIONAL, O IMPORTANTE É BUSCAR SER FELIZ.

Roberto completa: "Quanto mais você agradece, mais a pessoa tem prazer de o ajudar, e quanto menos você agradece, mais você cria a separação". Mas quem agradece, como no time de futebol em que o artilheiro que faz o gol corre para abraçar quem deu o passe, aumenta a união.

"Quando vocês realizam suas metas, ajudam pessoas a subirem na vida. Ajudam pessoas, especialmente mulheres, a lutarem por sua dignidade, a não aceitarem violências, humilhações, as quais elas foram ensinadas a aceitar. Quando você tem sucesso, você muda a vida de muita gente. E quero dizer para você: Deus aplaude seu sucesso, Deus aplaude sua vitória. Porque sua vitória ajuda este mundo a ser melhor."

Aplausos.

Roberto sai do palco e vai para o quarto pegar suas coisas para ir embora ainda neste final de manhã. Intervalo na convenção.

No corredor, a caminho do elevador, duas participantes o reconhecem, pedem para tirar fotos, fazer *selfies.* Na porta do elevador são mais duas. Logo adiante, no corredor, indo para o quarto, são mais quatro. Veem que é Roberto, dão meia-volta e descem com ele no elevador. Querem fotos também.

No térreo, são pequenos grupos, três pessoas em um, quatro noutro. Todas as mulheres se aproximam. Todas querem tirar fotos. Roberto atende, sorri, estanca o passo, faz pose, abraça e se deixa abraçar. Simpático, mas levemente cerimonioso, educado, recatado.

Vai para o estacionamento, o motorista o espera para levá-lo a São Paulo. Mais duas mulheres o veem de dentro do edifício, pela porta de vidro. Correm e o alcançam quando ele está para fechar a porta. Dessa vez, querem autógrafos. Ganham. Voltam felizes para o prédio. A porta se fecha. O sedã preto, típico carro clássico para o transporte de executivos contratado pela Avon, sai devagar para a rodovia Fernão Dias, rumo a São Paulo.

Enquanto some de vista, lento, eu continuo mergulhado na atmosfera daquele fascínio que testemunho. Falta algo mais para compreender a natureza e o porquê da ligação das mulheres com esse homem. Vem à minha lembrança a entrevista de Shinyashiki a Antônio Abujamra na televisão, comentada no capítulo 9.

Bem mais jovem, Roberto responde ao apresentador que não é assediado pelas mulheres. Sua figura arquetípica, para elas, não é a de Don Juan, é mais, reconhece o próprio Roberto com naturalidade. É a do professor, a do homem que admiram pelo conhecimento que compartilha, ajudando a iluminar suas vidas.

A resposta vale, mas ainda tem algo mais, penso. Lembro-me dos artigos na mídia impressa, dos vídeos na mídia digital nos quais Roberto vem a público em defesa da mulher. Talvez ele seja como um irmão mais experiente. O homem mais pleno que equilibra força com doçura, ação e coragem, honestidade e hombridade. O modelo que elas gostariam de ver mais presente na população masculina, para honrar o feminino nesta sociedade em que nem sempre virilidade é sinônimo de caráter, nem paixão é igual a respeito, ou amor a sabedoria genuína.

Eu o imagino até um pouco protetor. Mas, principalmente, o homem que valoriza as mulheres, que se vale de sua autoridade de conhecimento e sensibilidade para também ser o mentor de outros homens-líderes quando o assunto é mulher.

Num vídeo de sete minutos que Roberto posta para celebrar o Dia Internacional da Mulher, 8 de março, recomenda e alerta: "Se você é empresário, não dê flores de cala a boca para a sua secretária, para as suas colaboradoras, no Dia Internacional da Mulher. Não adianta fazer cara de paisagem. Elas vão rir da sua cara, 'Ele acha que a gente é idiota?'. É melhor você parar e ver na sua empresa se existe meritocracia para homens e mulheres. Se a sua empresa é machista, arrume a casa, comprometa-se com a transformação. Se você quer dar flores, dê de verdade. As mulheres adoram flores. Mas elas preferem seu respeito, seu amor, seu companheirismo. Todo dia".

Sim. Todo dia homens e mulheres vivem as opções que a vida reserva. Mas quando o sol nasce, ninguém pode saber com certeza o que virá. Poderão vir flores, alegria. Poderão vir provas duríssimas, tristeza.

Parece sensato o cultivo de uma virtude para todas as horas e situações. Que as surpresas desagradáveis não nos peguem desprevenidos no caminho, mas nos deem luz, força.

Mas o que é essa virtude? Como Roberto a procura? Esse é o tema do próximo capítulo.

14 FÉ

Quando você entra na sala de Roberto Shinyashiki, no sobrado que na época da redação dos originais deste livro era a sede do Instituto Gente, em São Paulo, vê sua mesa de mármore branco cercada por seis cadeiras. Ao fundo, atrás da mesa, na parede, dois quadros de pintura abstrata. Dentro da sala espaçosa mas sem luxo algum, há um grande móvel de madeira com gavetas, alguns de seus livros expostos numa prateleira, fotos de um dos filhos, outra de Roberto com a filha caçula, Marina. Sobre o móvel, um pequeno, delicado oratório de madeira marrom-escura. É uma homenagem aos antepassados, na melhor tradição xintoísta.

Roberto não é praticante do xintoísmo, a religião milenar – dizem, a única genuinamente japonesa – da terra de seus antepassados paternos. Mas o respeito à memória dos que o precederam na sua linhagem de sangue, simbolizado pelo oratório, sinaliza algo em direção ao que inquieta Edvaldo, o escritor, na visita desta manhã quente, quase abafada, de dezembro. O que dá sustentação a esse homem dinâmico, criativo, algo caótico por vezes, realizador, impetuoso em alguns momentos, que nem sempre tem como resultado o acerto de suas ações de risco?

O que dá lastro interior para Roberto Shinyashiki voar?

O homem é ousado. Assume responsabilidades. Mesmo quando falha. Abre-se para o mundo oferecendo, sem vacilo, conselhos, opiniões, recomendações, soluções para uma vasta lista de problemas da carreira, dos negócios, da vida pessoal. Para homens, para mulheres.

Orientar pessoas em questões sensíveis é para poucos. Fazer isso para multidões é para pouquíssimos.

Há que haver segurança interna. Autoconfiança poderosa. Mesmo quando, sabemos muito bem, temos consciência de que nenhum de nós é o herói impecável dos quadrinhos. Super-homem. Ao contrário, somos os heróis em construção de nossa própria vida. Com todas as limitações humanas.

Então, o que dá vigor interno a esse mentor? O que o capacita para crescer de sua origem humilde, de rapaz tímido e recatado, quase suburbano – "Nas primeiras viagens de avião, ele suava frio nas mãos", confessa a irmã Rosely –, para se tornar um cidadão globalizado que voa para os quatro cantos do mundo, dialoga com poderosos, fala para multidões, orienta indivíduos determinados – às vezes de egos enormes e difíceis de lidar – na perseguição do sucesso e da felicidade?

O gatilho que dispara sua jornada de aventura para além da zona de conforto em que a vida parecia lhe acomodar, você e eu já sabemos: a dramática doença do filho Leandro. Mas por quais caminhos se instrumentaliza para responder ao desafio gigante?

Meu mapa para você aponta duas direções. Ambas se completam e convergem, pois são caminhos de territórios distintos, mas paralelos. A primeira é mundana. Roberto conta: "Quando o Leandro era pequeno, eu precisava fazer dinheiro. O que estava ganhando não dava para cobrir os gastos médicos. O tratamento dele era uma nota! Algo equivalente a 60 mil reais por mês hoje! Percebi que precisava me posicionar. Precisava me diferenciar como terapeuta. Precisava me tornar um profissional especial. Então fui fazer uma formação no Cathexis Institute, criado pela Jacqui Schiff, em Oakland, na Califórnia. Queria estudar mais, precisava saber mais".

Mas e os recursos para isso?

"Minha grana era bem curta. Eles serviam um café da manhã no local, que às vezes era bem fraco. Eu pegava um pão, um pedaço de queijo, um leite. No almoço, me resolvia num restaurante *self-service* ali perto, onde pegava escondido uma sopa em lata Campbell e levava para o Cathexis, onde estava hospedado. Tinha um lugar para os profissionais em treinamento. Os pacientes passavam o dia, num sistema de semi-internato para terapia, mas à noite iam para suas casas. Como não havia ninguém mais em treinamento naqueles dias, ficava sozinho na casa, à noite. Não tinha dinheiro para sair, não tinha computador, a internet ainda não existia. E aquele frio de inverno nos Estados Unidos... Aproveitava para ler muito. Às vezes ficava me sentindo muito pobre. Porque meu jantar era uma sopa Campbell e um pedaço de pão que havia pegado do café da manhã. Ficava me perguntando se algum dia alguém me pagaria essa sopa Campbell...".

Roberto Lang procura entender o impulso que está por trás da sopa, do pão e da solidão de inverno: "Ele é um cara extremamente estudioso. Conheço poucas pessoas que vão tão fundo quanto ele quando decidem estudar um assunto. Pagando o preço que for. Para mim, é um mestre. Mas se coloca rapidamente na posição de discípulo. Não tem vergonha de assumir a ignorância. Quando a gente vê uma pessoa com muito talento, é fácil perceber que ela vive só olhando para ela mesma. O Roberto sabe contrabalançar esse risco de ficar viajando no próprio ego. É essa história de procurar mestres, de procurar referências, pequenas e grandes, de admirar a sabedoria dos outros".

É a história de ir atrás. De trazer a sabedoria até você, caso não possa ir aonde ela está. Lang pontua: "O caso dessa terapeuta americana, Jacqui Schiff, é um exemplo. Ela é uma figura incrível. Originalmente discípula do Eric Berne, na Análise Transacional, ela acabou desenvolvendo algumas técnicas para tratar distúrbios psiquiátricos por meio da regressão.

É mais ou menos assim: você revive a infância e acerta alguns problemas da relação com os pais. Você pode conseguir reconstruir sinapses. Algumas das pessoas que passaram pelo processo tiveram mudança da química da psicose. Assim, haveria casos efetivos de cura de psicose".

Então, "o Roberto trouxe a mulher, botou no sítio de Itapecerica da Serra, arranjou uns terapeutas para treinar com ela. Traduzi algumas palestras da Jacqui. O Roberto trouxe também alguns pacientes, havia um psicótico para cada terapeuta no treinamento. Minha esposa, Bárbara, que é fonoaudióloga, fez também essa formação, e foi muito bacana para ela. Todo o ambiente do curso era forte, mexia, e muito, com as pessoas".

Jacqui Schiff é uma figura icônica na história da Análise Transacional, tornando-se muito famosa no meio a partir da década de 1960, como pioneira de uma linha de trabalho na psicoterapia de vanguarda conhecida hoje como reparentalização.

Na primeira versão dessa abordagem, a proposta de Schiff, a terapeuta instalava um processo de transferência, com ela assumindo o papel de "mãe" dos pacientes. Diferentemente da Análise Transacional clássica, voltada essencialmente para processos de autoconhecimento, a proposta de Schiff dirigiu-se para o terreno das patologias mentais, prometendo a cura da esquizofrenia e de distúrbios bipolares sem a intervenção de medicamentos, que era o padrão naquela época.

Esses resultados nunca foram comprovados cientificamente, por pesquisa convencional, embora haja testemunhos positivos de gente beneficiada por esse processo. Radical e extremo, o método de Schiff, denominado Regressão Total, acabaria, com o tempo, provocando polêmicas graves na comunidade psicoterapêutica. Apesar disso, a reparentalização continuaria a se desenvolver numa variedade grande de abordagens que surgiriam nos anos seguintes.

Uma delas traria uma importante alteração de procedimento. Em lugar de o terapeuta assumir papel primário ativo no processo do paciente, como substituto psicológico de um de seus pais, o próprio paciente se tornava o agente principal de sua mudança. Nascia a autorreparentalização, linha iniciada por Muriel James, outra distinta referência na formação do Roberto Shinyashiki terapeuta.

A vontade e o empenho para aprender desdobram-se em generosidade em reconhecer, publicamente, quem lhe influenciou de maneira marcante em momentos distintos da vida. O mentor revela-se aprendiz em gestos de gratidão pública como a série de vídeos no seu canal de YouTube em que compartilha as lições que aprendeu com sete de seus maiores mestres.

Muriel James integra esse panteão de homenagens. Ela é coautora do best-seller *Nascidos para vencer* – com Dorothy Jongeward –, que já atingiu mais de 4 milhões de exemplares vendidos, traduzido para dezoito línguas a partir do original inglês. Roberto destaca como o principal ensinamento que recebeu de Muriel um caminho para "reorganizar a personalidade de uma pessoa para que ela não se sabote e não se afaste dos seus objetivos simplesmente porque, no passado, em algum momento, aprendeu que não era capaz de realizar algo". Isso porque "temos em nossa mente um lado adulto, um lado criança e um lado dos nossos pais. Esses três lados têm suas características positivas e negativas". Mas "em muitos momentos nós deixamos o lado negativo assumir o controle e ditar as nossas ações e os nossos comportamentos".

Roberto fez treinamento com Muriel nos Estados Unidos, e daí nasceu uma grande amizade com ela e seu marido. O brasileiro se considerava ainda um molecão, Muriel já era um nome gigante na Análise Transacional, discípula direta do fundador, Eric Berne.

"Ela me adotou. Quando ia para eventos em São Francisco, na Califórnia, ela que morava ali perto, na cidade de Lafayette, me convidava para ir jantar na casa deles. E ela: 'Me diz o que você quer comer, faço um prato especialmente para você'. E eu: 'Meu Deus, estou na casa da Muriel James e ela me pergunta o que eu quero jantar!'."

Mais do que mimos de uma mentora que certamente reconheceu no pupilo sul-americano um modo de seu trabalho causar influência também por aqui. Roberto aprendeu com Muriel o método da autorreparentalização que até hoje emprega quando atende executivos, empresários e atletas. Explica o efeito dessa abordagem: "Há muitos seminários por aí de gente que diz que vai mudar sua vida, mas não vai, porque esses seminários não trabalham os pais que estão em você. Não mexem com a criança que um dia você foi. A informação que você recebe nos seminários fica no adulto, mas a criança, a parte insegura, fica interferindo nas decisões que tomamos como adultos. Se você teve uma mãe que lhe batia muito, essa mãe fica o tempo todo batendo em você, dentro da sua cabeça. E aí você fica com medo de mulher".

Outro exemplo: "É muito provável que muitas vezes, quando você vai fazer uma apresentação de um tema que conhece, o 'pai negativo' fique dizendo: 'Você é burro, você só fala besteira...' Aí você diz: 'Meu Deus, como é que eu fiz essa apresentação ridícula?'. São essas vozes, e sua criança se sente insegura".

O que Roberto faz com o que aprendeu de sua mentora Muriel? Reprograma os pais internos para tratarem a criança interna do cliente com afeto. Para que essa criança se sinta amada, confiante, e possa realizar os sonhos que almeja.

Assim como sua tutora americana, Roberto aprendeu muito também com o único dos seus grandes mestres que não conheceu pessoalmente.

Eric Berne chegou às suas mãos através de outros seguidores do canadense criador da Análise Transacional, na fase em que o brasileiro já tinha um respeitável lastro de formação complementar em Psicologia. Psiquiatra jovem, tendo passado obrigatoriamente pela psicanálise, ampliava conhecimentos fazendo formações em linhas diversas como o psicodrama, a Gestalt-terapia, a programação neurolinguística. Mas Eric Berne foi um achado mais do que especial lá por volta de 1975, com uma lição que perdura: "Ele diz que você tem de curar numa sessão. Você tem de ir para o ponto central. Se você é terapeuta, mentor, *coach*, consultor, a pessoa que você está atendendo pode ser que não avance. Porque tem um ponto que trava. Eric contava a história de uma pessoa andando descalça que pisa num espinho infectado. O pé inflama e, então, porque dói, ela não pisa direito, e a dor se alastra para a região lombar. Aí a febre aumenta, e ela começa a vomitar e pode ter arritmia. No pronto-socorro, se os médicos são amadores, não vão tratar direito porque ficam olhando os sintomas. Não veem que a causa é o espinho que infectou o pé. Se estou dando uma consultoria e a pessoa está com um espinho no pé, não vai escutar o que estou falando, nem vai conseguir implementar o que ela prometeu fazer para se transformar". O jeito, mesmo, é tirar o espinho do pé.

"Se seu pai era muito duro com você, quando criança, pode ser que você fique com medo de receber críticas desse pai. Aí decide que pelo resto da vida não vai fazer nada fora de contexto. Para não arriscar nenhuma crítica. Não adianta, então, ouvir de muitos palestrantes, 'Precisa ter coragem'. É preciso que você tenha ajuda de alguém que saiba ver seu espinho, que toque seu coração. E é importante você olhar o ponto dentro de você que trava. E fazer a transformação."

Mudar todo mundo diz que quer. Especialmente quem está sofrendo. Alguns querem de verdade. E os que querem ajudar precisam ter competência e instrumentos para transformar. O problema, quando Roberto estava aprendendo a ajudar a curar, na especialização em Psiquiatria, é que essa abordagem era demasiadamente medicamentosa. O tratamento psiquiátrico também incluía os abomináveis eletrochoques, que o jovem médico instintivamente rejeitava, embora fosse prática corrente nessa época. "Nunca dei um eletrochoque", jura; "se tinha de dar, pedia para um colega fazer isso". Outra referência em vigor era a Psicanálise, já então criticada pela longa duração e por resultados pífios. A pessoa descobre a causa dos seus traumas, mas não os resolve.

Para transformar é necessário algo mais do que apenas o conhecimento intelectual. É preciso emoção. Tocado por uma ebulição interna da necessidade de agir rápido no mundo, o terapeuta em formação encontrou a proposta de rapidez em Eric Berne e o meio para agilizar isso em Cecilio Kerman, seu formidável mentor argentino em Análise Transacional, responsável por disseminar essa abordagem em muitos países da América do Sul.

"Ele teve uma influência profunda na minha maneira de trabalhar", afirma Roberto. "Nas dinâmicas de grupo, ele dizia que a sessão de terapia tem de ser a base da cura, da transformação da pessoa. Se não resolver o problema na primeira, tem de ser na segunda, na terceira... logo, logo. Meia hora de sessão pode ser o suficiente para a pessoa mudar. E tem o contrato de mudança, que é o compromisso que a pessoa assume, perante o grupo, de ir lá no mundo e tomar a ação que for necessária para mudar."

Casa de ferreiro, espeto de "ferro", foi o que Roberto aprendeu com Cecilio. Se quer dominar uma ferramenta para transformar os outros, você tem que experimentar o instrumento em si mesmo. Não dá para compreender a dor do outro se você não mexe na própria ferida.

SE QUER DOMINAR UMA FERRAMENTA PARA TRANSFORMAR OS OUTROS, VOCÊ TEM QUE EXPERIMENTAR O INSTRUMENTO EM SI MESMO. NÃO DÁ PARA COMPREENDER A DOR DO OUTRO SE VOCÊ NÃO MEXE NA PRÓPRIA FERIDA.

"Estava com 23 anos, aprendendo com o Cecilio. Nas sessões, quando alguém do grupo trabalhava seu núcleo traumático, a explosão de emoção pegava todo mundo. Numa delas, contei que estava muito longe do meu pai. Que eu era rebelde, que a gente brigava muito. Aí tive um papo com o Cecílio:

– Roberto, está na hora de você jogar para trás todas essas mágoas com seu pai. O que você sente por ele?

– Sinto amor, mas não consigo demonstrar.

– Vamos fazer um contrato. Até a próxima sessão, você vai falar para o seu pai que o ama.

Roberto concordou, meio displicente, achando que a tarefa, já que tinha compromisso com o grupo, seria fácil. Estava estudando em Bragança Paulista. Só via a família nos fins de semana, quando descia a serra para Santos.

No sábado anterior à sessão, a cabeça de Roberto estava fervilhando: "Vou falar para o meu pai, eu te amo. Vou falar para o meu pai, eu te amo! Então, na hora do almoço, quem sobrou na mesa? Eu e meu pai. Coisa rara, porque a casa vivia cheia. Tinha meus irmãos, as namoradas, meus amigos. Nesse dia, éramos só nós dois. Aí pensei, Fala Roberto, fala! Você vai falar eu te amo! 'Pai, passa o pão'. Meu pai passou o pão, e minha cabeça martelava, Roberto, fala, fala!. E eu: 'Pai, passa o arroz', e minha cabeça estava quase explodindo. Roberto, você é um homem ou um rato?, me cobrei. Terminamos o almoço sem eu conseguir falar. Meu pai tirou uma soneca. Depois, ele foi no quintal pegar uns ovos no galinheiro. Fui atrás. Agora você tem que falar! E lá fui eu: 'Pai?'. E ele: 'O que é?'. Eu: 'Pai, passa a cesta...'. O pai foi tomar um banho, dali a pouco teria de sair para o trabalho, na farmácia. Cara, você tem que falar! Quando ele voltar, à noite, a casa vai estar cheia. Os irmãos, os amigos. Todo mundo em volta. Vai ser mais difícil! Ele já estava indo embora, mas voltou para pegar a chave do carro; então eu me levanto:

– Pai?

– O que é, filho?

– Eu... eu amo você! – E as lágrimas começaram a rolar. – Pai, obrigado por tudo que você fez pra gente! Eu sei que você passou fome quando criança. Eu sei que você sempre trabalhou que nem um louco para que nunca a gente passasse o que você passou. – E as lágrimas rolando.

Roberto estava no quarto ano de Medicina. Já ganhava algum dinheiro, não precisava mais da mesada do pai. Então, Paulo disse:

– Filho, você está precisando de dinheiro? Se está, fala. A gente sacrifica, eu volto a dar sua mesada!

Roberto ficou possesso. Engoliu em seco, perplexo. Teve vontade de recolher toda a lágrima que derramou.

Na sessão seguinte, ele se aproximou de Cecilio e disse:

– Ele não tem sentimento, é um robô. Só pensa em dinheiro!

– Você fez sua parte. Se ele entendeu ou não, é uma questão dele. O importante é você ter coragem de abrir seus sentimentos.

Passaram-se uns três meses.

Roberto novamente em casa. Almoço, soneca do pai, ovos no quintal, banho para ir trabalhar... O pai se despede, entra no Corcel cor de abóbora. Daí a pouco Roberto escuta a buzina do carro.

"Abro a janela, vejo a mão do meu pai me chamando. Saio à vontade, de calção, faz calor, é praia, Santos. Quando chego perto, ele abre o vidro. Coloco a cabeça para dentro, quero ouvir o que ele quer. Ele não olha para mim. Olha para o retrovisor. E diz: 'Filho, sabe aquela coisa que você me falou outro dia? Foi a coisa mais linda da minha vida!'. E arranca! Sorte que fui rápido para tirar minha cabeça de dentro do carro..."

Esta é a grande lição de Cecilio: "Como terapeuta, preciso entrar num ponto da vida da pessoa e preciso fazer a transformação dela em uma sessão. Meu cérebro trabalha o tempo todo, 'Como ajudo essa pessoa a realizar o objetivo dela?'. Mas para realizar seu objetivo você precisa desenvolver competência. E precisa destravar o que está bloqueando. Qual é a sua trava? Qual é o bloqueio que está impedindo você de realizar o seu sonho?".

Agora Roberto relembra outro importante mestre que teve: "Cheguei ao José Angelo Gaiarsa todo certinho, bem-comportado, com aquela educação que a maioria de nós tinha nessa época: de ter boas maneiras, de agradar sempre, de ser bonzinho. Estou falando de por volta de 1974, a sociedade muito repressiva. Ele me ensinou a ser eu mesmo. Ele dizia para os alunos que o mundo que a gente vive é um mundo de falsidade. As pessoas vivem de fachada, falam pelas costas. Não falam de frente. A gente acaba não tendo relacionamentos verdadeiros. Ele escreveu um livro, *Tratado geral da fofoca,* mostrando que a fofoca nasce da hipocrisia de as pessoas serem 'politicamente corretas', mas não serem elas intensamente. Coisas do Zé: Seja o mais intensamente verdadeiro que conseguir. Dá trabalho, mas vale a pena. Não viva simplesmente para obter os aplausos dos outros, se esses aplausos custarem a sua integridade".

A busca de base sólida de conhecimento não ficou restrita à área terapêutica de vanguarda. Em 1994, Roberto já era palestrante famoso quando ganhou uma bolsa de estudos para fazer um curso de formação de empresários no Japão. Como seu trabalho já estava bastante direcionado ao mercado corporativo, decidiu que precisava estudar muito a área, para ter solidez no que falar para o público empresarial. Era o auge da onda da qualidade total japonesa, influenciando as empresas em todo o mundo. Roberto teve oportunidade de fazer visitas técnicas à sede da gigante mundial automobilística Toyota e do complexo industrial de bebidas e alimentos do grupo Kirin.

O autoprojeto de qualificação em Administração que se impôs continuou em 1996, quando começou um mestrado na FEA-USP, prosseguindo depois com o doutorado, nessa mesma unidade. Reconhece o valor desse esforço, pelo aval que os cursos lhe deram como crédito extra junto ao mercado empresarial: "Um dia uma repórter da *Veja* me perguntou: 'Por que você acha que está há tanto tempo no topo, enquanto outros palestrantes já subiram e já caíram?'. Mandei uma cópia do meu *curriculum* para ela, em resposta. Médico. Psiquiatra. Curso no Japão. Mestrado. Doutorado na USP. Ela respondeu ao meu e-mail com uma única palavra: 'Entendi'".

Embora reconheça o valor, não deixa de fazer uma leitura crítica: "Acho que dessas experiências, a que me agregou pouco foi o doutorado na FEA. Gostei de fazer minha tese, foi muito legal. Mas isso não me impede de ter uma sensação de perda de tempo com a maioria das aulas do doutorado".

Ele explica melhor: "Entrei para fazer o doutorado buscando na universidade um espaço para debater minhas ideias. Queria, inclusive, confrontá-las com as linhas contrárias. Fora alguns poucos professores, como a Rosa Maria Fischer e a Maria Tereza Fleury, que propiciavam grandes debates, encontrei aulas muito expositivas

NA DÉCADA DE 1990, EM VISITA AO JAPÃO, ROBERTO NUM CURSO DE FORMAÇÃO DE EMPRESÁRIOS.

e conservadoras. Não é o que eu esperava de um doutorado em universidade. Achava a gestão participativa o máximo nos negócios. Já falava disso num dos meus livros, via nas empresas que a liderança à moda antiga, em que os líderes eram ditadores, já não dava mais certo. Mas, quando trouxe o tema para debate, criticaram, acharam minhas perguntas absurdas".

Um dia o conflito latente explodiu às claras. "Levantei essa questão, e a metade da classe me trucidou. Quase ninguém ali conhecia meus livros, conhecia meu trabalho, mesmo assim diziam: 'Isso que você está falando é ultrapassado, é ridículo!'. Tentava argumentar: 'Fiz uma palestra numa empresa o mês passado na qual o dono é um ditador, e a companhia está indo pelo ralo'. Não adiantava. Até o professor interferiu. Argumentei: 'O que estou vendo aqui não é o que eu ensino nas empresas, por isso gostaria de discutir o tema, a validade ou não disso'. E o professor: 'Não temos espaço para discutir isso na academia...'".

A decepção no doutorado é sintoma do momento histórico de transformação que vive a sociedade, a educação também envolvida no embate dinâmico entre os modelos antiquados e as novas perspectivas que surgem, num tenso conflito entre paradigmas, que são os alicerces conceituais da civilização em crise profunda. A universidade formal e seu predomínio de uma visão fragmentada das coisas representam esse mundo em envelhecimento, incapaz de responder com eficiência aos desafios múltiplos do nosso tempo. O que Roberto ensina faz parte de uma nova educação, em que o lúdico e a razão se integram, em que o centro do poder deixa de se limitar ao indivíduo para se espalhar pelo coletivo.

Tocado visceralmente por essa nova onda de forças transformadoras que vai se ramificando pelas diversas áreas da atuação humana, Roberto também deu um salto incomum, a seu tempo, para dentro de um território pouco explorado pelos profissionais do mundo corporativo. Um salto de união. Buscando integrar, dentro de si, o profano e o sagrado.

TAMBÉM NO JAPÃO, O REENCONTRO COM TRADIÇÕES ANCESTRAIS.

Foi para a Índia, onde encontrou três outros grandes mestres. Esses três mestres o remeteram para o reino da espiritualidade. Mostraram-lhe com clareza, contudo, que o caminho do espírito é viver o cotidiano do mundo, não mais o distanciamento monástico longe dos afazeres da realidade mundana. É sacralizar a Terra, no aqui e agora. Na medida e no alcance de cada um.

As lições que Roberto celebra de Osho são muitas, de várias visitas ao *ashram* em Puna, em distintas fases do controvertido mestre. Controvertido para os outros, não para ele, pois Osho era o mestre da desconstrução das certezas, do desarme das defesas do ego que a pessoa monta para se esconder dela própria.

"Teve um período em que muita gente foi para ele por escapismo. A pessoa não sabia o que fazer da vida. Então escrevia uma carta. Às vezes, era até mesmo um garoto. 'Tenho 22 anos, mas resolvi me iluminar. Abandonei a universidade, abandonei o trabalho e estou aqui.' E Osho respondia: 'Você não abandonou nada, na verdade você é um preguiçoso. Você é uma pessoa que não teve coragem de enfrentar os desafios da vida. Não quero ser o mestre de alguém que está fugindo da vida. Então volte, construa sua carreira. Viva nesse mundo que a humanidade construiu e nesse mundo você vai se iluminar'."

As oportunidades de aprendizado com Osho se repetiram nas muitas viagens, mas duas delas, inigualáveis, só aconteceram quando o mestre estava chegando ao fim da vida. Uma delas foi uma rara, incomparável vivência de sentir, de perto, a energia extraordinária que emana de um ser iluminado. Quando Osho voltou para a Índia, depois de sua tumultuada fase americana – veja o capítulo 6 –, uma amiga de Roberto, Sanvara, o alertou para ir a Puna logo, pois o mestre estava doente. A suspeita era de que ele não estaria muito mais por aqui. Osho estava reorganizando seu trabalho no *ashram*, não se contava mais em milhares as pessoas que lotavam um auditório para ouvi-lo. As reuniões com ele estavam acontecendo em salas pequenas para umas 150 pessoas, no máximo.

A banda que antecedia a entrada de Osho no palco continuava ativa, mas lhe faltavam músicos. Roberto imaginou se oferecer para tocar na banda, um privilégio único na vida. Tocar na banda de um mestre iluminado! Ele presente, no *darshan*! Na cerimônia em que compartilhava sua energia com os discípulos.

Roberto saiu de São Paulo pela British Airways, fez conexão em Londres para Bombaim e de lá foi de ônibus para Puna. Chegou exausto pelas várias horas de viagem e confuso pela diferença dos fusos horários, mas foi de imediato para o *ashram*. Apresentou-se a Milarepa, o coordenador musical. Roberto conta: "Ele disse: 'Legal, tem ensaio às 3 da tarde'. Ensaiamos duas músicas, uma para quando o Osho entrasse no palco, outra para quando saísse. Eu na maior excitação, porque seria a primeira vez que veria o Osho tão de perto. Tinha de tocar, tinha de estar entrosado com a banda. Era o guitarrista, então ficaria bem no ponto por onde o Osho entraria. E uma moça até me orientou: 'Quando ele entrar, vai fazer um movimento com a mão, esse movimento é o sinal para os músicos começarem, e aí a gente toca'".

Chegou o momento. E ali estava Roberto, cioso do seu papel, da sua importância, do seu momento de ouro: tocar para Osho! Bem... há uma questão, sabe, quando você está diante de um mestre iluminado... de um ser humano que é uma prova viva de que, sim, nós podemos alcançar um estado de graça absoluta, de presença plena, de inteligência absurdamente total como um diamante de plenitude reluzente... que podemos, sim, vir a ser o que ainda não somos, talvez, mas fomos desenhados para ser e alcançar... seres totais... completos... livres... pulsantes de consciência manifestada... ah, quando esse contato acontece... de verdade... eu sei... também estive diante de Rajneesh uma vez, num monólogo individual... ele falando, eu ouvindo... menos de 2 metros diante dele...

"O Osho era muito poderoso! Tinha uma energia digna do sol! Ele entrou, fez o movimento com a mão. Mas era uma energia tão forte, me pegou de um jeito tão forte... o êxtase de eu estar diante de um mestre com essa energia... comecei a chorar, não conseguia tocar, não conseguia fazer o solo! A banda começou mesmo assim, a música estava rolando... e as lágrimas escorrendo... Eu estava em êxtase, estava em êxtase! E uma partezinha do meu cérebro que ainda funcionava falava para os meus braços: 'Braços, levantem, toquem!'. E eu não conseguia tocar nada..."

Bem, havia ainda a música do final, de quando Osho terminava sua fala, quando o *darshan* estava acabando. "Ele ficou em pé e então disse uma frase que não consigo mais me lembrar direito. Acho que era 'O.k., Manish', uma expressão popular, de origem sânscrita, nome genérico pelo qual se chama um homem. E fez aquele sinal. Que era para a banda tocar. Um, dois, três, vamos nós! Aí, não sei se era brincadeira dele, se era prepotência da minha imaginação... parece que ele fez o movimento na minha direção... De novo, desabei! De novo, em êxtase! De novo, chorando! E eu falava, 'Braços, toquem, pelo amor de Deus!'. E os braços não tocavam nada."

Está também na Jornada do Herói. Pode conferir em qualquer bom livro ou filme de aventura. Mesmo lá, você vai encontrar esse padrão universal. Da vida de todos nós. Do nosso processo de viver. Que a arte com alguma qualidade mínima vai reproduzir, pela intuição criativa do artista. Mesmo que no plano da consciência desconheça, pela lógica, esse fenômeno.

Todo herói de aventura confia na sua competência. Todo herói de aventura tem um plano magistral para derrotar o vilão. Todo herói de aventura tem uma arma infalível para derrotar o mal. Só que, na hora H, a arma engasga e não dispara; acontece o imprevisto que o plano genial não contemplou, e o herói tem de se render à evidência dos fatos, tem de buscar o poder que está acima da sua lógica, da sua força revelada insuficiente, dos seus recursos, tem de buscar a fé, além e em si, mas, antes, tem de se entregar, se render a uma força maior.

Um clássico do cinema: uma cena de *Indiana Jones e a última cruzada*. Indiana Jones e seu pai estão na caverna profunda onde se imagina que se encontra, escondido, o Santo Graal, a busca de sua aventura. Mas os bandidos também estão lá, e os descobrem. Obrigam Indiana a avançar para o núcleo da caverna onde, de fato, se abriga o Graal. O cálice que recolheu o sangue de Cristo na cruz e que, diz a lenda, concede a vida eterna. Indiana tem que avançar, pois o vilão dá um tiro no pai, que começa a sangrar. O herói tem que salvar o pai. Acontece que todos os que o precederam, em direção ao centro da caverna, foram degolados, à sua vista, por uma força misteriosa, brutal, impiedosa. O herói tem que seguir em frente. Tem uma missão de amor a cumprir. Só que tudo o que sabe, na teoria – Indiana é um intelectual, professor de arqueologia na universidade –, não basta na hora da verdade. Uma questão de vida ou morte. Tem que agir da maneira certa. Já que não sabe mais como, entrega-se a um poder maior.

Outra lição de Osho. Uma lição combinada, do fim e do agora. Roberto relata: "Estava em Puna quando o Osho desencarnou. É um acontecimento você estar próximo de um mestre iluminado quando desencarna. Uma experiência muito diferente. Naquela semana, ele disse: 'Fiquem alertas, porque estou saindo daqui. Estou indo embora.

Estou indo de volta para o plano espiritual'. Ele estava doente, mas o semblante era de paz".

Uma lição de saber morrer. De ter paz no coração quando chegar a hora. De saber que não se deixou de realizar nenhum objetivo importante, nenhum sonho nutrido com amor.

Uma lição de viver a vida com plenitude. De ter lágrimas para chorar na tristeza. Sorriso para iluminar o rosto na alegria. Viver cada momento em estado de celebração.

E uma lição de paz, também da Índia, vinda de uma mestra igualmente iluminada: Dadi Janki, ainda ativa na coordenação mundial do movimento espiritualista Brahma Kumaris quando Roberto a visita, estimulado por dois dos principais líderes do movimento no Brasil, seus amigos Ken O'Donnell e Luciana Ferraz.

"Fui para um retiro de raja-ioga na sede da Brahma Kumaris, em novembro de 2015. O retiro era para comemorar o centésimo aniversário de Dadi Janki. Uma santa! Imagine uma pessoa de paz, de amor, de sabedoria, celebrando 100 anos como uma adolescente. Aprendi com ela que o mundo está uma encrenca, o mundo está um caos, as pessoas estão estressadas, mas eu sou um ser de paz. A maioria pensa, 'Eu sou um corpo que tem uma alma'. A gente se identifica com o corpo. Mas Dadi ensina uma meditação que eu faço quase todos os dias. 'Eu sou uma alma e essa alma tem um corpo'. E 'Eu sou um ser de paz'. Se você se identifica muito com as urgências do corpo, o corpo quer as coisas na hora, quer isso, quer aquilo, pode ter um inimigo na sua frente, magoando você, querendo se vingar. Mas se você se lembra permanentemente: 'Eu sou uma alma e essa alma tem um corpo', você se desapega, a vida começa a fluir com serenidade, alegria e leveza."

Sim, o cultivo da espiritualidade é um ato nobre, mas nem sempre é assumido publicamente por quem transita no mundo das empresas. Espiritualidade que a Índia inspira. Mas, quero saber, e as inspirações daqui mesmo, da cultura ocidental, na vida de Roberto?

"Sou católico, tenho uma Bíblia na cabeceira da cama, adoro ler o Novo Testamento. Mas a Igreja Católica é uma catástrofe. Eu sou um católico que procuro me lembrar sempre que minha conexão é com o Cristo. Para mim, Cristo é riqueza. Riqueza de amor, riqueza de perdão, riqueza de consciência. Acho legais as histórias de Cristo, a multiplicação dos pães, a conversão de água em vinho."

Uma pausa na fala de Roberto, as mãos em movimentos de gestos largos, como nas palestras, se aquietam um momento. Os olhos miram firmes, intensos, o interlocutor: "Para mim, Cristo é o filho de Deus mesmo. Não é pela capacidade dos milagres. Ele está acima das histórias. Minha conexão é com o Cristo interno. Em momentos de angústia, digo: 'Me oriente, diga o que é para eu fazer, me pegue no colo'".

O Cristo que ecoa em Roberto é o Cristo da compaixão, do servir, do procurar amar ao próximo como a si mesmo. O Cristo que o impulsiona a fazer trabalhos sociais. Muitos projetos.

O CULTIVO DA ESPIRITUALIDADE É UM ATO NOBRE, MAS NEM SEMPRE É ASSUMIDO PUBLICAMENTE POR QUEM TRANSITA NO MUNDO DAS EMPRESAS.

Roberto é padrinho dos voluntários da Apae de São Paulo, a entidade que atende crianças com deficiência intelectual. Enquanto escrevo este original, ele está preparando um programa de treinamento para melhorar a gestão das unidades no estado. Também criou um programa de treinamento de professores do ensino fundamental e primário, voltado a melhorar o relacionamento com os alunos em sala de aula. Está sendo oferecido de cortesia a prefeituras do interior de São Paulo.

Dinheiro não parece ser seu deus, nem mercantilismo, sua religião. Administrar as finanças, cuidar bem da gestão de custos é outra coisa, prudência nos negócios. Mesmo assim, de vez em quando tem de ser policiado por alguém da Editora ou do Instituto. Generoso, às vezes se compromete em oferecer algo de cortesia para quem realmente precisa. Atende ao pedido de um amigo, move os pauzinhos do seu círculo de amizade para abrir as portas para alguém. Alavanca oportunidades de negócios para um aluno promissor. Dá palestra gratuita em universidade em troca de bolsa de estudos para alguém de talento mas sem recursos financeiros.

Espiritualidade, sim. Mas não só nos moldes da tradição ocidental, como está claro neste capítulo. "A fé ocidental é dessa tradição do contato com um Deus externo por meio da oração. A oriental é do contato com o Deus interno por meio da meditação. Os dois caminhos se complementam. A oração e a meditação são fundamentais."

São, mas Roberto ainda precisou de uma lição especial na Índia, uma *master class*, uma aula magna na sua busca espiritual, e por uma via que não esperava. "A minha amiga Sanvara insistiu um dia, há muitos anos, que eu precisava visitar esse mestre muito diferenciado, Ramesh Balsekar. Ele estudou em universidades inglesas e tinha tido uma carreira maravilhosa de executivo. Chegou a presidente do Banco da Índia, um dos mais importantes de lá, com unidades em diversos países. Depois entrou pelo caminho espiritual, iluminou-se, passou a trabalhar com discípulos."

Roberto soube então que Ramesh é de uma linha que afirma não existir a vontade pessoal. A história das pessoas já está escrita. Sentiu um paradoxo, pois ele, Roberto, é um mestre em inspirar os outros para a realização de objetivos, superação de obstáculos. Mas resolveu enfrentar sua sombra. Ele revela o diálogo que teve com Ramesh, na Índia:

– A Sanvara, sua amiga, contou que você é um médico de muito sucesso.

– Sim, eu tenho bastante sucesso.

– Você é muito famoso.

– Sim, sou famoso.

– Por que você tem sucesso e por que é famoso?

– Porque sou muito dedicado.

– Dedicação não é o caminho do sucesso. Olhe quantas pessoas trabalham mais que você e não conseguem nada. Por que você tem sucesso?

– Porque sou muito estudioso. Estou sempre fazendo cursos, me aperfeiçoando.

– Não. Saber não é a razão do sucesso. Olhe quanta gente passa a vida inteira estudando e pesquisando e não tem sucesso nenhum. Por que você tem sucesso?

– Porque sou determinado!

– Olhe quantas pessoas são determinadas e não têm nada.

No melhor estilo socrático, talvez, o diálogo continuou por um longo tempo, até que Roberto desistiu:

– Eu não sei por que eu tenho sucesso...

– Porque você tem sorte!

– Como?! Eu tenho sorte? Trabalho como um maluco, estudo igual a um maluco, vou para tudo quanto é lugar atrás de conhecimento...

– Você tem sorte. Você tem sorte de saber o que as pessoas precisam que você saiba, para dar a elas. Mas isso não é virtude sua. É um presente de Deus.

– Ah, não! Eu acredito na garra, na determinação, na superação!

– Então você acredita na angústia. Então vive angustiado. Mas agora você precisa acreditar na bênção. Porque você foi abençoado por Deus.

O resultado disso para Roberto: "Se você lutar com a determinação de um leão, mas, na hora da angústia e do desespero, se colocar no topo de uma montanha e vir a cena lá de cima, com desapego, vai perceber que pode ter paz e viver a vida com plenitude. Na alegria e na dor".

Mas como se traduz tudo isso em integração com o trabalho?

Num dos muitos vídeos que disponibiliza no YouTube, sugere que a espiritualidade é fundamental para quem sonha ter sucesso: "Viver não é colecionar números na conta bancária. Viver não é colecionar bens na declaração de imposto de renda. Viver é realizar, aqui na Terra, o que a gente prometeu para o Pai do Céu. O grande barato da vida é estar sempre ao lado de Deus".

O.k., Roberto, dizer isso aos outros, tudo bem. Mas como é isso na sua vida pessoal?

"Cada pessoa que cruza minha vida é Deus me oferecendo uma oportunidade para participar na Criação do Universo. Quem serve a Deus sempre ganha. Às vezes a gente escorrega, dá errado, a gente bate a cabeça. Mas a vitória final é sempre nossa. A vitória é sua."

PARE

15 FUTURO IMEDIATO JÁ

Para onde vai Roberto Shinyashiki? Que caminhos se desenham à sua frente, abrindo o roteiro do que poderão ser seus passos seguintes? Qual é o seu legado que ressoará em novas gerações? O que é a transição que vive agora, das mais desafiadoras de sua vida?

Entro num pensamento de física quântica quando procuro, a essa altura, compreender mais amplamente essa história de vida. Trago três princípios que utilizo livre e metaforicamente. Os físicos quânticos que me desculpem. São ideias universais importantes. É a matriz de entendimento que se aplica, na verdade, à vida de todos nós. Os detalhes é que são particulares da história de cada um, o padrão subjacente é um só.

Entrelaçamento e interconectividade remetem ao fato de que estamos todos ligados, no tempo e no espaço. Todos e tudo o que existe. A realidade multidimensional, conceito oriundo das ideias de ordem implícita e ordem explícita, cunhadas pelo formidável físico teórico pioneiro David Bohm, que por um tempo, antes da fama, foi professor visitante da USP.

Isso significa que este mundo, onde estamos imersos, compreende tanto o ambiente material, concreto e objetivo que percebemos facilmente, quanto o universo sutil, invisível, mas cujos efeitos sentimos. Não vemos nem apalpamos a força da gravidade, por exemplo, mas sabemos que ela existe, que ela é que nos prende à crosta da Terra, sem a qual sairíamos voando por aí, talvez, nos libertando da falsa ilusão de óptica de que o planeta é plano. Pois na verdade é esférico. A grande bola girando no espaço sideral que as fotografias dos astronautas nos fizeram o grande favor de mostrar que é assim mesmo a casa onde habitamos. Não existem fronteiras geográficas, lá de cima, nem divisões políticas. A Terra é uma só.

Também coloco aqui, para nós, a ideia da consciência, situando-a num plano de realidade elevada. De que existe uma suprainteligência amorosa criativa, dando sentido à existência em todos os seus níveis. Pois o universo inteiro é vivo e há teleologia – isto é, propósito – por trás de tudo.

Nesse quadro dinâmico, a vida do indivíduo tem significados múltiplos integrados. Tem um sentido para a própria pessoa, outro para os grupos sociais aos quais está ligada, um terceiro para a sociedade como um todo, um quarto para a humanidade de maneira ampla, um quinto para o cosmos. E por aí vai. Sua vida, de você que me lê agora, é importante para o universo inteiro.

Da mesma forma, o seu propósito de vida e a realização da sua extraordinária bênção-oportunidade de estar aqui experimentando conscientemente, em algum nível, esse fenômeno majestoso e sublime chamado viver, estão atrelados a um processo dinâmico que transcende o tempo e a você mesmo. O que você é resulta de como dá continuidade a processos que outros começaram antes de você. O modo como molda sua vida, dando-lhe contorno e cara, é fruto da sua ação. Mas também nasce da sua interação consciente ou não com forças sutis da criação que dinamizam processos aos quais você está ligado, mas que abrangem lugares, tempos e pessoas numa dimensão muito maior do que a sua vida de agora. Você transporta um passado, processa um presente, lega elementos para um futuro. Nossa vida, na verdade, faz parte de um presente contínuo maior do que cada um de nós e de nosso horizonte de existência no tempo.

Está comigo, leitor?

Bem, e Roberto, que elementos dos processos cocriativos da vida se inserem na sua história, no seu trabalho?

Ele mesmo responde: "Meu trabalho tem muito mais influência da Análise Transacional do que da programação neurolinguística. Porque acho a Análise Transacional muito mais efetiva. Você vai ver muito do Roberto Freire, no sentido de liberação das pessoas, muito do Gaiarsa e muito do Osho nos meus treinamentos".

E em seu modo de ser, há algo da possível influência familiar oriental?, quero saber.

"Sem dúvida. Eu via minha avó paterna todos os dias fazer o ritual dela aos antepassados, antes das refeições. Tinha também a questão da disciplina, o sentido do dever, de fazer o certo, o melhor. Havia a alma introspectiva do meu pai. Ele era um sujeito muito quieto, mas se preocupava com as pessoas, até se sacrificava, às vezes, para cuidar delas. E curava, como a filha de um pescador que era primo da minha mãe, tinha bronquite, mas não tinha dinheiro para pagar o tratamento. Por muito tempo, umas duas vezes por semana, ganhávamos peixe fresco para o sashimi, de gratidão..."

Há também o legado da mãe, de sangue latino europeu: "Minha mãe era uma mulher muito abraçadeira, muito beijoqueira. Mas também era de empurrar os outros para a frente. Esse lado meu de 'Se temos que fazer, vamos fazer e agora!' é da minha mãe".

Roberto não consegue ficar parado, pensando na vida. Nem dorme nos louros da vitória do passado. Continua estudando, experimentando coisas novas, aventurando-se em novos territórios: "Mudanças de rota na vida... acho que sempre ampliei o que fiz. Meu objetivo é sempre ajudar as pessoas a realizarem os sonhos delas. Nunca mudei essa vocação, mas o jeito de concretizá-la tem se

"EU GOSTO DE APRENDER ENQUANTO FAÇO ALGUMA COISA. E É O QUE SEMPRE FALO: NÃO AME O QUE FAZ, AME O SEU CLIENTE. SE VOCÊ AMAR SEU CLIENTE, VAI SABER SE O ESTÁ AJUDANDO OU NÃO."

ampliado muito. Porque chega um momento em que eu sinto uma insatisfação com os resultados que tenho. É uma angústia. Sinto que existe uma coisa a mais a ser feita".

Roberto está diminuindo as palestras presenciais que faz. São só umas 25 por ano agora, número bem modesto comparado com o ritmo alucinante do passado. Está sendo muito seletivo na escolha de quais fazer. As pessoas se assustam, não compreendem. "Você está abandonando esse mercado de palestras que você mesmo ajudou a criar e onde reina até hoje?".

Não está abandonando. Está reprogramando a rota. "Há coisas de que eu me canso. Não gostava de ser terapeuta, então mudei. Esses anos todos trabalhei com atletas olímpicos praticamente não ganhando nada. Independentemente do Comitê Olímpico, em 2000, trabalhei em particular com alguns atletas depois disso. Até as Olimpíadas de Londres, em 2012. Algumas vezes trabalhei por uma questão de amizade. Mas chega uma hora em que não dá mais. Eu gosto de aprender enquanto faço alguma coisa. E é o que sempre falo: não ame o que faz, ame o seu cliente. Se você amar seu cliente, vai saber se o está ajudando ou não. Mas, quando você perde a paciência, o sujeito está reclamando da vida, aí não sinto mais compaixão, acho-o um grande folgado e mimado, minha vontade é de dar um esporro... mas não posso, tenho de escutá-lo. Quando comecei a notar isso, disse a mim mesmo: 'Não é legal comigo, não é legal com as pessoas'". Então Roberto parou de trabalhar com atletas olímpicos.

Mas esse não é o mesmo sentimento com relação às palestras. "Não perdi a paixão por dar palestras. Se você me vê dando palestras, vê que estou a mil por hora."

Roberto ainda se reconhece nas palavras do publicitário Nizan Guanaes, que um dia se referiu a ele assim: "O Roberto Shinyashiki não é simplesmente um palestrante. Ele é um *checkup*. Se um participante não se levantar num seminário seu, meus pêsames. O sujeito está morto".

A questão de diminuir as palestras presenciais e se mover noutra direção é "essa paixão pelo novo". Homem de muitas rupturas, de muitas mudanças de rumo na vida, algumas abruptas e surpreendentes, admite que está em meio a uma transição penosa. Aprende a navegar e dominar um oceano novo de muitas possibilidades, mas igualmente de muitos riscos. Está mergulhando por inteiro, com a intensidade da paixão que é o único modo pelo qual sabe viver, nas águas promissoras, mas turbulentas, da revolução digital.

"É a última revolução em que eu topo entrar... [risos]. Já fiz muitas revoluções na vida, mas estou ficando cansado. É uma nova lógica de fazer negócio, de você ensinar, de aprender, de viver. Tem exigido muito de mim. Porque muda nossa cabeça sobre o que acreditamos, não é?"

Muda mesmo, e talvez seja por isso que Roberto embarca na nova aventura: "Sofro muito, tenho muito o que aprender. Certamente eu ganharia muito mais dinheiro se ficasse com a minha rotina antiga de palestras. Mas não volto atrás, assim como fiz com outras rupturas na minha vida. Essa é a mais trabalhosa. Não sei se é porque sou aquariano [Roberto nasceu em 11 de fevereiro de 1952], mas não fico preso ao passado, mesmo tendo mais vitórias do que derrotas".

Embora realmente não fique preso ao passado, o salto para a revolução digital precisou de um empurrão: "Fui para um congresso de recursos humanos em Chicago, em 2008. Foi muita gente do Brasil no mesmo avião. O voo atrasou para sair, e aí muita gente na fila acabou fazendo amizade, batendo papo. Quando finalmente chegamos ao hotel em Chicago, lá pelas 5 horas da manhã, uma das moças que tinha se aproximado pediu para tirar uma foto comigo. Disse que a mãe dela era minha fã, que o pai era meu fã, tinham lido meus livros. Eu costumo atender a esses pedidos, mas naquele dia pedi desculpas, estava com a cara amassada, não tinha dormido direito no voo, muito cansado. Mas ela brincou: 'Eu sei que estou feia, mas quero mostrar para minha mãe'. Aí tirei, ela com cabelo desgrenhado, mas sem importar a mínima com aquilo".

O evento durou mais uns quatro dias e a garota, que era gerente de treinamento de uma grande empresa, ficou amiga dele, puderam conversar um pouco. Roberto disse, no último dia, que estava procurando novos caminhos para seus negócios. A reação da moça o pegou totalmente de surpresa: "Que bom que falou isso, Roberto. Eu estava preocupada com você. No meio do treinamento as pessoas estavam falando sobre como você está ficando decadente. Disseram que seus *slides* eram os mesmos de dez anos atrás. Acho importante você fazer isso, sair para o novo".

Uma fã preocupada com o ídolo, alguém da nova geração dando um toque para o astro veterano, desabafando...Ah, as surpresas que a vida nos prega..."Aquilo me bateu de um jeito... Eu já estava querendo fazer um curso desse mundo novo do marketing digital que estava começando, e aí decidi ir para Los Angeles para um curso dos caras que já eram grandes nomes desse campo.Vi então que o problema não era que eu estava decadente: eu estava na verdade atrasado, por conta do Brasil, muito atrasado nessa área. Foi então que passei a fazer cursos com os gigantes da área nos Estados Unidos."

Um dos cursos foi o Ultimate Internet Seminar, que exigia dos alunos produzir um *e-book* e vendê-lo para um público externo a 1 dólar, numa campanha de marketing digital. O curso era caríssimo, cerca de 5 mil dólares. Roberto não sabia nada, não conhecia nenhuma ferramenta do marketing digital. Resultado? Foi o pior aluno.

Repetiu o curso. Vendeu só 67 *e-books*. Havia um prêmio para o aluno que vendesse mais. Então resolveu que ganharia o prêmio. Fez o curso uma terceira vez, e aí vendeu 150 unidades do seu *e-book*. Ganhou o prêmio, orgulhoso do fato de não ter recorrido à sua base de seguidores para conquistar compradores.

A nova lógica do mercado, que naquela ocasião era um esboço, hoje é realidade: "Gosto de ensinar as coisas profundamente. Mas as pessoas querem vídeo de quinze minutos. Então eu preciso mudar, tenho de dar a elas vídeos de quinze minutos. As pessoas agora ficam o dia inteiro no celular, não é? Então você tem de aparecer no celular das pessoas!".

Da aceitação do inevitável a uma iniciativa empreendedora: as empresas da família agora têm uma nova frente de ação. À Editora e ao Instituto soma-se o portal de cursos a distância "WeMentor". O propósito é oferecer o desenvolvimento de habilidades práticas que ajudem a acelerar a carreira de profissionais do mundo empresarial, especialmente no âmbito digital. Em foco, temas como liderança, produtividade, vendas, planejamento, inteligência emocional no trabalho, marketing digital.

Roberto é professor do portal, assim como Luiz Tejon e Priscilla de Sá, e gente que admira, como Ken O'Donnell, Geraldo Rufino, Joyce Moisés, Renato Grinberg.

Há diferenças em relação aos produtos clássicos do Instituto: cada curso tem duração total de 1 hora, com aulas em vídeo de 5 a 10 minutos; o aluno se inscreve pagando uma taxa mensal ou anual, que lhe dá acesso contínuo ao material didático do curso que escolheu, mesmo que perca uma transmissão ao vivo. Trata-se do marketing digital, a nova lógica de fazer negócio.

O filho Arthur é cofundador do projeto e seu principal executivo. Com 31 anos, administrador de formação, publicitário de ofício com passagem por grandes agências como a DM9 e a Ogilvy, um histórico anterior de empreendedor com a criação da Sociall, uma empresa que desenvolvia aplicativos, Arthur tem privilegiados olhos da geração digital para enxergar o pai sob um prisma particular: "Ele tem essa capacidade de ler as pessoas, uma a uma, mas tem também a capacidade de olhar uma multidão, uma cidade, um país, e sentir para onde estão todos migrando, qual é a tendência das mudanças. Ele tem a capacidade de simplificar conteúdos densos. Quando você faz um conteúdo de massa, precisa ser mais leve, não pode ficar com um grupo de elite que deseja coisas densas. Ele arrisca ser julgado por falta de profundidade. Mas quem o conhece sabe da grande bagagem dele. Ele tem a habilidade de tornar as coisas simples, chegar lá na galera e motivar todo mundo. Meu pai tem uma vanguarda muito grande dentro de si. Gosta de estar no meio de coisas novas. Tem a capacidade de sair da zona de conforto e se colocar em situações para conhecer algo novo. Ele é um cara de 66 anos que mexe bem com o celular, com o Skype, que usa todos os aplicativos possíveis.

Antecipar o futuro tem vantagens. Priscilla de Sá confirma: "Quando o Roberto começou a formar palestrantes, há alguns anos, a proposta dele não tinha muito sentido para muita gente. Mas hoje faz total sentido.

Basta ver o movimento que o TED ganhou no mundo. Basta ver a multiplicação dos gurus virtuais". Priscilla refere-se às Conferências TED – Technology, Entertainment, Design –, o fenômeno viral que começou modesto em Monterrey, na Califórnia, em 1984, uma iniciativa para discutir a convergência de tecnologia e entretenimento em inovações que contribuam para o desenho de um futuro melhor no mundo. Multidisciplinar, o TED multiplicou-se pelo planeta a partir de 2006, com eventos espalhados por vários países e, principalmente, com as palestras gratuitas no YouTube sobre tudo o que você possa imaginar – de neuroplasticidade a meditação, de melhores práticas de negócios a aquecimento global –, cada vídeo durando em média dezoito minutos.

O fenômeno dos gurus virtuais é mundial e também brasileiro, uma explosão do mercado de palestrantes de uma nova geração que conquistou estrelato mais recente, na era após o período pioneiro de Roberto Shinyashiki abrindo fronteiras no Brasil; nomes como Mario Sergio Cortella, Clóvis de Barros Filho, Augusto Cury, Leandro Karnal, alguns deles também escritores.

No exterior, proliferam as escolas virtuais que ocupam os espaços vazios inexplorados pelo sistema educacional formal, oferecendo uma vasta gama de conhecimentos avançados, fazendo acontecer uma fenomenal revolução que une tecnologia digital, entretenimento, saber. John Assaraf propõe unir espiritualidade e dinheiro, a partir da sua base na Califórnia, disseminando seus ensinamentos pelo mundo, via internet. De Kuala Lumpur, na Malásia, Vishen Lakhiani distribui para todo o globo a programação de sua Mindvalley Academy, uma espécie de universidade mundial de um novo tempo que promete "educação para gente que se recusa a se enquadrar no mundo ordinário". Nos dois casos, cursos que usam preferencialmente o vídeo como meio de transporte de conteúdo e muito material gratuito que se pode baixar na internet.

Roberto Shinyashiki é tanto agente quanto sujeito dessa movimentação quântica que transforma o saber, o conhecimento, a consciência do ser humano sobre si mesmo e a realidade que nos cerca. Transforma a natureza e a prática dos negócios. Como mentor e pioneiro de vanguarda, abre fronteiras. Como aprendiz, corre atrás do que tem de dominar para se manter a par das inovações que podem atropelar suas momentâneas vantagens pioneiras de mercado.

Priscilla testemunha o empenho de Roberto em aprender os passos da nova dança de nossa era: "A coisa mais transformadora, a maior revolução do mundo dos negócios nos últimos anos, era o começo de tudo dessa revolução digital, e o Roberto já estava fazendo cursos nos Estados Unidos sobre lançamentos de produtos, de como você capta *e-mails*, como você dá de presente conteúdo para depois vender mais. Ele foi aprender o operacional. Uma vez ele teve a humildade de seguir o passo a passo tutorial de um grande nome das ferramentas do marketing digital de lá, o cara achando que o Roberto era um mané qualquer... Depois entrou no Facebook do Roberto, viu quantos milhares de seguidores e passou a tratá-lo com respeito".

Roberto se enturma com a molecada nova. Quer aprender. Garotos de 20 e poucos anos são os seus gênios do marketing digital, outra cabeça, outro modo de ver o mundo. E isso gera certa ciumeira nos seguidores mais veteranos – digamos assim – do seu círculo profissional mais íntimo. Uma situação que Priscilla encara com uma boa dose de humor: "O Roberto funciona por ondas. A onda dele agora é o marketing digital. Então tem aí uns três ou quatro que ele vive colocando as fotos no Facebook... são os melhores do mundo... Ele está com a pirralhada, e a gente começa a se sentir um pouco abandonada... [risos] Ninguém reclama de nada, mas ele sabe que está acontecendo. Aí tem uma malandragem comportamental dele com a gente... [risos], ele sabe quando a gente não está feliz. Então não deixa acontecer uma DR [discutir a relação] com a gente... Dá um jeito de nos chamar, de pedir alguma coisa, de nos dar um mimo; de voltar a nos dar atenção...".

O desafio de um mentor famoso é que a atenção exigida publicamente, na rua, também é uma demanda em casa, com os filhos. Ricardo, 33 anos, administrador de empresas, experiência anterior em marketing e vendas de multinacionais, está desde 2011 na Editora Gente e hoje é diretor das áreas de marketing e comercial da casa: "Quando puxo pela memória, vejo meu pai com uma presença muito forte nos bastidores, na torcida. Somos uma família de esporte, todos nós competimos desde pequenos. Quando era mais novo, jogava futebol. Depois fui para o tênis. Mais velho, fui para o *squash*, voltei para o tênis. Depois comecei a fazer *Ironman Triathlon*. Ele nos levava aos torneios, principalmente nos fins de semana, quando tinha mais tempo".

Ricardo cita que sua memória mais antiga do pai era vê-lo quando criança encantando as pessoas no sítio em Itapecerica da Serra, quando fazia maratonas de cursos, que eram organizados na época pelo Instituto Gente, e analisa que o efeito de Roberto sobre a plateia só ficou mais forte com o passar dos anos: "Eu assisti a muita palestra dele, e gosto muito de ver ele palestrando. Ainda hoje quando assisto eu fico muito emocionado, muito feliz. Ele é cirúrgico no tratamento com a plateia, dificilmente as pessoas não respondem aos convites dele, não respondem aos incentivos. Ele vai contando umas histórias, vai ganhando o público, quando você vê está todo mundo de pé aplaudindo, e ele faz isso não importa como estiver pessoalmente naquele momento, nem o dia que ele está tendo, se está bom ou ruim, ou preocupado, o Roberto entra lá e é alta performance... Várias vezes o vi doente, ou ele de saco cheio com alguma coisa atormentando a cabeça dele, a gente viajando, e quando ele entra no palco é um artista. Ele tem veia de escritor para captar novas histórias e levar para a palestra. Tem várias histórias até minhas, que às vezes ele conta e ficam mais legais com ele contando do que com o que eu tenho na memória".

Adolescente, Ricardo tinha dúvida na escolha da profissão. Quando se decidiu por Administração, o pai apoiou, pagou o curso na Fundação Armando Álvares Penteado (FAAP), uma escola de qualidade. O filho ficou grato e, quando foi trabalhar na Editora, anos depois, já com experiência nas costas, conheceu o lado profissional do pai. O primeiro ano, 2011, foi um tempo de convívio difícil. A Editora não estava bem das pernas.

"O Roberto é um gênio", diz Ricardo sobre o pai. "Tem ideias maravilhosas, mas abre muitas frentes. Deixa todo mundo louco para executar as ideias dele. Eu venho de outra escola, e cada vez gosto mais de fechar frentes". O filho acabou, com o tempo, assentando um pouco da gestão algo caótica do pai e organizou a política comercial. Como veio de outra área, sem conhecimento dos padrões vigentes no mercado editorial, a ignorância do setor lhe foi vantajosa. Inovou. Fez promoções inusitadas. Abriu novos canais de distribuição. Manteve o bom relacionamento da casa com as livrarias. Ajudou a disciplinar a impulsão do pai em trazer de suas viagens aos Estados Unidos autores estrangeiros para publicar aqui, o que nem sempre dá bom resultado. Desenhou um comitê de criação para filtrar melhor a produção da casa. Estruturou o catálogo em três linhas editoriais – negócios, finanças e desenvolvimento pessoal –, criou um selo novo para trabalhar literatura de ficção e cultura pop. No catálogo do selo Gente, 85% dos títulos já são de autores nacionais. A meta é chegar a 100%. Em 2014 resolveu que era hora de se afastar da Editora Gente para viver outras experiências e fez um ano sabático até meados de 2015, quando retornou com tudo.

A posição de Ricardo na Editora está agora mais confortável. O pai, pelo prestígio e forte *networking,* sendo peça importante para apresentar novos autores. A tia, Rosely, administra a editora com seus anos de experiência como publisher do melhor estilo, o de acompanhar e orientar o autor, quase cocriadora da maioria das obras.

O lado curioso da história é que Ricardo foi parar na Editora sem ter tido um passado forte com livros. O pai nunca os obrigou, "esse é o meu novo livro, leiam", confessa. Assistiu, sim, a muitas palestras, acompanhou o pai, mas leu pouco.

"As empresas não foram criadas pensando-se na sucessão", diz. "A gente toca a empresa, e vocês que achem o caminho de vocês", relembra o que o pai dizia. Por uma dessas ironias da vida, acabou indo parar na Editora num momento de crise, trazendo um *know-how* que se revela útil e transformador. E que o levaria, agora sim, a ler muito, inclusive os livros do pai, e a reeditar muitos deles. Um dos capítulos da história futura de Roberto Shinyashiki passa por suas mãos. O outro passa pelo irmão, Arthur.

Ambos são homens de compleição física forte, por volta de 1,75 metro de altura, pouco menos de 80 quilos cada um deles, ombros largos, olhar de gente decidida, ares de quem comanda, prontos para a ação. Devem ser duros de dobrar numa mesa de negociação.

Filhos de Roberto com a segunda esposa, Ana Helena, foram criados na casa da mãe. Por isso os contatos com o pai – geralmente nos fins de semana e um jantar semanal em dia útil – e os momentos de convívio prolongado entre todos os irmãos, normalmente em viagens de férias, em reuniões da família estendida, são recordados com certa

ROBERTO COM OS FILHOS RICARDO (À ESQUERDA) E ARTHUR (À ESQUERDA).

nostalgia. Além de dois momentos desses especiais, aos 10 e 18 anos, Arthur lembra-se de outro muito marcante, aos 26:

"Quando o Ricardo assumiu uma posição executiva na Editora Gente e eu assumi o comando no Instituto Gente, partindo depois para criar o portal No Dia a Dia (hoje WeMentor), deu para sentir no Roberto uma grande felicidade. Um orgulho. É como se ele estivesse dizendo: 'Poxa, eu treinei esses caras!'. Por mais que evitasse que a gente viesse trabalhar nas empresas dele, por mais que evitasse qualquer papo nesse sentido, e mesmo sabendo que entre os irmãos há um pacto de que nossos filhos não virão trabalhar aqui, foi um lance muito legal para ele ver que tanto eu quanto meu irmão estamos tocando a coisa muito bem."

Arthur confessa que a relação com o pai não foi muito boa até aos 19 anos. Começou a melhorar aí, consolidou-se aos 21, com ajuda de uma terapia, tornando-se maravilhosa quando passou a aceitar o pai também como seu mentor. E a admirá-lo: "Já trabalhei com muita gente *workaholic,* mas o Roberto é um dos seres humanos com a maior capacidade de trabalhar que eu já vi. Mas, também, ele tem uma capacidade de curtir a vida que é acima da média. Ele é um *worklover*, como preferimos chamar lá em casa. Tem gente que curte a vida, mas não consegue trabalhar o suficiente para realizar os sonhos. Tem gente que ganha muito dinheiro, mas não sabe curtir o dinheiro, não gasta nada com o prazer. O Roberto tem uma bela carreira, já fez mil coisas, toca em bandas de rock, tocou em trio elétrico, tem cinco filhos, casou-se com três mulheres... Tem um discernimento acima da média e nos ajuda a sermos seres humanos acima da média, porque a gente recebeu dele um treinamento acima da média".

Até o ponto da virada da relação entre os dois houve conflitos homéricos, porém. Quando Arthur completou 18 anos, Roberto deu-lhe um carro de presente. Mas o tomou de volta aos 19, impedindo que o filho dirigisse por um ano.

"Explodi meu carro, bêbado, voltando de uma festa. Ele já tinha me alertado mil vezes para eu não dirigir bêbado. Aí ele falou: 'Cara, vou te contar um segredo: a gente vai junto pro céu ou pro inferno! Vam'bora! Mas vamos ficar juntos. Até dar certo. Até você virar um adulto consciente!'. E me trouxe para mais perto dele. Aí comecei a achar infantis as coisas que eu fazia antes."

Arthur admite que foi um adolescente bagunceiro: "Matava aula. Um dia me escondi atrás de uma igreja para não ir à aula, era um colégio de freiras. Mudei muito de escola. Outra vez, joguei meu par de tênis para fora do muro do colégio, fiquei o dia inteiro descalço, lá. Comecei a entender que não me dava bem na escola porque não tenho inclinação acadêmica mesmo. A academia não é minha praia. Aí fui para a prática. Fui para a agência DM9, cresci rápido nesse mundo da publicidade e da propaganda. Muito por conta dele me dizendo:

'Faça o que você conseguir, forme-se em Administração na Escola Superior de Propaganda e Marketing, que é a sua vontade. Mas dê seu sangue na DM9, porque vejo o brilho no seu olho quando você faz. Você não é de aprender, é de fazer'".

Quando prestou vestibular pela primeira vez, o garoto entrou para o curso de Administração de Empresas da FAAP, seguindo os passos do irmão, Ricardo. No final do primeiro semestre de curso, já estava arrependido. Queria então entrar para a Fundação Getúlio Vargas (FGV), há décadas símbolo de curso superior de Administração de Empresas de qualidade, mas de estilo conservador.

"Ele sentou do meu lado e disse: 'Posso ser sincero? Você pode até entrar na FGV, mas seus quatro próximos anos vão ser um caos. Você não é um cara para a FGV!'. Aí fui para a ESPM, que é mais a minha praia, mesmo. Dali entrei para a publicidade, para o marketing. Por isso sou eternamente grato a ele."

O privilégio da mentoria doméstica estendeu-se para o ambiente profissional. Quando Arthur, já empreendedor precoce, estava se dando

ROBERTO E TODOS OS FILHOS. DA ESQUERDA PARA A DIREITA: ARTHUR, LEANDRO, ANDRÉ, RICARDO E MARINA.

mal com sua empresa de aplicativos para celular e Facebook, o pai deu uma consultoria a ele e a seus parceiros. "Ele disse para nós: 'O serviço de vocês é on-line, só que a empresa não é digital, porque vocês vendem no olho a olho. Não vai dar economia de escala com isso'. Eu pensei, poxa, é verdade, tudo aqui é digital, menos a venda! Isso faz uma grande diferença."

Em 2014, Arthur resolveu tirar um ano sabático. O pai o influenciou de novo. Dessa vez, cuidando não da carreira do filho, mas de seu desenvolvimento como pessoa. "Ele me apresentou um tipo de meditação ativa que comecei a praticar no Brasil. Depois fui para a Holanda, fiquei um mês no centro onde foi criada, convivendo com as pessoas do lugar. Foi um dos momentos de mudança grande na minha vida."

Ouço isso de Arthur e penso um instante na linha de continuidade das coisas, no tempo. Penso no processo dinâmico de evolução da espécie humana, alimentado pela possível consciência maior que tudo abarca, impulsionando o despertar de uma geração após a outra. Essa consciência que, dizem, é algo pulsante, vive no cosmos, e ecoa na vida de cada um de nós, de algum modo.

A Meditação AUM – acrônimo para Awareness Understanding Meditation, ou Meditação da Compreensão Consciente, numa tradução livre –, que Arthur foi praticar na Holanda, foi criada pelo nova-iorquino Denny Yuoson-Sánchez. Ele foi um ex-viciado em heroína que se tornou um grande terapeuta na recuperação de dependentes de drogas. Depois expandiu seu método para processos de autoconhecimento e desenvolvimento pessoal. AUM é a prática que desenvolveu em homenagem ao grande mestre que encontrou mais tarde em sua vida e que lhe rebatizou com o nome *saniasin* de Veeresh, que significa "bênção além do medo". Esse mestre é Osho.

Convidado pelo governo local para trabalhar na Holanda, Veeresh acabou fundando na vila de Egmoond an Zee, a uma hora de carro de Amsterdã, a Osho Humaniversity. É uma escola internacional de desenvolvimento humano de vanguarda.

E assim vemos a vida tecendo o destino. Interconectividade. Entrelaçamento.

"Essa meditação me dá duas grandes vantagens", explica Arthur. "Uma é que me propicia o mesmo efeito de quando jogo bola. É uma válvula de escape do estresse. Saio dela leve. A outra é que me propicia uma consciência muito grande dos meus sentimentos e dos meus pensamentos. Fica muito mais fácil viver. Quando estou numa situação e me sinto inseguro ou irritado, tomo consciência. Aí consigo separar os pensamentos bons dos ruins, os sentimentos bons dos ruins."

A conexão com o pai mentor está clara para ele: "Ele é que me faz ser precoce nessas coisas. Vejo hoje, em 2018, que esse assunto da meditação está começando a nascer nos grupos de amigos que frequento. Estou nisto desde 2014. Vejo as vendas on-line que ele me apresentou faz tempo. O pessoal está chegando agora aonde começamos, em 2014 também. São *quatro* anos de vantagem. Ele é um cara que tem a condição de olhar para o futuro e sentir o que vai rolar e preparar você para isso... Eu acho incrível ser filho de um cara assim, pai e *coach*. Esse cara é um mestre!".

E como o veem os dois filhos com Cláudia, André e Marina, que não pensam em trabalhar com o pai, embora já tenham participado muito – como os outros irmãos, quando pequenos – de seminários, ajudando a vender livros?

André tem 21 anos, está focado em se tornar jogador de futebol profissional. Carrega a intensidade e a determinação que marcam os

ANDRÉ, O FILHO MAIS JOVEM, BUSCA O SONHO DO FUTEBOL PROFISSIONAL.

Shinyashiki. Estuda na Universidade de Denver, nos Estados Unidos, onde tem uma bolsa para jogar futebol no time oficial. Assim que terminar a graduação em Administração de Empresas, sonha em ser recrutado para jogar em algum time da MLS, ou Major League Soccer, a principal categoria do futebol naquele país, na qual atuou o ídolo Kaká, capitão do Orlando City.

"Meu pai me estimula a ser o melhor no que eu faço. Desde cedo. Quando contei para ele, há uns anos, que ia jogar futebol, ele, que me ensinava de menino a bater na bola, disse: 'Só sei de futebol até certo ponto, então vou fazer de tudo para achar as melhores pessoas para ajudarem você. Vou arrumar o melhor treinador particular para você, vou fazer tudo o que for preciso para ajudar'".

A questão é que o entusiasmo caloroso demais do pai faz os dois baterem de frente de vez em quando. Certa vez, André passou três meses de férias no Brasil, treinando. Poderia haver possibilidade de ser contratado para o time sub-17 de alguma equipe grande, mas André queria ir embora, continuar o ensino médio nos Estados Unidos, com a bolsa de estudos que tinha na Montverde Academy, uma escola muito forte em futebol.

"Eu tinha ido para lá como estudante e atleta. Aí meu pai disse: 'Não quero que você volte para lá'. A gente ficou num impasse, até que ele acabou concordando comigo, mesmo não gostando'".

Os conselhos do pai são sempre para André se dedicar, ser o melhor, fazer mais que os outros para se sobressair. Mas... "Às vezes me enche muito o saco isso de ser o melhor... porque, quando chego ao Brasil de férias, ele meio que entra muito na minha vida, marca um monte de compromissos para mim, sem eu saber. 'André, falei com o fulano de tal e já marquei de você passar uma semana lá, treinando'. E eu: 'Pai, mas eu não quero'." Ou quando o pai passa à frente para tentar decidir coisas pelo filho, André explica: "Às vezes eu acho que ele pisa um pouco dentro, onde não deve. Com certas coisas do dia a dia, por exemplo, tinha dia que eu tinha três jogos no dia, de diferentes times, e ele falava: você não vai jogar um jogo. E aí eu explicava 'pai, eu tenho que jogar o jogo, eu tô dentro desse time, você deixou eu jogar por esse time, então eu tenho que jogar o jogo...' E ele retrucava: 'não, você vai quebrar a perna...'. E eu precisava ser firme 'pai, você não tem como decidir se eu vou jogar os três jogos, você pode decidir se eu vou ou não vou fazer uma viagem para jogar futebol, mas o jogo que existe agora eu preciso jogar'".

André se inspira na vontade de trabalhar do pai, de fazer as coisas que são necessárias, mesmo que não goste. Mas quer fazer à sua maneira, tem vontade e planejamento próprios. Não quer que o pai decida por ele.

E onde Roberto compensa isso?

"Tem várias vezes que ele vai aos Estados Unidos para algum compromisso dele, agenda apertada, mas aí pega um avião, atravessa vários estados para me ver jogar ou para ficar comigo algumas horas... Teve uma vez em que eu estava em Orlando, na Flórida, e ele veio do Brasil para um congresso em San Diego, na Califórnia. Aí saiu de lá, veio me ver um dia em Orlando, e voltou em seguida para lá, para continuar o congresso dele. Teve outra em que ele estava num congresso em Las Vegas, no estado de Nevada. Pegou um avião para ir me ver jogar em Indianápolis, em Indiana. Ficou dois dias, depois voltou para o compromisso dele em Las Vegas. Pensei, 'Esse cara é louco, vai pagar mil ou 2 mil dólares de passagem, sei lá, vai pagar hotel, para me ver um dia ou dois...'. Mas é isso que admiro nele!"

André ainda reforça que admira o pai por sempre ter sido um cara de família, que não deixou a fama afetar a sua casa, e diz que se inspira no aspecto determinado e estudioso do pai, que lhe ensinou a fazer muito mais do que apenas aquilo de que gosta e sempre dar o esforço extra, além dos que os outros estão investindo, para atingir um objetivo.

Marina, 19 anos, a única menina da família, muito paparicada pelos irmãos, fala agora sobre o pai: "Sempre fui nos eventos dele quando dava, porque ele pedia, mandava eu e meu irmão, André, para ajudar a vender os livros, e eu adoro sempre ouvir o que ele tem a dizer. Ele fala a mesma coisa pra mim em casa e no seminário, e no seminário parece que me cutuca mais, eu não sei por que, eu acho que no seminário eu vejo o quão influente ele é na vida das pessoas, e o quanto eu preciso ouvir as coisas que ele tem pra dizer... Quando estamos viajando e a gente encontra alguém que pede para tirar fotos, autógrafo e tal, eu acho legal. Fico orgulhosa de ter um pai celebridade. E, quando alguém me diz: 'Nossa, você é filha do Roberto! Esse cara mudou minha vida!', é um sentimento... sei lá... muito puro... muito bom. Mas a gente debate muito, até porque temos perfis muito parecidos de discussão, acho que ele não ouve muito o que eu tenho para dizer... Ele não consegue admitir

"QUANDO ELE PASSOU A TER ESSA CONSCIÊNCIA DE QUE COMIGO A RELAÇÃO PODERIA SER ALGO DIFERENTE, E NÃO RUIM, TUDO FICOU MUITO BOM."

que errou... Pelo menos na minha relação com ele, porque nas outras eu consigo perceber que ele fala: 'Putz, errei!'. A minha sensação é que meu pai não ouvia muito o que eu tinha para dizer, porque eu sou o número cinco dos filhos, e ele me encarava como mais do mesmo... Mas não sou! Primeiro, que eu sou mulher, e ele estava acostumado com meus irmãos. Acho que ele achava que eu seria, como filha, do mesmo jeito que meus irmãos foram. Mas comigo teria que ser diferente. Quando ele passou a ter essa consciência de que comigo a relação poderia ser algo diferente, e não ruim, tudo ficou muito bom".

Ao mesmo tempo ela relata que vê em si mesma o traço de determinação que aprendeu com Roberto: "A força de vontade de realizar os meus sonhos é muito do meu pai... Porque quando eu falo: ah, pai, quero fazer tal coisa... ele diz: 'vai lá e faz!'. Vejo também como ele faz as coisas que quer. Acorda às cinco da manhã pra escrever livro. Eu admiro isso nele e vejo isso em mim".

Mais recentemente os dois começaram a fazer terapia, ela e o pai. Quando o relacionamento com alguém da família entra em fase difícil, Roberto tem o hábito de fazer terapia com aquele membro da família. Já fez com Cláudia, já fez com Rosely. As brigas com a filha acabaram, e a relação está muito melhor. Marina conta: "Ultimamente tenho percebido que gosto de ajudar as pessoas, como meu pai. Às vezes fico pensando, 'O que posso fazer para ajudar essa pessoa?'. O meu projeto é me tornar uma pessoa melhor, viver de bem comigo mesma. E a partir disso ajudar as pessoas do jeito que der. Em 2018 entrei na faculdade de Medicina e enchi meu pai de orgulho, e agora tenho a certeza de que vou realizar meu propósito."

Ajudar os outros por outra via, de uma nova maneira.

Roberto está num estúdio do Centro de Estudos CERS de São Paulo para a sua primeira palestra on-line em tempo real. Ao contrário de inúmeras outras palestras gravadas em vídeo, essa é a primeira em que há uma tela interativa à sua frente e os participantes vão poder fazer perguntas ao vivo. Um marcador com enormes letras e números vermelhos vai alertando sobre quanto tempo falta para entrar no ar, já que sua participação se encaixa na programação do I Congresso On-Line de Inteligência Emocional, Alta Performance e Gestão. Faltam 45 minutos.

Ele está de terno cinza-azulado, camisa azul-clara, gravata vinho, a cor que prefere nas gravatas, porque lhe faz lembrar do sangue de Cristo. O sangue da compaixão.

Os rapazes da Ponto 25, a produtora que grava um vídeo para um novo produto de Roberto, estão aproveitando o embalo para registrar mais algumas cenas. Seis alunos dos cursos de palestrantes de Roberto também estão lá para assistir à palestra.

Dez minutos antes de entrar no ar, ele vai para uma salinha ao lado, isola-se um tempo para meditar, relaxar um pouco. Volta faltando quatro minutos, gargareja "bbrrruuuuummmmm", vibrando os lábios, preparando as cordas vocais. Desiste de apresentar os 27 *slides* que preparou para sua fala. Quando a equipe técnica o orienta para olhar para a câmera fixa, das duas em operação, reclama um pouco: "Mas eu sou muito agitado, gosto de andar enquanto falo".

Renata Viriato, uma garota magrinha de óculos, paulista de sotaque nordestino porque morou muito tempo no Recife, da equipe de produção, ajeita o microfone de Roberto. Trata de acalmá-lo. "Fique bem relaxado, solte os braços!"

Ele se consola. Fixa o olhar na câmera dois. Controla-se. Caminha muito pouco. Gesticula quase nada. E só com a mão esquerda. No ar: "Olá, boa noite. Eu sou o Roberto Shinyashiki, médico, psiquiatra, escritor, palestrante, empresário. E hoje vou falar para vocês sobre...".

Fala de quanto o mundo mudou, de como as verdades absolutas de um tempo atrás já não são mais. De como você tem de estar pronto para as mudanças, nos negócios e na vida, acompanhar a transformação das coisas. De como as lojas de discos já não existem mais por causa do comércio eletrônico e de como as pessoas estão preferindo agora comprar on-line. Dá o seu próprio exemplo, ali:"Estou aqui no estúdio, em São Paulo, falando para mais de 30 mil pessoas, de vários lugares do Brasil, de vários lugares do mundo. Antigamente, eu só conseguia falar para 30 mil pessoas se fosse numa convenção de empresas de marketing multinível. Quantas palestras eu fiz para mais de 20 mil pessoas em toda a minha carreira de palestrante? Talvez umas vinte. Em outras ocasiões, eu estaria falando para uma plateia de mil pessoas. Hoje esse mundo está mudando. Nós precisamos crescer. Nós precisamos olhar e falar assim:'O que eu preciso fazer agora?'".

Você tem de sair para o mundo. Gostar de encrenca, gostar de pressão. Ouvir o cliente. Antecipar-se ao cliente. Vender. Não basta trabalhar muito. Tem de trabalhar certo. Perceber o rumo das coisas. Tomar a dianteira. Mudar.

Quando terminam os seus 45 minutos de fala e os 15 de respostas, confessa, satisfeito com seu desempenho: "Puxa, até que foi rápido. Não senti o tempo passar".

Mas passa, inexorável. Meses mais tarde, descubro Roberto imerso na velocidade estonteante das mudanças dos negócios e da sociedade que mais dia menos dia nos atingem a nós todos, mas se antecipam, avassaladoras, no grande laboratório mundial da inovação disruptiva que é o Vale do Silício, na Califórnia. Embarca em viagens exploratórias, leva gente, traça o seu próprio roteiro de aprendizado.

Ali está um dos seus mentorados, Maurício Benvenutti. Referência brasileira em inovação, Maurício é empreendedor, palestrante, escritor. Seu livro *Incansáveis*, best-seller de negócios, está na 5ª edição. Foi sócio da XP Investimentos, empresa avaliada em 13 bilhões de reais. É sócio da StartSe, empresa criada para promover o empreendedorismo deste nosso novo tempo tecnológico, apoiar *startups*, inocular no mundo corporativo brasileiro a cultura da constante atualização. Reside no Vale do Silício desde 2015. Um dos inúmeros serviços que ele e sua empresa oferecem é uma viagem profissional de alto nível ao Vale, cinco dias intensivos de conhecimento e inspiração por empresas da vanguarda disruptiva como Google, Airbnb, OneSkin, Facebook, Tesla, Microsoft, Uber, Yahoo!, aceleradoras e campi tecnológicos como Alchemist, Indie Bio, Singularity University, Stanford, Berkeley.

Homem do futuro que se constrói agora, Maurício vê importância no papel dos mentores nesse mundo que preza a inovação e parece valorizar os profissionais mais jovens e criativos, porém menos experientes?

"Sim, o mentor continua importante demais. Porque tem a visão do negócio. Uma coisa é você discutir um problema com um amigo ou parente ou até mesmo com profissionais que conheça de outros negócios. Outra coisa é você discutir com um mentor que não tem a relação familiar envolvida. Vai falar coisas duras quando precisar e coisas boas quando precisar. Tive um mentor muito bom, Pedro Janot, que foi presidente da Azul Linhas Aéreas por muitos anos, também comandou a Zara no Brasil, teve um papel importante na Richards. Foi ele quem me influenciou na mudança do Brasil aqui para o Vale. Se estou morando aqui, é por conta dele".

Pedro Janot é o protagonista de meu livro *Maestro de voo*, onde conto sua tocante história pessoal de transformação e a história dos primeiros anos da Azul.

Retornando a Maurício: "Não concordo com essa afirmação de que o mundo valoriza os mais novos, porém menos experientes. Acho que cada vez mais o mundo está equilibrando essas duas gerações. Por exemplo, na Netflix, maior empresa de entretenimento e mídia do mundo, a média de idade de seus 4 mil funcionários é de 42 anos. Se a média é 42, você tem gente de 50 e gente de 30. No próprio Vale do Silício, existe a ideia de que é gente muito jovem que cria negócios. Mark Zuckerberg se tornou bilionário com menos de 20 anos, mas expoentes como ele são muito fora da curva. O empreendedor padrão aqui do Vale é o cara que já passou por três, quatro empresas, que já está empreendendo o quarto negócio. Tem portanto 32 ou 33 anos. Muitos já têm MBA, um mestrado, experiências com grandes empresas. O empreendedor mais jovem, em geral, tem muito a sensação de que "vai dar certo", mas isso é consequência de você estar tão imerso no negócio que não consegue ver os problemas. Aí vem o cara da experiência e diz, 'olhe, vai dar certo, mas antes há umas quatro ou cinco pedras no caminho que você não está vendo e a gente precisa tirar. Como vamos fazer isto?'".

"Por isso vejo o mentor como fundamental. O melhor dos mundos é unir a experiência de uma grande empresa que tem marca, funcionários, dinheiros, clientes, com a rebeldia de uma startup que tem a velocidade, a ousadia, a vontade de mudar o mundo, mas ainda não tem reputação, cliente, marca, dinheiro. Isso vale também para os jovens empreendedores e para as pessoas mais experientes: a união entre elas é o melhor cenário".

Roberto Shinyashiki como mentor?

"O Roberto fez dois programas conosco, aqui no Vale. Um deles com mais de 100 brasileiros e outro com 25. Quando falou que queria participar, pensei, 'mas, poxa, será que o Roberto vai entrar nesse ritmo maluco das 7 até as 23 horas?' Mas ele compareceu todos os dias, entrava na van junto com o pessoal, tinha uma incrível vontade de aprender. Na maior humildade, perguntava o que não sabia, pedia opinião, pedia às pessoas que contassem o que estavam fazendo. Isso chamou muito a minha atenção e a de todos que estavam aqui. Então aprendi isso com ele, humildade. Aprendi também outra coisa: o Roberto não deixa nada para depois. Sempre que estava na minha frente e falava algo importante, eu dizia que iria pegar uma caneta para anotar, mas ele dizia, 'não, pegue o celular, grave já isso aí, resolva logo'."

O maior aprendizado, porém, o maior presente do mentor surgiu por uma via inesperada.

"No último programa que o Roberto fez com a gente, os participantes vieram me dizer que queriam ouvir uma palestra dele. A agenda era apertada, mas na sexta-feira, último dia, consegui um tempinho. 'A galera quer muito que você fale alguma coisa e a gente conseguiu vinte minutos para você falar'. Aí ele fez uma minipalestra para a turma".

Maurício iria embarcar dois dias depois para a Espanha, fazer o Caminho de Santiago com a esposa, pedalando por 824 quilômetros. Nenhuma promessa a pagar, apenas a vontade de agradecer o que a vida lhes tem trazido. Seria uma viagem de interiorização, mas o que Maurício não sabia é quão forte seria, com o impacto que aquela fala de 20 minutos de Roberto lhe causaria.

"Ele falou sobre empreendedorismo, sobre empresas, mas no final, disse: 'Pessoal, eu sou médico e no último ano em que exerci a Medicina, porque depois parei para me dedicar a livros e palestras e tudo o mais, trabalhei na ala de pacientes terminais de um hospital. Conversava com essas pessoas. Chegava a elas, 'amigo, me conte de sua vida, me conte o que fez ou o que gostaria de ter feito e acabou não fazendo'. O grande arrependimento delas, o que lamentavam não ter feito não era nada do mundo lá fora, do sucesso, do dinheiro. Respondiam: 'Eu queria ter dado um abraço a mais no meu filho. Eu queria ter dito *eu te amo* para a minha esposa uma vez mais. Queria ter ligado para meu pai quando disse que ligaria, mas me enrolei no trabalho e não fiz isso'."

Foi um grande impacto ouvir isso. É fácil entender. Afinal, Maurício vive no Vale do Silício, mergulhado num mundo extremamente competitivo e nessa loucura de inovação e tecnologia. E então o arremate de Roberto, conta:

"Ele disse, 'a gente vive nessa vida de 'preciso fazer mais um curso, preciso ter mais um diploma, preciso ascender na minha carreira', só que lá no fim da vida, quando a gente olha para trás e pensa no que gostaria de ter feito e não fez, são os aspectos muito humanos que se ressaltam. Aspectos relacionados a pessoas, amor, fraternidade...Aspectos que não custam dinheiro, são simplesmente aspectos das relações de afeto'."

A maior lição e o desafio que fizeram a viagem de Maurício ao Caminho de Santiago tornar-se um profundo momento de reflexão sobre si mesmo e a relação com a vida? Confessa sentir-se arrepiado ao falar nisso:

"No final, Roberto disse, 'a vida é um grande equilíbrio em que os dois extremos são ruins, nem oito nem oitenta. Como podemos nos tornar pessoas mais equilibradas?'."

Maurício admite que ao voltar da Espanha, assentando a experiência da viagem e as palavras de Roberto, acabou "virando um pouco a direção da minha vida, que não é agora só negócios, carreira, mas é também minha família, amigos, abraços, afeto. Essa é a essência de um ser humano, sermos pessoas mais equilibradas no mundo".

Quando reencontro Roberto, para uma última conversa sobre este livro, ele me fala do novo empreendimento, do lançamento no mercado do portal No Dia a Dia. Pergunto a ele como encara o risco? O que espera à frente, no caminho? Ele nem pisca e já responde:

"Quando o livro for publicado, pode ser que tenha gente falando: 'Ah, se ferrou', mas também pode ser que tenha gente falando: 'Putz, o cara inventou uma coisa diferente de novo!'."

E então revela sua passagem pelos Estados Unidos, fazendo uma série de cursos que estão ampliando sua qualificação em marketing digital. Cursos com grandes gurus de ponta nessa nova seara dos negócios. Vários meses de estudo intenso, pesquisando, experimentando, aprendendo.

– E depois, quando isso acabar?

– Vou então aprender uma coisa nova. Vou entrar noutro campo. Quero ir a um congresso da World Future Society.

Esse congresso é provavelmente o maior evento mundial em que empreendedores, pensadores, cientistas e educadores de vanguarda reúnem-se para alertar a opinião pública sobre os maiores desafios da civilização atual, construir laboratórios globais inovadores de experimentação de modelos sociais e tecnológicos, formar redes de apoio mútuo.

O propósito que os une?

O desenho e a construção do futuro. Um futuro marcado pelo propósito humano, como quer a entidade, não só guiado pelos avanços revolucionários da tecnologia. Um futuro de máquinas, sim. Mas, acima de tudo, um futuro de pessoas.

Esse é o mapa desafiador por onde andam os passos de Roberto Shinyashiki. Desde sempre. Explorando territórios vislumbrados por outros, definindo o próprio método de exploração, traduzindo possibilidades, apontando um caminho, inspirando um rumo, oferecendo um meio para a jornada que é de cada um e de todos. Você pode se identificar com a proposta ou não. Pode aceitar ou recusar o convite.

Ele segue em frente, abrindo os portais dos horizontes que entende ser os dele e de numerosamente muitos outros a quem sente que pode ajudar. Segue o impulso de seu destino de mentor.

Na cauda de cometa dessa aventura, brilham reflexos e ressoam ecos que remetem ao tema central das histórias de todas as pessoas, sempre. Descobrir-se até o limite que sua capacidade de consciência permitir. Autoconstruir, no que puder, seu destino.

Que outra coisa resta ao ser humano fazer nesta vida, senão responder à majestade desse chamado?